スワヒリ語文法

中島 久 著

東京 **大学書林** 発行

SARUFI YA KISWAHILI
SWAHILI GRAMMAR

ya/by

Nassor NAKAZIMA H.

DAIGAKUSYORIN
TOKYO 2000

kwa baba yangu mpenzi aliyefariki nilipokuwa Uswahilini

はしがき

　スワヒリ語は，東アフリカ（タンザニア，ケニア）海岸部からアフリカ大陸内部に広がり，現在では上記2カ国のほか，ウガンダ，コンゴ（キンシャサ），ルワンダ，ブルンディでかなり普及し，更にこれらに接する国々（エチオピア，スーダン，ザンビア，マラウィ，モザンビーク）の隣接部分にも使用者がいる。また，ソマリア海岸南部，マダガスカル北西海岸地域とコモロ諸島ではスワヒリ語の方言が土着言語として話されている。

　スワヒリ語は，系統的には「バントゥ語」に属する一言語である。バントゥ語とは，アフリカのおおむね赤道以南に展開する，ほとんど全ての土着言語の総称名である。その所属言語は数百に及ぶといわれている。

　スワヒリ語は，特に今世紀中頃より急速・急激な地理的普及をとげ，その使用人口は今や7千万に達するとみられ，現在もその数を確実に増加させている。一方，スワヒリ語を母語とする人口は約2百万といわれる。この差，すなわちスワヒリ語使用者の中で非母語者が母語者の30倍余もいるということがスワヒリ語の大きな特質である。この特質と10カ国を越える広い地理的分布からして，「地域国際語」と呼べよう。これがもう一つの特質である。これらの特質から，使用者による表現のバラエティーが大きい。従って，使用に関してかなり寛容なところがあり，このことからも日本人であっても気を楽に使え，学べる言語である。

　スワヒリ語の言葉としての特徴は，ほかのバントゥ諸語と同様，名詞が主にその接頭辞により部類（クラス）に分かれることと，そのクラスに応じて，関係する形容詞・動詞などの語形が一部変化することである。スワヒリ語の主要な文法事項はこの種の語形変化にかかわることにある。

　スワヒリ語は，その音節組織の基本が日本語に似た「子音・母音」からなり，発音が，若干の音を除けば，比較的容易である。その文法は，日本語とは名詞部類，動詞の変化，更に語順などが異なるが，しかしその体系が簡明であり，例外がほとんど皆無であることなどから，理解はそれほど難しくなく，これまた比較的容易であるといえよう。

　　　　　　　　　は　し　が　き

　上梓に際して，本書が，スワヒリ語に関する知見・関心の深化と，それとともに日本とスワヒリ語使用圏との相互理解・交流の増進に，少しでも役立つよう願うばかりである。

＜本書の構成＞

　本書は，スワヒリ語文法を中心に5部構成とした。まず第1部で発音を概説し，次に第2部で本書の中心をなす文法を記述した。更に第3部として比較的まとまりのある語彙を置き，そして第4部を応用編として読み物とその訳例を載せた。その上，第5部は付録として文法解説の項目下に付した練習問題の解答や辞書・参考書の紹介などを置いた。

＜作成方針と使用上の案内＞

　本書は，スワヒリ語の文法構造の理解・把握を主要な目的にとし，「初級・入門」と「中級以上」を分離させつつ，全体として統合的・体系的に解説を試みたものである。そのため，行頭部を引っ込め字を小さくした部分があるが，これが中級以上の解説である。同様に，枠内に小さい字で記した「補説・注記・余談」は，読む必要のある若干の注記を除いて，中級以上の，あるいは時間的に余裕のある人向けに付したもので，余裕のない人や初級・入門者は，これら小さい字の部分を飛ばして先に進んで欲しい。とにかく，まず一通り読んで，簡単でもスワヒリ語の全体像を理解・把握することが特に大切である。なお，本文中の「90.呼応，構文・構造」は，スワヒリ語のいくつかの文法項目について新しい見方を試みたものである。
　本書は，既に述べたようにスワヒリ語には多くの方言や変種があり，そのうち，スワヒリ語共通語およびその基礎となったザンジバル・スワヒリ語を基盤とし，規範より実態を記述し解説した。

　本書には，著者の誤解，方言・変種から来る相違などがあるものと思われます。読者の皆様からの御叱正・御意見をお願い致します。

はしがき

<謝辞>

　本書作成に至るまでには多くの方々の御指導と御支援を頂きました。とりわけ，次の皆様方に負うところ大なるものがあります。（といっても，本書に間違いがあるとすれば，それはすべて著者に帰するものです。）

　まず，言語学とスワヒリ語にそれぞれ道を開いて下さった池上二良先生と守野庸雄先生に感謝しなければなりません。両先生の御指導で現在の小生があります。なお，本書の名詞部類と呼応の簡明な覚え方の原形は守野先生に依るものです。

　さらに，スワヒリ語そのものを教えて下さった多くの「スワヒリ人」，とりわけ Bibi Moza Fujishima, Sheikh Salim Mohamed Salim, Sheikh Abdi Faraji Rehani, Dkt. Said Ahmed Mohamed Khamis の方々には，御厚誼・御友誼を頂くとともに，私の度重なる面倒な質問に対して忍耐深く丁寧に応じて頂きました。私をスワヒリ語に真に目覚めさせ，その深み・楽しみに案内してくれたのはこれらの方々です。心底より感謝の意を表します。

　また，大学書林社長佐藤政人氏には，氏の長年にわたる熱意とお勧めがなければ本書の実現がなかったことをも含めて，改めて感謝する次第です。

　その他の，御支援下さった方々には，特にお名前は記しませんが，感謝のことばを捧げたいと思います。

　おわりに，小生の迂回路にも見守るしかなかった親に，そして妻をはじめ家族に対しありがとうをいいたい。

<出典>

　文法解説とその練習問題に使用した「諺・俗信・謎々」は以下の2書による。

　　Farsi, S.S. 1958. *Swahili Sayings from Zanzibar 1.*
　　　　E. A. Literature Bureau.
　　Farsi, S.S. 1958. *Swahili Sayings from Zanzibar 2.*
　　　　E. A. Literature Bureau.

　応用編で引用したスワヒリ語のテキストは以下の通りである。

はしがき

Macmillan Educational. 1950(rev.). *Hekaya za Abunuwas na Hadithi Nyingine.*

Mwansoko, H.J.M. & Z.N.Z. Tumbo-Masabo. 1996. *Matumizi ya Kiswahili Bungeni.* Taasisi ya Uchunguzi wa Kiswahili.

Rehani, Abdi F. 1989. "Hali ya Hewa ya Tanzania" katika *Tujifunze Kiswahili II*.

Taasisi ya Kiswahili na Lugha za Kigeni Zanzibar. 1993. *Zungumza Kiswahili 2.*

Taasisi ya Kiswahili na Lugha za Kigeni Zanzibar. 1993. *Zungumza Kiswahili 3.*

＜参考文献＞

今まで多くの文献を通してスワヒリ語を学んできた。すべての文献を挙げることは不可能であるが、その一部は巻末の「辞典・参考書の紹介」の中に記した。その中で特にAshtonの『Swahili Grammar』とPerrottの『Teach Yourself Swahili』は私のスワヒリ語文法観に影響を与えた。両書には今なお見るべきものが多々あり、本書作成においても参照した。

2000年2月20日

著　者

目 次

第1部　発音 ··· 1

　1. 母音 ··· 1
　2. 子音 ··· 3
　3. 音節 ··· 8
　4. アクセント ··· 9
　5. イントネーション ··· 10
　6. その他の発音解説 ·· 11
　7. 発音練習 ·· 13
　8. 挨拶表現 ·· 20

第2部　文法 ·· 23

　00. 文 ··· 23
　10. 名詞，代名詞 ·· 35
　20. 形容詞 ·· 84
　30. 主辞系の詞辞 ··· 102
　40. 連辞，準動詞 ··· 120
　50. 動詞語幹 ·· 136
　60. 述語動詞の活用法 ··· 164
　70. 複合時制とその関係法 ······································· 217
　80. その他の品詞 ··· 243
　90. 呼応，構文・構造 ··· 251

第3部　語彙 ··· 282

　1. 時間 ·· 282
　2. 時刻 ·· 284
　3. 日付・曜日・月・四期 ······································· 286

目　次

　　4．親族名称 ……………………………………………289
　　5．方位 …………………………………………………290
　　6．主要地名・国名 ……………………………………290
　　7．星 ……………………………………………………292

第4部　応用編 ………………………………………293

　　1．はじめに ……………………………………………293
　　2．テキスト ……………………………………………294
　　3．語彙総目録 …………………………………………297
　　4．試訳例 ………………………………………………308

第5部　付録 …………………………………………311

　　1．練習問題の解答 ……………………………………312
　　2．辞典・参考書の紹介 ………………………………322
　　3．目次細目 ……………………………………………326
　　4．略号一覧 ……………………………………………351

　　　　　　　　　　　　　　　　　　　カット　　高城裕子

第1部　発音

　スワヒリ語の標準語の発音は，5母音と25子音からなり，ローマ字のうち q，x を除く24字（但し，c は単独で用いず，常に ch として使う）と，アポストロフィー（'）を含めその組み合わせで表記する。組み合わせの ch，dh，gh，ng'，ny，sh，th は，複数文字を使ってはいるが，それぞれ1つの音のみを表す。

　　母音（5）：a, e, i, o, u
　　子音（25）：b, ch, d, dh, f, g, gh, h, j, k,
　　　　　　　l, m, n, ng', ny, p, r, s, sh, t,
　　　　　　　th, v, w, y, z

1. 母音

　母音は5つで，a e i o は おおむね日本語と同じである。u は，日本語では唇を円くしないが，スワヒリ語では，英語のように円くすぼめて発音する。

　　　a e i o u

baba	〈父〉	**mama**	〈母〉
wewe	〈君〉	**yeye**	〈彼(女)〉
mimi	〈私〉	**sisi**	〈私達〉
popo	〈コウモリ〉	**dodo**	〈マンゴーの一種〉
kuku	〈ニワトリ〉	**lulu**	〈真珠〉

1.1 同母音連続

　同母音連続の aa ee ii oo uu は，はっきり発音されれば2つの同じ母音であるが，ふつうは長くのばした長母音となる。

第1部　発音

kaa　〈炭〉
bee　〈はい〉{呼びかけに対して女性が答える返事}
hii　〈これ〉{下の huu と同様に指示詞, 指示する名詞によって語形を異にする}
koo　〈喉〉
huu　〈これ〉

＊案内＞はしがきでも述べましたが, 以降の「補説・注記・余談」は, 初級・入門者はとばしてください。時間的に余裕があれば読んでみてください。

＊注記[1A]　異母音連続は「6.21(2)異母音連続」を参照

＊補説[1A]　母音調和
　ここでいう母音調和とは, 一つの語根(語から派生接辞を除く, 語尾などの接辞を取り去った部分)を形成する母音は以下の同グループ内の母音で固まる現象である。
　(1)　A組 {a i u}：B組 {e o}
　　A：-tuki-a　〈起こる〉　ma-pambazuk-o　〈夜明け〉
　　B：-toke-a　〈　〃　〉　ma-pendekez-o　〈勧告〉
-a, -o は接尾辞(＝語尾), ma- は接頭辞である。ただし, 例外がある。
　　sheria 〈法律〉　theluji 〈雪〉
この2語は, アラビア語からの借用語で, sharia, thaluji とも綴られその通り発音されることもある。
　(2)　A組 {a i u e}：B組 {o}
　これは特殊な母音調和で, 派生動詞の倒意形(普通は派生辞 -u-, 語幹末から2番目の母音が -o- の時だけ派生辞 -o- で形成される)にだけ現れる。
　　A：-fung-a　〈閉める〉　＞　-fung-u-a　〈開ける〉
　　B：-chom-a　〈刺す〉　＞　-chom-o-a　〈抜く〉

第1部　発音

2．子音

　子音は25あり，以下6種の閉鎖音・摩擦音・破擦音・流音・鼻音・半母音に分かれる。（　）内の音は特殊な場合にのみ表れる。このうち kh 音は，ふつう h 音に同化し，h で表される（補説［2B］参照）。j はふつう閉鎖音であるが，n の後で破擦音化する（補説［2C］参照）。

　　閉鎖音：p, b；t, d；j；k, g
　　摩擦音：f, v；th, dh；s, z；sh；(kh)，gh；h
　　破擦音：ch, (j)
　　流　音：l；r
　　鼻　音：m, n, ny, ng'
　　半母音：w；y

2.1　閉鎖音

　唇，口内に閉鎖を作りそこを開放することで発音する。閉鎖音は閉鎖箇所で分ける。

(1)　両唇音　p[p], b[b]
　　上下の唇で閉鎖を作り発音する。日本語のパ・バ行音の子音に対応する（内破音 b は補説［2A］を参照）。

(2)　歯茎音　t[t], d[d]
　　舌先を上歯茎に着ける。ta te to, da de do は日本語のタテト・ダデド音に対応する。ti, tu と di, du は英語の tea, too と D, do 中のそれぞれの子音に対応する（内破音 d は補説［2A］を参照）。

(3)　硬口蓋音　j[ɟ]
　　舌先より少し後ろの舌背部分を硬口蓋に着けて発音する。日本語にも英語にもない音である。例えば，ja は日本人の耳にヂャとヤの中間音のようにひびく。ヂャ行音の子音でも通用する。(内破音 j は補説［2A］を参照）。鼻音 n の後で破擦音[dʒ]となる（補説［2C］を参照）。

第1部　発音

(4) 軟口蓋音　k[k], g[g]
　舌の後ろの部分を軟口蓋に着けて発音する。カ・ガ行音の子音に対応する（内破音 g は補説[2A]を参照）。

papa	〈サメ〉	**baba**	〈父〉
matata	〈トラブル〉	**madada**	〈姉達〉
		-jaa	〈満ちる〉
koko	〈藪〉	**gogo**	〈丸太〉

＊補説[2A]　内破音 b, d, j, g

　この4つの有声閉鎖音は，基本的に「内破音」で，閉鎖開放時に閉鎖箇所から「内向き」に空気が流れ込む。具体的には，唇または口内に閉鎖を作り喉頭を下げ口内の気圧を減じる。そこで閉鎖を開放すると空気が口内に入り，それと同時に声門を振動させる。日本語の外向き破裂音（＝外破音）より当然内にこもったような，やわらかい音になる。これらの有声閉鎖音を日本語のように外破音で発音しても，会話には殆ど支障はない。ただし，これらの音が鼻音に接続した nd- nj- ng- は，外破音になる。mb- には内破と外破がある。しかし正書法では書き分けしていない。

　(1) 内破　b̄ d̄ḡ j̄ ：外破　b d g j
　　　b̄ao　〈大板〉　　：mbao　〈板（複数）〉
　　　d̄oo　〈大バケツ〉：ndoo　〈バケツ〉
　　　ḡoma　〈大太鼓〉　：ngoma　〈太鼓〉
　　　j̄aa　〈ごみ溜め〉：njaa　〈飢え〉
　(2) 内破　mb̄：外破　mb
　　　mb̄aazi（4音節 m-b̄-a-a-zi）〈キマメの木〉
　　　mbaazi（3音節 mba-a-zi）〈キマメの実〉
　　　(mtoto)　mb̄aya（3音節 m-b̄a-ya）〈悪い（子）〉
　　　(nyumba)　mbaya（2音節 mba-ya）〈悪い（家）〉

2.2 摩擦音

狭めを作り空気を擦するように通して発音する。狭めの箇所で分類する。

(1) 唇歯音 f[f], v[v]
　上歯を下唇に軽く当てて摩擦音を出す。英語の f, v と同様の音。

(2) 歯音 th[θ], dh[ð]
　舌を平たくし舌先を上歯に軽くあてるか，上下の歯間から舌先を少しのぞかせて摩擦して発音する。英語の th の音であるが，スワヒリ語では英語の無声 th (例えば thin) にあたる音は同様に th で，しかし有声 th (例えば than) にあたる音は dh で表記する。

(3) 歯茎音 s[s], z[z]
　舌を樋状にし舌先と歯茎の狭めを通した摩擦音。日本語のシを除くサ行音の，ジを除く (はじめに閉鎖を伴わない) ザ行音の各子音に対応する。

(4) 後歯茎音　sh[ʃ]
　舌先より少し後ろの舌背と後歯茎の間で狭めを作り発音する。日本語のシャ・シュ・ショの子音に対応する。

(5) 軟口蓋音　(kh[x]), gh[γ]
　舌の後ろの部分と軟口蓋で狭めを作り発音する。有声の gh は，ガ行音の子音の構えで閉鎖を解き少し隙間を作りそこを通して得る摩擦音である。うがいの時に発せられる音である。その無声の kh は標準語では h 音となる (下の補説[2B]を参照)。

＊補説[2B]　kh
　アラビア語由来の kh 音は，標準語では h 音と同じになるが，いくつかの語や人名に使われる。
　　kheri (＝heri)〈幸〉, subalkheri〈おはよう〉, Khalid〈ハリッド〉{人名}

第1部　発音

(6)　声門音　h[h]

　声門の摩擦音である。日本語のハ・ヘ・ホの子音に対応するが，hi は日本語のヒ [çi] よりずっと後ろの声門音であり，hu も声門音であり日本語のフ [ɸu] のように唇で摩擦を作らない。h は常に喉の奥から発音され，hi と hu は日本語のヒ・フより摩擦が弱くやわらかい音である。

-faa	〈役立つ〉	**-vaa**	〈着る〉
-thamini	〈評価する〉	**-dhamini**	〈保証する〉
samani	〈家具〉	**zamani**	〈昔〉
shati	〈シャツ〉		
kheri	〈幸〉	**ghali**	〈高価な〉
kheri	〈"〉	**heri**	〈幸〉
-baleghe	〈(体が)成人となる〉		
-balehe	〈"〉		

2.3　破擦音

(1)　後歯茎音　ch[tʃ]

　舌先より少し後ろの舌背を後歯茎に着けすぐに放しその間の狭めで摩擦し発音する。日本語のチャ・チュ・チョの子音が対応する。

　　chai　〈茶〉

> ＊補説[2C] nj[ndʒ]
> 　硬口蓋閉鎖音 j[ɟ] は，前に鼻音 n が付くとそれに引かれて破擦音化し nj[ndʒ] となる。
> 　　***jaa***　　（硬口蓋閉鎖音）　〈ごみ溜め〉
> 　　**njaa**　　（後歯茎破擦音）　〈飢え〉

2.4　流音

(1)　側音　l[l]

舌先を上歯茎に着けたままその両側から空気を通し発音する。英語と同じ側音。

(2) ふるえ音　r[r]
舌先を軽くふるわせ発音する。

mahali 〈場所〉　　**mahari** 〈婚資〉

2.5 鼻音

唇，口内で閉鎖を作り，空気を鼻から抜き発音する。閉鎖箇所で以下の4種に分かれる。

(1) 両唇鼻音　m[m]
閉鎖を両唇で作り発音する。マ行音の子音に対応する。

(2) 歯茎鼻音　n[n]
舌先を上歯茎につけ閉鎖を作り発音する。ニを除くナ行音の子音に対応する。ニについては以下に説明がある。

(3) 硬口蓋鼻音　ny[ɲ]
閉鎖を舌と硬口蓋で作り発音する。ニャ・ニュ・ニョの子音に対応する。

(4) 軟口蓋鼻音　ng'[ŋ]
閉鎖を舌の後部と軟口蓋で作り発音する。NHKアナウンサーが発音する語中のガ行音または助詞の「が」の子音に対応する。

mamba 〈ワニ〉　　**namba** 〈番号〉
nyanya 〈トマト〉　**ng'ombe** 〈牛〉

＊補説[2D] ng'g ＞ ng
　nがgに続く場合，実際の発音はng'g[ŋg]となるが，綴りは単にngと表記する。

> 綴りを簡素にし，かつ文法的な点からもこの方がよい。
>   nchi〈国〉, nta〈蟻〉, nge〈サソリ〉, ngome〈砦〉, nguo〈着物〉
> 上の前2語のn-は，後の3語のn-とは厳密には発音が異なるが，これら5語はみなn-で始まり，同じクラス（「11．名詞部類」参照）に属するということが明示できる。

日本語のニはふつう，スワヒリ語のnyiに対応する。従って，niには特別な注意が必要である。日本語の「ナ・ヌ・ネ・ノ」の子音部分がスワヒリ語のnに対応し，「ニャ・ニュ・ニェ・ニョ」の子音部分がスワヒリ語のnyに対応する。舌先のみが上がって上歯茎に着くnに対して，nyは舌先よりうしろの部分が硬口蓋に着くとともに舌全体が上がる。このことに留意して以下の語を発音し分けてみよう。

nini　　　　　　　〈何〉
nyinyi　　　　　 〈あなた達〉
ninyi　　　　　　〈〃〉
Nyinyi mna nini ?　〈あなた達は何を持っているか。〉

2.6 半母音　w[w], y[j]

母音的な要素を持つ音で，日本語のワとヤユヨの子音にそれぞれ対応する。

　wewe〈あなた〉　**yeye**〈彼(女)〉

3．音節

スワヒリ語の音節は，音節形成の鼻音を除けば，母音で終わる開音節である。その型には次の5型がある。母音をV, 子音をC, 音節形成鼻音をNとする。但し，外来語にはこの5型から外れるものがある。
　V, CV, CCV, $C_1C_2C_3V$ ｛3子音が並ぶ場合 $C_1=\{m, n\}$, $C_3=w$｝, $N=\{m, n\}$

第 1 部　発音

　　　　u　　　　（V）　　　〈あなたは〜です〉｛連辞｝
　　　　la　　　（CV）　　　〈いいえ〉
　　　kwa　　　（CCV）　　　〈〜で〉
　　ndwe-le　（CCCV-CV）　〈病気〉
　　　　m　　　（N）　　　〈あなた達は〜です〉｛連辞｝
　　　m-tu　　（N-CV）　　〈人〉
　　　n-chi　　（N-CV）　　〈国〉
　　ta-m-ka　（CV-N-CV）　〈発音する〉

> ＊注記[3A]　鼻音 m, n
> 　この 2 子音には，音節を形成する場合としない場合があるが，正書法上綴り分けをしていない。例えば，
> 　（1）音節形成　：nje　〈外に〉
> 　（2）音節不形成：ndoo　〈バケツ〉
> 　鼻音 m については，下記の例 mbuni を参照。

次の語のように，同じに綴られるが，発音に区別があり意味も異なる語もある。下の baraabara〈見事に〉はふつう barabara と書かれる。

　　　barabara：**barabara**〈大通り〉　　***baraabara***〈見事に〉
　　　mbuni：**m-b̄u-ni**〈コーヒーの木〉　m*b*u-ni〈ダチョウ〉

4．アクセント

強勢アクセントが語末から 2 番目の音節に来る。

　　　Ki-swa-hí-li〈スワヒリ語〉
　　　nyú-mba　　〈家〉
　　　nyu-mbá-ni〈家に〉

nyumbáni は，nyúmba に添辞 ni が付き，それにつれて，アクセントの位置が後方にずれた。

第1部　発音

> ＊補説[4A]　アクセントの位置
> 　若干のアラビア語起源の語は異なる場合がある。さらにその語の語末から2番目の音節にアクセントを移した発音も聞かれる。
> 　　**lá-zi-ma**　〈義務〉
> 　　**la-zí-ma**　〈〃〉

5. イントネーション

　以下で一般的なイントネーションの型を説明する。この型にあわない特殊な場合もある。

　スワヒリ語の平叙文と疑問詞のない疑問文は，ともにイントネーションが通常文末で下降する。しかし，区別は文末から2番目の音節において現れる。すなわち，疑問文の方が高く上がり，急に落ちる。次の例で -se-, -hi- の高さが違う。-se- は(2)が(1)より高く，-hi- は(3)が(4)より高い。

(1)　**Unasema.**　〈あなたは話す.〉
(2)　**Unasema ?**　〈あなたは話すか.〉

(3)　**Unasema Kiswahili ?**　〈あなたはスワヒリ語を話すか.〉
(4)　**Unasema Kiswahili.**　〈あなたはスワヒリ語を話す.〉

　疑問詞はふつう，平叙文においてその相当語句が置かれる位置に来る。疑問詞を持つ疑問文のイントネーションは，平叙文と同型である。しかし，疑問詞が文頭に来ると疑問詞の部分が高く，その後は低くなる。

　　Unasema nini ?　〈あなたは何を言っているのか.〉
　　Nini unasema ?　〈何をあなたは言っているのか.〉

＊案内＞初級・入門者は，以下で述べる解説を飛ばして，「8.挨拶表現」に進んでください。

第1部　発音

＊　＊　＊　＊　＊　＊　＊

6. その他の発音解説

6.1 帯気

　破裂音を発するときに気息を伴うことを「帯気」という。この気息を伴った音を有気音，伴っていない音を無気音という。このような有気・無気の対立は，標準語では問題にしないが，特に東アフリカ海岸部の人々によって区別されることがある。次の例では有気音を「ʰ」で表している。

chʰangu	〈タイ〉	changu	〈私の〉
kʰaa	〈カニ〉	kaa	〈炭〉
pʰaa	〈ガゼル〉	paa	〈屋根〉
tʰaa	〈ユイ〉	taa	〈ランプ〉

＊補説[6A] [n] ＞ [ʰ] ＞ [ ]
　上の例では，有気音を持つ語はみんな動物の名詞である。起源的には，有気音を持つ子音にはかつて n 音が前に付いていてそれが消える代わりに有気音が生じたと言われている。共通語では気音の有無を区別しない。

6.2 音連続

　音連続を母音連続と子音連続に分けてみる。

6.21 母音連続

(1) 同母音連続

　既述のように同母音連続はふつう長母音化する。
　　kaa 〈炭〉

(2) 異母音連続

第1部　発音

　　異母音連続にはかなり長いものもある。以下に長い異母音連続（8～9）の例をあげた。
　　　　auauaaua　　　〈彼(女)はそれを何度も見る〉
　　　　anauauaaua　　〈″〉
　　　　anaouauaaua　 〈彼(女)が何度も見るところの(それ)〉

6.22　子音連続
(1)　同子音連続
　　同一音節内では基本的に非示差的(意味を区別しない)である。次の例は非示差的な同子音連続(長子音)。
　　　　hata　〈～まで〉　**hatta**　〈～まで〉{この発音でも綴りは hata}
　　しかし、外来語であり例外的に示差的である一音節長子音もある。
　　　　u-mma〈大衆〉{長子音 mm}；**u-ma**〈フォーク〉
　　一方に音節形成鼻子音を持つ二音節にまたがる同子音連続もある。
　　　　m-mo-ja〈ひとり〉
　　　　n-ne　　〈4〉

(2)　異子音連続
　　これは「音節」の所で既に説明した。3子音連続の例を追加しておく。子音をC，母音をVとすると，$C_1C_2C_3V$の場合，
　　　　$C_1 = m/n$
　　　　$C_3 = w$
　　　　　　mbwe-ha　　($C_1C_2C_3$V-CV) {2音節}〈ジャッカル〉
　　　　u-go-njwa　(V-CV-$C_1C_2C_3$V)　{3音節}〈病気〉

6.3　音変化

　　音の組み合わせで，音変化が起こることがある。その例を若干次にあげる。

6.31　母音
　　　　a-e- > e-　例　ma-eupe > **meupe**　〈白い〉(06)

第1部　発音

　　a-i- ＞e-　例 ma-ingi　＞**mengi**　〈多い〉(06)
　　i-i- ＞i-　例 mi-ingine ＞**mingine**　〈他の〉(04)

＊注記[6A]　部類番号
　上記かっこ内の数字は対応する名詞のクラス(部類)の番号を表す。補説[10A]を参照。

6.32 子音

　n-b-＞mb-
　　例　**ubawa** 〈翼〉{単数}　：n-bawa＞**mbawa** 〈翼〉{複数}
　n-l-＞nd-
　　例　**ulimi** 〈舌〉{単数}　：n-limi＞**ndimi** 〈舌〉{複数}
　n-r-＞nd-
　　例　**-refu** 〈長い〉{不定形}：n-refu＞**ndefu** 〈長い〉{定形}
　-w-y-＞-vy-
　　例　**-lew-a**〈酔う〉{自動詞}：-lew-y-a＞**-levya** 〈酔わす〉{他動詞}

7．発音練習

　日本人にとって問題となる発音練習を付す。類似音(群)間の相違が不明の場合は，既述の該当部分を再度読み確認することが望ましい。

7.1 子音

　(1)　f : h
　　fa　fe　fi　fo　fu
　　ha　he　hi　ho　hu

　　　hukai 〈君は座らない〉

第1部 発音

  sifa 〈特徴〉
  siha 〈健康〉

  hufai 〈君は役に立たない〉
  hufahamu 〈君はわからない〉
  fahari 〈誇り〉

(2) b : v
 ba be bi bo bu
 va ve vi vo vu

 -iba 〈盗む〉
 -iva 〈熟す〉
 mbi 〈悪い〉{詩語}
 mvi 〈白髪〉

(3) h : kh
 ha he hi ho hu
 kha khe khi kho khu

 heri 〈幸〉 **kwa heri** 〈さようなら〉
 kheri 〈"〉 **kwa** *kheri* 〈さようなら〉

(4) g : gh
 ga ge gi go gu
 gha ghe ghi gho ghu

 gari 〈車〉
 ghali 〈高価な〉
 gari ghali 〈高価な車〉

(5) g : ng : ng'

— 14 —

第1部　発音

　　ga　ge　gi　go　gu
　　nga　nge　ngi　ngo　ngu
　　ng'a　ng'e　ng'i　ng'o　ng'u

　Goa　　〈ゴア〉{地名}
　ngo　　〈ごん〉{擬音}
　ng'o　　〈否(いな)〉
　ngoa　　〈妬み〉
　-ng'oa　〈引き抜く〉
　-noa　　〈研ぐ〉

　gome　　〈木皮〉
　ngome　〈砦〉
　gombe　〈'馬の骨', 得体の知れないもの, 名もないもの〉
　ng'ombe〈牛〉

(6)　n : ny
　na　ne　ni　no　nu
　nya　nye　nyi　nyo　nyu

　nini　　〈何〉
　nyinyi　〈君達〉
　ninyi　　〈〃〉

(7)　th : s : dh : z
　tha　the　thi　tho　thu
　sa　se　si　so　su
　dha　dhe　dhi　dho　dhu
　za　ze　zi　zo　zu

　　thamani　〈価値〉
　　samani　〈家具〉

第1部 発音

  dhamana　〈保証〉
  zamani　〈昔〉
  -thamini　〈評価する〉
  -dhamini　〈保証する〉
  sana　〈非常に〉
  zana　〈道具〉

(8)　l : r
 la　le　li　lo　lu
 ra　re　ri　ro　ru

  mahali　〈場所〉
  mahari　〈婚資〉
  kalamu　〈ペン〉
  karamu　〈宴〉
  reale　〈リアル〉{昔の貨幣}
  riale　〈"〉　　{"}
  riale kwa ya pili　〈瓜二つ〉

  ngalawa　〈カヌー〉
  ngarawa　〈"〉
  -telemka　〈降りる〉
  -teremka　〈"〉

＊注記[7A]　l = r
 すぐ上の4語について，正書法では l であるが，東アフリカ沿岸部やザンジバルでは r となる。このような l と r の交替は他の語にも見られる。

---

(9)　j : nj
 ja　je　ji　jo　ju

nja nje nji njo nju

 jaa 〈ごみ溜め〉
 njaa 〈飢え〉
 je 〈あの,...?〉
 nje 〈外〉
 jiti 〈大木〉
 njiti 〈細木〉
 joto 〈暑さ〉

 njoo 〈来い〉
 juu 〈上〉
 njugu 〈ピーナツ〉

7.2 m, n

(1) 音節形成の m, n
 m-ti 〈木〉
 m-tu 〈人〉
 m-kono 〈手〉
 -che-m-ka 〈沸く〉
 -zu-ngu-m-za 〈話す〉
 m-chi 〈杵〉
 n-chi 〈国〉

(2) 音節不形成の m, n
 i-nchi 〈インチ〉
 mba-wa 〈翼〉
 ka-mba 〈縄〉
 nde-ge 〈鳥〉
 Ngo-ro-ngo-ro 〈ンゴロンゴロ〉{地名}

第1部　発音

7.3　si : shi : ji : zi

(1)　si : shi
　sina　〈私は持っていない〉
　shina〈幹〉
　Sina shina.〈私は幹を持ってない.〉
　Shina sina.〈幹は私は持ってない.〉

(2)　ji : zi
　mlafi　〈大食漢〉
　mlaji　〈食べる人〉
　mlazi　〈寝かす人〉

　jiji　　〈大都市〉
　jizi　　〈大泥棒〉
　zizi　　〈囲い〉
　ajizi　〈のろま〉
　azizi　〈宝〉

7.4　音のつながり

(1)　-a : -wa : -ua
　-funga　〈閉める〉
　-fungwa　〈閉められる〉
　-fungua　〈開ける〉

　kwa　〈～でもって，～にとって〉
　kuwa　〈～であること，～ということ〉

(2)　-ba : -bwa
　mba　〈ふけ〉
　mbwa　〈犬〉

— 18 —

第1部 発音

    mbwa mkubwa 〈大きな犬〉
    -umba 〈創る〉
    -umbwa 〈創られる〉

(3) ng', nw, nyw
    seng'enge 〈有刺鉄線〉
    -ng'wenywa 〈かじられる〉
    -kunwa 〈掻かれる〉
    kunywa 〈飲むこと〉
    kunywewa 〈飲まれること〉

(4) mwenye, -ji, -zi
    mwenye 〈～を持つ人〉
    mwenyewe 〈自身〉
    mwenyeji 〈住民〉
    Mwenyezi Mungu 〈万能なる神〉

7.5 文

(1) 単語の切れ目
    Alisimama. 〈彼は立った.〉
    Ali simama. 〈アリ，立て.〉
    Ali si mama. 〈アリは母ではない.〉

(2) 連辞 ni
    Ni kitabu kizuri. 〈良い本です.〉
    (ni) **Kitabu kizuri.** 〈"〉
    Kitabu ni kizuri. 〈本は良い.〉
    Kitabu (ni) **kizuri.** 〈"〉

7.6 e : a

正書法(標準の綴り)では e であるが，ザンジバルや東アフリカ海岸部で

第1部　発音

aで発音され，また書かれることがある．
　　　desturi　　: dasturi　　〈習慣〉
　　　sheria　　 : sharia　　 〈法律〉
　　　thelathini : thalathini 〈30〉
　　　themanini : thamanini 〈80〉

　　　　　　＊　＊　＊　＊　＊　＊　＊

8. 挨拶表現

8.1 イスラム教由来の挨拶

　　A: **Salaam Aleikum.**　〈平安をあなたに．〉
　　B: **Aleikum Salaam.**　〈あなたにこそ平安を．〉

8.2 年長者

　　A: **Shikamoo.**　｛年長者への挨拶｝
　　B: **Marahaba.**　｛年長者の返事｝

8.3 -jambo ?

　　A: **Hujambo ?**　〈(あなたは)お変わりありませんか．〉
　　B: **Sijambo.**　〈(私は)変わりありません．〉
　　A: **Hamjambo ?**　〈(あなた方は)お変わりありませんか．〉
　　B: **Hatujambo.**　〈(私達は)変わりありません．〉
　　A: **Mama hajambo ?**　〈お母さんはお変わりありませんか．〉
　　B: **Hajambo.**　〈変わりありません．〉
　　A: **Wote nyumbani hawajambo ?**
　　　　　　　　〈家の皆さんはお変わりありませんか．〉
　　B: **Hawajambo.**　〈変わりありません．〉

― 20 ―

第1部　発音

8.4 habari?

　　A: **Habari ya asubuhi?** 〈お早う．〉
　　B: **Nzuri.** 　　　　　〈"〉

　朝には上のように asubuhi〈朝〉，昼間には mchana〈昼〉，夕方には jioni〈夕方〉，kutwa〈昼間一日〉，夜間には usiku〈夜〉を使って問いかける。
　その返事は，Nzuri の代わりに Njema, Safi, Salama も使う。

　午前・午後には，以下のようなアラビア語由来の挨拶表現が東アフリカ海岸地方で聞かれる。

　　A: **Sabalkheri.** 〈お早う．〉
　　B: **Sabalkheri.** 〈"〉
　　A: **Masalkheri.** 〈今日は．〉
　　B: **Masalkheri.** 〈"〉

　「お休みなさい」には，次のような表現がある。後者は英語の直訳である。

　　Lala salama.
　　Usiku mwema.

8.5 salama?

　　A: **Salama?** 〈無事ですか．〉
　　B: **Salama.** 〈無事です．〉

8.6 hali gani?

　　A: **U hali gani?.** 〈お元気ですか．〉
　　B: **Ni hali njema.** 〈元気です．〉

第1部　発音

8.7　asante

　　A: **Asante.**　　　　〈ありがとう。〉
　　B: **Bila ya asante.**　〈そんなこと言わないで。〉
　　〈または〉
　　B: **Si kitu.**　　　　〈どういたしまして。〉

8.8　samahani

　　A: **Samahani.**　　　　〈すみません。〉
　　B: **Bila ya samahani.**　〈かまいません。〉
　　〈または〉
　　B: **Siyo neno.**　　　　〈気にしないで。〉

8.9　kwa heri

　　A: **Kwa heri.**　　〈さようなら。〉
　　B: **Kwa heri.**　　〈〃〉
　　A: **Tutaonana.**　〈また会いましょう。〉
　　B: **Tukijaaliwa.**　〈そうですね。〉

＊**案内＞**初級・入門者は以下「00．文」について，細部にこだわらず概略の理解を得て，「10．名詞，代名詞」に進んでください。

第2部　文法

00. 文

スワヒリ語の文は，基本的に述語部分によって次の2種4類に分けられる。その他に，これと関連して省略文，間投詞文や，それに重文，複文などがある。

(1) 名詞文
　　名詞文　　例1．**Afrika *ni bara*.**　〈アフリカは大陸です。〉
　　形容詞文　例2．**Afrika *ni kubwa*.**　〈アフリカは大きいです。〉

(2) 動詞文
　　本動詞文　例3．**Afrika *ilipata uhuru*.**
　　　　　　　　　　　　　〈アフリカは独立を獲得した。〉
　　準動詞文　例4．**Tanzania *iko Afrika*.**
　　　　　　　　　　　　　〈タンザニアはアフリカにある。〉

00.1 名詞文

上の例1・2では，述語部分が ni bara〈～は大陸である〉, ni kubwa〈～は大きい〉であり，bara〈大陸〉は名詞，kubwa〈大きい〉は形容詞であることから，例1は名詞文，例2は形容詞文となる。スワヒリ語では形容詞は名詞としても使われることから，形容詞文も名詞文に含めることができる。共通に連辞の ni〈～は～です〉があるので，「連辞文」とも呼ぶことができる。ただし，名詞文には連辞を持たない（ゼロ連辞）の場合も少なからずある。

＊補説[00A]　連辞の種類

> 上述の ni と，その否定形 si とゼロの連辞に加えて，ndi=o とその否定形 si=o，主格接頭辞連辞とがある。これらについては，「41．連辞」を参照。

00.2 動詞文

　上例3・4では，述語部分中の動詞活用形が ilipata〈～は(独立を)獲得した〉，iko〈～は～にある〉である。この動詞活用形の核である -pata〈得る〉は本動詞，-ko〈～にある〉は準動詞であることから，それぞれ本動詞文，準動詞文となる。まとめて動詞文と呼ぶ。

00.3 名詞文と準動詞文の本動詞文化

　名詞文も準動詞文も過去・未来などの時制表現その他では，連辞が省略されるか，準動詞が独立性を失えば(一音節化・添辞化すれば)，本動詞 -wa などを持つ動詞文となる。このことからみれば，名詞文と準動詞文は本動詞文の特殊な型ともいえよう。

> ＊補説[00B] 実質語は多音節語
> 　実質語である名詞・代名詞・形容詞・動詞・副詞には，単音節語はない。一音節語にはアクセントも置かれず，多くの場合単独では使われない。もっとも，実質語の語幹・語根には単音節のものがあるが，それらは常になんらかの接辞を伴って生起する。

01．その他の文

　重文・複文類を除き，文脈依存の省略文，間投詞文と主題主語文がある。

01.1 省略文，間投詞文

　(1)　省略文　　例5．A: **_Alikwenda wapi_?**　〈彼はどこへ行ったか．〉
　　　　　　　　　　　B: **_Marekani._**　　　　〈アメリカ．〉

(2) 間投詞文　例6．A: ***Po !***　　　〈ぺっ！〉｛軽蔑｝

例5のMarekaniはAlikwenda Marekani.〈彼はアメリカへ行った．〉の省略文で，例6は間投詞po！のみからなる間投詞文である。

01.2 主題主語文

主題主語文はふつう，「主題・主語・述語」の順に並ぶ構造をしている。主題・主語・述語間にはふつう呼応関係がある。日本語のいわば「象は・鼻が・長い」式の形を持っている。主題について「主語・述語」で叙述しているとも考えられる（＝主題叙述文）。以下の例で斜字体が主題，太字体が主語を表す。

このような文も，その述語部分によって，名詞文と動詞文に分けられる。

(1) 名詞文
Tembo **mkonga** wake (ni)　mrefu.　〈象は鼻が長い．〉
象　　　鼻　　　その　である　長い

(2) 動詞文
Adam **roho** yake ilitua.　〈アダムは心が落ち着いた．〉
アダム　心　　彼の　落ち着いた

Mimi **kazi** uliyoniitia　　　　hapa imekwisha.
私　　用事　君が私を呼んだところの　ここ　終わった
〈私は君にここに呼ばれた用事が済んだ．〉

＊注記[01A] 全体部分構造
　主題主語文によく似た文に「全体部分構造」がある。「全体」を表す主語が述語動詞に呼応しその「部分」にあたる語はふつう述語動詞の後に置かれる文である。「全体」の主語を太字，その「部分」を斜字で示す。
　Kiko kinatoka *moshi*.　〈パイプは煙が出ている．〉
　パイプ　出ている　煙　　｛全体＝パイプ，部分＝煙｝

> **Sebuleni** mle hamkuwamo *picha* ila moja tu.
> 広間に　その　なかった　　写真　除いて　一枚　のみ
> {全体＝広間に，部分＝写真}
> 〈その広間にはたった一枚の写真しかなかった．〉

02．動詞の活用形

　動詞文は，既述のように述語の核としての動詞によって2種類（準動詞と本動詞）に分かれる。準動詞は，その語根に主格接頭辞が付き，その種類と場合によりさらに接辞が接尾辞として付くことがある語種である。一方，本動詞は，いわゆる典型的な動詞で，様々な接辞がその語幹に付き複雑な活用形を形成する。

　この2種の動詞の基本的な違いは，準動詞には本動詞が持ちうる，時制などの多様な接辞が付かないことである。このことから準動詞は「欠如動詞」ともいわれる。

> ＊注記[02A]　動詞記号＋
> 　これ以降の説明おいて，本動詞語幹と準動詞語根はその前に＋を付けて表す。
> 　　　本動詞語幹　　＋sema　〈話す〉
> 　　　準動詞語根　　＋na　　〈所有する〉

02.1　準動詞の活用構造

　準動詞は，現在あるいは無時制表現では，その語形に時制を表す部分を含まないが，主格接辞などを採る点で，次に述べる本動詞に準ずる。次の4種がある。

　　　所有・存在，所在，存続，無事

　準動詞の活用形は基本的には次の構造をなす。
　　　「主格接辞(S)＋準動詞語根(U)」

Ni+na　habari.　〈私は知っている．〉{所有・存在}
　S　U　　情報
　私　持つ

　既に述べたが，準動詞の現在を除く過去・未来などの時制表現は，場合によっては本動詞+wa をもつ本動詞文となる。

02.2 本動詞の活用構造

　本動詞とはいわゆる普通の動詞で，動名詞・不定詞（＝不定法）で接頭辞に ku- または kw- を採る語種である。動詞語幹の前後に様々な接辞を採る「活用」をする。本動詞の活用には次の6型がある。
　　　不定法，接続法，命令法，直説法，条件法，関係法

　これらの詳細については動詞の項目で説明するが，活用法はどれも基本的に次のような枠を持つ構造をなす。しかし，活用法あるいは個々の活用によって，接辞の入る枠をいくつか欠くことがある。
　　「A-B-C-D+V-E」（Vは動詞語幹，その他のA～Eは接辞の入る枠）

　活用の中で命令法は，いちばん単純な形をとりうる。例えば，語幹のみで
　　Simama！　〈止まれ！〉{命令法}
　　V
　+simama〈止まる〉

＊余談[02A] しまうま！
　タンザニアのンゴロンゴロ野生動物自然公園では，シマウマを見て「しまうま！」というと"Simama!" と運転手に聞こえて，乗っている車が止まるとか。シマウマはスワヒリ語で punda milia (punda〈ロバ〉, milia〈縞〉) という。いわば「シマロバ」である。

02.2

Punda milia amesimama. 〈シマウマは止まった.〉{直説法}
　amesimama ＞ a-me+simama　(A-B+V)
　　A- ＞ a-　　　：主格接辞・3人称単数，ここでは対応する punda
　　　　　　　　　　milia〈シマウマ〉が主語であることを表す.
　　-B- ＞ -me-　：時制接辞・完了
　　+V ＞ +simama：動詞語幹〈止まる〉

Ninakupenda. 〈私はあなたを愛している.〉{直説法}
　ninakupenda ＞ ni-na-ku+penda　(A-B-D+V)
　　A- ＞ ni-　　：主格接辞・1人称単数，ここでは表されていないが，独
　　　　　　　　　　立人称代名詞 mimi〈私〉に対応する.
　　-B- ＞ -na-　：時制接辞・現在
　　-D- ＞ -ku-　：目的格接辞・2人称単数，ここにはないが，独立代名詞
　　　　　　　　　　wewe〈あなた〉に対応する.
　　+V ＞ +penda：動詞語幹〈愛する〉

＊余談[02B] よい旅は気をつけて
　余談[02A]にあるンゴロンゴロ野生動物自然公園などで，野生動物を見に行くことは safari といわれる．この safari は日本語〈サファリ〉にもなっているが，アラビア語から入った言葉で，スワヒリ語から英語を通して世界に広まった．
　ところで，
　　Safari njema.〈よい旅を.〉
これは旅に出る人に対して使われる挨拶言葉である．しかし，この表現自体はかなり広い意味を持っている．例えば，自転車の荷崩れを起こした人を助けた後，その人に対しても，
　　Safari njema.
まさに，これは〈気をつけて.〉である．
　一般に，外国語からの輸入語は，本来持っていた意味の一部を，それも特殊化した意味をもって使われることが多い．
　いずれにしても，東アフリカへ旅行する人には，

> Safari njema.
> といいたい。

　これらの例から，動詞に付く接辞が対応する主語・目的語や時制に従って変化することがわかる。(後述の「06．呼応」を参照)。

＊余談[02C]　助詞と接辞
　上記の例を見ると，日本語とはかなり異なっているようであるが，日本語の助詞とスワヒリ語の接辞を対比すると，例えば，
　スワヒリ語は
　　Mimi　　ni-ta――ku+ona　wewe.
　〈Watashi　wa-daroo-o-　+miru　omae.〉
　日本語は
　　Watashi-wa　omae-o　miru-daroo.
　〈Mimi――ni　wewe-ku ona―ta.〉
　このような文の場合，日本語は助詞，スワヒリ語は接辞と，形態は異なり，日本語は名詞に付属し，スワヒリ語は動詞に付されるが，同じような機能をはたしていることがわかる。
　上例のスワヒリ語では，一部は既に記述したが，以下のことを示している。
　　ni- は，mimi〈私〉が主語，
　　-ku- は，wewe〈お前〉が目的語,
　　-ta- は，時制が〈未来〉であること。

03．文の要素

　文は，簡略化すると，連辞または述語動詞と，それに付加される主語・補足語（客語，目的語，補語）と，主題及び修飾語とからなる。既出の文は次のような要素からなる。なお，述語には連辞または述語動詞と補足語を含む。

Afrika ni bara. 〈アフリカは大陸である．〉
主語　連辞　補足語（補語）
　　　　　述　　語

Tembo mkonga wake ni mrefu. 〈象はその鼻が長い．〉
主題　主語　　修飾語　連辞　補足語（補語）
　　　　　　　　　　　述　　　　語

Afrika ilipata uhuru. 〈アフリカは独立を獲得した．〉
主語　述語動詞　補足語（目的語）
　　　述　　　　　語

(mimi) Ninakupenda (wewe). 〈私はあなたを愛している．〉
主語　　述語動詞　　補足語（客語）
　　　　　述　　　　　　語

「修飾語」は，この語がかかる語（＝被修飾語）を限定・説明するする語である．

　補足語には主語も厳密にいえば入るが，ここでは補足語を狭く考え，動作・状態の主体となる「主語」と主題・修飾語を除く語を「補足語」とする．

　補足語には，動詞の動作・状態が及ぶまたは行われる対象を「目的語」（述語動詞中に呼応する接辞(＝客辞)を持つ目的語を特に「客語」とする）と目的語以外の「補語」とがある．

> ＊補説[03A] 主題叙述文
> 　上の4例は，2種の文型からなることがわかる．一つは2例目を除く主語述語文である．もう一つは2例目で，既に触れたが，主題叙述文で叙述部分に主語述語構造が含まれている．以下では厳密に区別しては扱わないが，留意すべき事である．

04．語順

　語順は，述語動詞によって主語が（時に客語も）指定されるので，英語の

ように厳格ではなく，より自由であるが，おおむね「主語・動詞・補足語」となる．

Mfa maji hukamata maji. 〈溺れるものは水をつかむ．〉｛諺｝
溺れるもの　つかむ　水

補足語が，主題化すると文頭にくる．下の例では，構造的には baya 〈悪き〉が主語であり，mchezea zuri 〈良きを弄ぶ者〉が humfika 〈(そのものに)とりつく〉の補足語(=客語)であるが，この補足語は主題化して語頭に来ている．

Mchezea zuri baya humfika.
弄ぶ者　　良き　悪き　とりつく
〈良きを弄ぶ者には悪きがとりつく．〉｛主題化；諺｝

修飾語は，ほとんど日本語とは反対に，被修飾語の後に置かれ限定修飾する．

kidole *kimoja*　〈一本の指〉
指　　　　ひとつの
ng'ombe *wa maziwa*　〈乳の牛，乳牛〉
牛　　　　の　乳
maziwa *ya ng'ombe*　〈牛の乳，牛乳〉
乳　　　　の　牛

単位と桁が，これも日本語とは逆の語順となり，鏡像的な位置に来る．

yeni mia tano　〈5百円〉
円　百　5

05．品詞

品詞は，英語のように，形態と機能から次の8品詞が認められる．
　名詞，代名詞，形容詞，動詞，副詞，接続詞，前置詞，間投詞

このうち，接続詞と前置詞を一つにし「連合詞」とし全7品詞とすること

もあるが，本書では8品詞として以降説明する。

06．呼応

　スワヒリ語の個々の名詞は主に接頭辞および意味により15の部類(クラス)に分かれる。

　呼応とは，名詞の部類に従って，その名詞に関係する他の品詞形の接辞部分が変化対応することである。また，ある種の呼応の型を選択することによって，その型にそった意味を表すことが出来る(「91．呼応型」，「92．呼応型の変更」を参照)。

　呼応は，それに使われる接辞の出自によって名詞接頭辞系呼応と代名詞接辞系呼応の2種類に分かれ，その混合型を含めると3種類がある。

＊案内＞初級・入門者は以下はとばして，「♯00 練習問題」に進んでください。

　　　　　＊　＊　＊　＊　＊　＊　＊

06.1 名詞接頭辞系呼応

　名詞接頭辞に由来する接頭辞を採る形容詞に見られる呼応で，その接頭辞は，第11部類を除いて，名詞の部類接頭辞と基本的に同形である。数字は部類番号（一桁の番号には前にゼロを付加；詳しくは補説[10A]参照）である。この形容詞の語根（辞書形）はハイフン (-) を付けて表す。

```
            -zuri   〈よい〉
    m-tu    m-zuri  〈よい人〉(01単)
    wa-tu   wa-zuri 〈 ″ 〉(02複)
    m-ti    m-zuri  〈よい木〉(03単)
    mi-ti   mi-zuri 〈 ″ 〉(04複)
    u-zi    m-zuri  〈よい糸〉(11単){接辞 m- に注意}
    nyu-zi  n-zuri  〈 ″ 〉(10複)
```

第2部　文法　　　　　　　　　　　06.2

06.2 代名詞接辞系呼応

　主格接辞（＝主辞），目的格接辞（＝客辞），主辞系の詞辞と主辞系の形容詞に見られる呼応である。代名詞接辞（主辞・客辞）またはその変化形でもって形成される形式が名詞と呼応する。主辞系の詞辞と主辞系の形容詞の語根（辞書形）は以下，イコール(=)を付けて表す。

　　　mti〈木〉{03部類}, =le 〈あれ，あの〉, +stawi〈繁る〉, +tazama
　　〈見る〉, chakula〈食べ物〉{07部類}, =moto〈熱い〉

Mti u-le　u-me+stawi. 〈あの木は繁っている。〉
u-le 　　　：指示詞（主辞系の詞），u- が mti と呼応している。
u-me+stawi：動詞直説法；u- が主辞で主語 mti と呼応している。
　　　　　　　　-me- は完了時制。

Yeye a-na-u+tazama mti u-le. 〈彼はあの木を見ている。〉
a-na-u+tazama：動詞直説法； a- が主辞で主語 yeye と，-u- が客
　　　　　　　　辞で客語 mti とそれぞれ呼応している。-na- は現
　　　　　　　　在時制。

Chakula ki moto.〈食べ物は熱い。〉形容詞文；moto は主辞を採
　　　　　　　　　　る形容詞；連辞 ki が主語
　　　　　　　　　　chakulaに呼応。

06.3 混合呼応

　名詞接頭辞系呼応と代名詞接辞系呼応の両方を持つ語が1語ある。
　　　　　　　-ingine=o 〈その他の〉
　　mi-ti mingineyo 〈その他の木々〉{〈mi-ingine-yo: mi- は名詞接
　　　　　　　　　　　頭辞系呼応，-yo は代名詞接辞系呼応}

＊注記[06A]　-ingine に付く接頭辞のユレ

> 呼応する部類によっては接頭辞がゆれる。余談[22A] を参照。

* * * * * * *

♯00 練習問題（解答は312ページ）

問題　次の諺はどんな意味だろうか。ゼロ連辞に注意。
akili 〈知恵〉, bendera 〈旗〉, fupi 〈短い〉, hana 〈持たない〉, hiari 〈自由〉, hufuata 〈従う〉, ipo 〈～はある〉, jembe 〈鍬〉, kafiri 〈異教徒〉, mali 〈財産〉, mchagua 〈～を選ぶ人〉, mja 〈神の僕、人〉, mkulima 〈農民〉, msafiri 〈旅人〉, mwongo 〈嘘つき〉, ni 〈～は～である〉, nia 〈意志〉, njia 〈道〉, penye 〈～のある所〉, si 〈～は～ではない〉, upepo 〈風〉, ya 〈の〉

(1) Akili ni mali.
(2) Mchagua jembe si mkulima.
(3) Msafiri kafiri.
(4) Njia ya mwongo fupi.
(5) Penye nia ipo njia.
(6) Mja hana hiari.
(7) Bendera hufuata upepo.

第2部　文法

10．名詞，代名詞

　ここでは，スワヒリ語の核心である名詞部類を中心に記述して，その後に代名詞を解説する。

　名詞は一般的に「接頭辞-語根(-添辞)」という構造をなしている。この接頭辞などによって，個々の名詞は部類(クラス)に分類される。

　　　　m-ti(**-ni**) 〈木(に)〉 {m- 接頭辞；-ti 語根；-ni 添辞}

＊余談「10A」　前接頭辞

　バントゥ語（次の補説[10A]参照）は，古くはそして現在でもバントゥ語のあるものは，名詞が「前接頭辞-接頭辞-語根」の形を持っている。

　スワヒリ語はバントゥ語の一つであるが，既にこの前接頭辞を失ってしまった。だが，近頃は「新前接頭辞」とも見られる接辞 ki- がよく使われる。

　　　　ki-ma-wazo 〈思想的〉，ki-ma-tumizi 〈実用的〉

　しかしながら，この ki- は主に ki 副詞を作り出すための接辞で，名詞の「前接頭辞」の機能とは異なる。

　これに関連する「二重接頭辞」については補説[11D]参照。

＊補説[10A]　部類番号

　スワヒリ語を含む，おおむね赤道以南アフリカに展開するアフリカ固有のほとんどすべての言語を一括して「バントゥ語」と呼ぶ。バントゥ語は，名詞のクラスの存在が一大特徴である。その名詞の接頭辞などによる20余のクラスが現在知られている。そのクラスにバントゥ諸語共通の番号が付与されている。本書では，この番号を使うが，スワヒリ語では11と14のクラスが合併しているので，この二つのクラスを11で代表することにする。また，バントゥ諸語共通の番号が一桁の場合は，0を前に加えて二桁で部類番号を表記する。

　スワヒリ語の01から11までのクラスは，普通の名詞クラスであり，奇数

― 35 ―

> クラスが単数部類，偶数クラスが複数部類である。
> 12・13はスワヒリ語標準語にはないクラスである。14は11と合流する。15は動名詞(＝不定詞)クラス，16〜18は場所クラスである。

11．名詞部類

　スワヒリ語の個々の名詞は，主にその接頭辞，そして呼応・意味から15ある部類のどれかに属する。部類は数のカテゴリーでもあり，各部類には部類番号が付され，動名詞・場所名詞を除いた個々の部類は，奇数番号が単数の，偶数番号が複数の部類である。

　名詞は，ある種の品詞との間にクラスによる呼応関係があり，その基本となる形容詞接頭辞(K)・連合辞(=a)・主辞(＝主格接辞, S)・客辞(＝目的格接辞, O)の各形を早期に一括して理解することが望ましい。以下，各部類の名詞と，その呼応の具体例として以下の語・接辞を使った例文を提示する。X,Yをある部類に属する名詞とする。

　　　　X ni K-zuri.　　　　〈Xはよい.〉
　　　　X =a nani ?　　　　〈誰のX？〉
　　　　X S-na+faa.　　　　〈Xは役立つ.〉
　　　　X S-na-O+tazama Y.　〈XはYを見る.〉

　　　ni　　　　〈〜である〉{連辞}
　　-zuri　　　〈よい〉{形容詞；名詞接頭辞系呼応}
　　　=a　　　　〈の〉　{連合辞；代名詞接辞系呼応, 前置の名詞に呼応}
　　　nani　　　〈誰〉
　　-na-　　　（時制接辞現在）
　　+faa　　　〈役立つ〉{動詞語幹}
　　+tazama　　〈見る〉　{動詞語幹}

　以下，第1〜第11部類について，よく見られる単複の対にして見ていくが，部類は本来的に別々である(「12．部類と部類名」参照)。

第 2 部　文法　　　　　　　　　　　　11.1

11.1　第1・第2部類 (01；02)

　このクラスの対に属する名詞は，ほとんどすべて「人」に関する名詞である。基本的に部類01は m-，02は wa- で始まる。例えば，
　　　m-tu〈人〉(01)；**wa-tu**〈人々〉(02)

　呼応関係の接辞・語は以下の通りである。
　　　形容詞接辞　　K-　：単　　　m- ／ 複　wa-
　　　連合辞　　　　=a　：単　　　wa ／ 複　wa
　　　主辞　　　　　S-　：単　　*a-, yu-* ／ 複　wa-
　　　客辞　　　　 -O-　：単　　　*-m-* ／ 複　-wa-

◆辻記[11Λ]　主辞(S)と客辞(O)の形式
　第1部類には二つの主辞 a-, yu- が使い分けられている。準動詞所在と主辞系の詞辞には yu- が，それ以外では a- が使われる。ただし，準動詞存続においては a-, yu- がともに使われる。
　客辞は，部類01のが -m- であるのを除いて，部類02以降 S と O は同形式である。

＊余談[11A]　無理は　われわれ　あゆ人は
　この2部類を次の行のように覚える。以降の部類についても同様に。
　m-tu/wa-tu〈人〉； mRIwa waREwaRE ayuHITOwa
　これらは，まず，mtu と watu は〈人〉を意味する名詞で，mtu が単数形，watu がその複数形であり，総じて，このクラスの対に属する名詞(01；02) は，基本的に単数形が接頭辞 m- を，複数形が接頭辞 wa- を採ることを表している。
　次に，mRIwa の小文字部分 m，wa はそれぞれ名詞の単数，複数に呼応する形容詞接辞(K)を，waREwaRE の小文字部分 wa，wa はそれぞれ単数，複数に呼応する連合辞(=a)を，ayuHITOwa の小文字部分 a，yu，wa は a と yu が単数，wa が複数に呼応する主辞を，そして HITO

― 37 ―

11.1　　　　　　　　　　第2部　文法

> は mtu/watu の意味が〈人〉であることを表している。

　この名詞 mtu(01)，watu(02) ともう一つの名詞 mtoto〈子供(01，単数)〉，watoto〈子供達(02，複数)〉を使った例を見よう．
　　Mtoto ni m-zuri.〈子供はよい．〉**Watoto ni wa-zuri.**〈子供達はよい．〉
　　01　　　　K-　　　　　　02　　　　K-
　　Mtoto wa nani?〈誰の子供？〉**Watoto wa nani?**〈誰の子供達？〉
　　01　　　　=a　　　　　　 02　　　　=a
　　Mtoto a-na+faa.〈子供は役立つ．〉**Watoto wa-na+faa.**〈子供達は役立つ．〉
　　01　　　S-　　　　　　　　02　　　S-
　　Mtu a-na-m+tazama mtoto.　　　〈人はその子供を見る．〉
　　01　　　-O-　　　01
　　Watu wa-na-wa+tazama watoto.　〈人々はその子供達を見る．〉
　　02　　　　-O-　　　　02

もう少し，この部類の名詞を見てみよう．下の注記[11B]参照．

> ＊注記[11B]　複数形略記
> 　複数形は普通，かっこの中にその接頭辞のみ記す．例えば，mtu, watu は mtu(wa-) と記す．以下では，当面の学習のために，または曖昧さを廃するために，その後に複数形を記して，例えば mtu(wa-, watu) のようにしたところもある．

　　mke　　　（**wa-, wake**）　　　　〈妻〉
　　mpishi　　（**wa-, wapishi**）　　　〈コック〉
　　Mswahili　（**Wa-, Waswahili**）　〈スワヒリ人〉
　　Mjapani　（**Wa-, Wajapani**）　　〈日本人〉
　　Mkenya　（**Wa-, Wakenya**）　　〈ケニア人〉
　　Mtanzania（**Wa-, Watanzania**）〈タンザニア人〉

語根が母音始まりの語は，m と語根の間に w が入る。
  mwana　　（wa-, wana）　　　　〈子，息子，娘〉
  mwanafunzi（wa-, wanafunzi）　　〈学生，生徒〉
  mwalimu　（wa-, walimu/waalimu）〈教師，先生〉
  Mwafrika　（Wa-, Waafrika）　　　〈アフリカ人〉
  Mwingereza（Wa-, Waingereza）　　〈イギリス人〉
  mwongo　　（wa-, waongo）　　　〈嘘つき〉

但し，語根が u- 始まりの語には接頭辞 mu- が付く。
  Muumba 〈創造主〉{唯一神教では複数形がない}
  muundaji（wa-, waundaji）〈製造者〉

語根が母音始まりの語でも u も w を介在しないのもある。
  mume（waume）〈夫〉

普通名詞では wa-e-, wa-i- が融合して we- となるものがある。
  mwenyewe　（wenyewe ＜ wa-enyewe）〈所有者〉
  mwizi　　　（wezi　　＜ wa-izi）　　〈盗人〉

このクラスの 2 語からなる複合語にはともに変化する語や，その変化が更に進む語もある。
  mwanamke　（wanawake ＜ wana-wake）　〈女〉
  mwanamume（wanaume　＜ wana-waume）〈男〉

mwana と他部類の複合語 mwana- が最近とみに増加している。その複数形は wana- となる。
  mwanaisimu　（wa-）〈言語学者〉（＜isimu, 言語学）
  mwanamuziki　（wa-）〈音楽家〉　（＜muziki, 音楽）
  mwanataaluma（wa-）〈学者〉　　（＜taaluma, 学問）

このクラスは「人の部類」であるが，次の 2 語は例外的である。
  mdudu　（wa-, wadudu）　〈虫〉
  mnyama（wa-, wanyama）〈動物〉

11.1　　　　　　　　第2部　文法

> *余談[11B] 人間の皮？
> 　すぐ上の例外的な2語は，古い記述の中では「動物」はmのないnyamaという語形で，また，m-のないdudu や，mのかわりにnのndudu という語形で現れる。すると，この部類の異端のこの2語 mdudu, mnyama は人間の皮 m-/wa- をかぶっているのかな。あるいは標準化時代に着せられた？

　　　　　　　＊　＊　＊　＊　＊　＊　＊

♯11A　練習問題（解答は312ページ）

問題1　次の語の複数形あるいは単数形はどうなりますか。
　(1)　Mmarekani　〈アメリカ人〉
　(2)　waimbaji　〈歌手〉
　(3)　wanasayansi　〈科学者〉

問題2　次のスワヒリ語を和訳しよう。
　(1)　Walimu ni wazuri.
　(2)　Wanafunzi wa nani？
　(3)　Wanyama wanafaa.

問題3　次の文をスワヒリ語で言おう。
　(1)　妻はよい。
　(2)　夫は悪い。(-baya〈悪い〉)
　(3)　妻は夫につくす？（+faa〈つくす〉）

　　　　　　　＊　＊　＊　＊　＊　＊　＊

11.2　第3・第4部類（03；04）

　このクラスの対は，所属名詞から「木のクラス」といわれるが，その他の語もこの対に属する。基本的に部類03は m-，04は mi- で始まる。例えば，

— 40 —

第2部　文法　　　　　　　　　　　　　　　11.2

m-ti〈木〉(03)；**mi-ti**〈木々〉(04)

呼応関係の接辞・語は以下の通りである。
　　形容詞接辞　　K- ：単　m- ／複　mi-
　　連合辞　　　　=a ：単　wa ／複　ya
　　主辞　　　　　S- ：単　u- ／複　i-
　　客辞　　　　　-O- ：単　-u- ／複　-i-

＊余談[11C]　無味なり　わやな　ウイス木ー
　　m-ti/mi-ti〈木〉；mmiNARI wayaNA uiSUK<u>II</u>
　まず，mti と miti は〈木〉を意味する名詞で，mti が単数形，miti がその複数形であり，総じて，このクラスの対に属する名詞は，基本的に単数形が接頭辞 m- を，複数形が接頭辞 mi- を採る。
　次に，mmiNARI の小文字部分 m，mi はそれぞれ名詞の単数，複数に呼応する形容詞接辞(K)を，wayaNA の小文字部分 wa，ya はそれぞれ単数，複数に呼応する連合辞(=a)を，uiSUKII の小文字部分 u，i はそれぞれ単数，複数に呼応する主辞である。そして <u>KI</u> は，mti/miti の意味が〈木〉であることを表している。

この名詞を使った文を見よう。
　　Mti ni m-zuri.〈木はよい．〉　　　**Miti ni mi-zuri.**〈木々はよい．〉
　　03　　K-　　　　　　　　　　　　　04　　K-
　　Mti wa nani?〈誰の木？〉　　　　**Miti ya nani?**〈誰の木々？〉
　　03　　=a　　　　　　　　　　　　　04　　=a
　　Mti u-na+faa.〈木は役立つ．〉　　**Miti i-na+faa.**〈木々は役立つ．〉
　　03　　S-　　　　　　　　　　　　　04　　S-
　　Mtoto a-na-u+tazama mti.　　〈子供はその木を見る．〉
　　　　　　　　　-O-　　　03
　　Watoto wa-na-i+tazama miti.〈子供達はその木々を見る．〉
　　　　　　　　　-O-　　　　04

11.2

　もう少し，この部類の名詞を見てみよう。ここでも，複数形はかっこの中にその接頭辞のみ，あるいはさらに全体を追記した。
　　mnazi　　（mi-, minazi）　　〈椰子の木〉
　　mgomba　（mi-, migomba）　　〈バナナの木〉
　　mkarafuu（mi-, mikarafuu）　〈クローブ（丁子）の木〉

＊余談[11D] 植物と実
　mnazi (mi-) は，〈椰子の木〉であり，その接頭辞を取り去った nazi は単数複数同形で〈椰子の実〉となる。mwembe(mi-) 〈マンゴーの木〉の embe は〈マンゴーの実〉で，複数形は単数と同形か maembe となる。ただし，バナナについては，その木は mgomba(mi-) であるが，その実は gomba ではなく，単複同形の ndizi である。
　次の3語はみな〈コーヒー〉である。
　　　mbuni(mi-)　〈コーヒー〉（木）
　　　buni(-)　　〈〃〉　　　　（豆）
　　　kahawa　　〈〃〉　　　　（飲料）
　下の語には要注意。「木」と「実」が単数形の綴りは同一であるが，複数形は別である。(-) は複数形が単数形と同形であることを表す。
　　　mbaazi（mi-, mibaazi）　〈きまめ〉（木；b は内破音）
　　　mbaazi（-, mbaazi）　　〈〃〉　　（実；b は外破音）
　ではここでクイズ。mpesa(mi-) とは何か。
　pesa〈お金〉であるから，それに「木」偏の付いた mpesa (mi-) は〈お金という果物のなる木〉である。この世の中，mipesa ごろごろというが，どこにあるやら。

　植物以外の名詞もこのクラスに見られる。
　　msikiti（mi-）　〈イスラム寺院，モスク〉
　　mtaa　（mi-）　〈街区〉

第2部 文法　　　　　　　　　　　　11.2

身体及びその部位のいくつかもこのクラスである。
　　mwili（mi-, miili）〈身体〉
　　mguu（mi-）　　　〈足，脚〉
　　mkono(mi-)　　　〈手，腕〉

「人」の属性を持つ名詞もある。
　　mtume(mi-)　〈使徒〉

語根が母音始まりの語は，m と語根の間に w が入る。
　　mwanzi（mi-, mianzi）　〈竹〉
　　mwembe(mi-, miembe)　〈マンゴーの木〉
　　mwiba　（mi-, miiba）　〈茨，刺，魚の骨〉

＊余談[11E] muongo, mwongo
　通常の発音ではこの2形は同じに聞こえよう。でも，次の3語が区別される。
　　muongo（mi-, miongo）　〈十年〉　（03/04）
　　mwongo（mi-, miongo）　〈旬〉　　（03/04）
　　mwongo（wa-, waongo）〈嘘つき〉（01/02）
　上の2語は意味が類似し混乱しそうだ。特に複数形では同形である。

語根が母音 u 始まりの語は，接頭辞が m または mu である。
　　mundu　　（mi-, miundu）　〈鎌〉
　　muundi　　（mi-, miundi）　〈すね(脛)〉
　　muungano(m-, miungano)　〈連合〉

語根の母音 o に直接接頭辞 m-, mi- が付く語もある。
　　moto(mi-, mioto)　〈火，火事〉
　　moyo(mi-, mioyo)　〈心，心臓〉

11.2

> ＊補説[11A] 03/04, 03/10
> 　ふつう mti (03)，miti (04) のように第3と第4の部類が単数と複数の対をなすが，この他，第3と第10の対をなす語がある。
> 　　　moyo(03)/mioyo(04)　：moyo(03)/nyoyo(10)　〈心臓，心〉
> 　　　mwendo(03)/miendo(04)：mwendo(03)/nyendo(10)〈行程，行い〉

> ＊補説[11B] 種類複数
> 　以下のような名詞の複数形はふつう種類を表す。その使い方に注意。
> 　　　mkate(mi-, mikate)　　〈パン〉
> 　　　mpunga(mi-, mipunga)　〈稲，籾〉

　　　　＊　＊　＊　＊　＊　＊　＊

♯11B 練習問題（解答は312ページ）

問題1　次の語の複数形あるいは単数形はどうなりますか。
 (1)　mwaka　〈年〉
 (2)　mwezi　〈月〉（暦・天体ともに）
 (3)　mienge　〈たいまつ〉

問題2　次のスワヒリ語を訳そう。
 (1)　Misikiti ni mizuri.
 (2)　Mikarafuu ya nani?
 (3)　Miembe inafaa.

問題3　次の文をスワヒリ語で言おう。
 (1)　手はよい。
 (2)　足は悪い。(-baya〈悪い〉)
 (3)　火は役立つ。

　　　　＊　＊　＊　＊　＊　＊　＊

11.3 第5・第6部類 (05 ; 06)

このクラスの対は，果実の外，雑多な語を含む。部類06には対の05を欠く「液体」名詞がある。基本的に部類05は ji-，06は ma- で始まる。例えば，
ji-we〈石〉(05)；**ma-we**〈石〉(06)

呼応関係の接辞・語は以下の通りである。
　　　形容詞接辞　K-：単 (j-) / 複　ma-
　　　連合辞　　　=a ：単　la / 複　ya
　　　主辞　　　　S-：単　li- / 複　ya-
　　　客辞　　　 -O-：単 -li- / 複　-ya-

＊余談［11ド］目慢の　倉や　力石屋
ji-we/ma-we〈石〉；jImaNNO KUlaya liKIISHIya

まず，jiwe と mawe は〈石〉を意味する名詞で，jiwe が単数形，mawe がその複数形であり，総じてこのクラスの対に属する名詞は，基本的に単数形が接頭辞 ji-，j- を，複数形が接頭辞 ma- を採る。しかし，単数形ではその特定接頭辞をとらず，つまりゼロ接頭辞，そして対応する複数形に接頭辞 ma- を採る語の方が多い。ともにこの対のクラス（05；06）に属する。

次に，jImaNNO の小文字部分 j, ma はそれぞれ名詞の単数，複数に呼応する形容詞接辞(K)を，KUlaya の小文字部分 la, ya はそれぞれ単数，複数に呼応する連合辞(=a)を，liKIISHIya の小文字部分 li, ya はそれぞれ単数，複数に呼応する主辞である。そして ISHI は jiwe/mawe の意味が〈石〉であることを表している。

形容詞接辞単数の (j-) は，母音 e/i で始まる形容詞語根にのみ付き，その他の母音や子音で始まる形容詞語根にはゼロ(ϕ)が付く。

　　jeupe < j-eupe 〈白い〉　　**jIngine** < j-ingine 〈他の〉
　　ovu　 < ϕ-ovu 〈邪悪な〉　　**baya**　 < ϕ-baya 〈悪い〉

11.3　　　　　　　　　第2部　文法

> *余談[11G]　連合辞 =a (1)
> 既に気付いているかも知れないが，連合辞の語形は原則的に「主辞=a」から形成される。すなわち，
> [01]　a=a ＞ **wa** （例外）　　[02]　wa=a ＞ **wa**
> [03]　u=a ＞ **wa**　　　　　　[04]　i=a ＞ **ya**
> [05]　li=a ＞ **la**　　　　　　[06]　ya=a ＞ **ya**

この名詞を使った文を見よう。

Jiwe ni　zuri.〈石はよい．〉　　**Mawe ni ma-zuri.**〈石はよい．〉
05　　K=φ(ゼロ)　　　　　　　06　　K-
Jiwe la nani ?〈誰の石？〉　　　**Mawe ya nani ?**〈誰の石？〉
05　　=a　　　　　　　　　　　06　　=a
Jiwe li-na+faa.〈石は役立つ．〉　**Mawe ya-na+faa.**〈石は役立つ．〉
05　　S-　　　　　　　　　　　06　　S-
Mtu a-na-li+tazama jiwe.　〈人はその石を見る．〉
　　　　　-O-　　　05
Watu wa-na-ya+tazama mawe.　〈人々はその石を見る．〉
　　　　　　-O-　　　06

もう少し，この部類の名詞を見てみよう。複数形はふつうかっこの中に，接頭辞のみ記す。ここでは更に，その後に全体を追記した。
このクラスの，少数であるが，典型的な単数形は，jで始まる。しかし，それに対応する複数形には，四つの型がある。

　　jicho（**macho**）　　　〈目〉
　　jino（**meno**）　　　　〈歯〉（＜ ma-ino）
　　jambo（**mambo**）　　〈事〉（＜ ma-ambo）
　　jina（**ma-, majina**）　〈名前〉

次の語は複数形が2形ある。
　　jiko（**majiko, meko**）　〈こんろ，台所〉（＜ ma-jiko, ma-iko）

— 46 —

第2部　文法　　　　　　　　　　　　　　　11.3

　第5部類名詞の多くは，特定の接頭辞をとらない。その複数形の第6部類名詞は，接頭辞 ma- を採る。

　　　tunda　　（ma-, matunda）　　〈果物〉
　　　chungwa（ma-, machungwa）　〈オレンジ(実)〉
　　　nanasi　（ma-, mananasi）　　〈パイナップル(実)〉
　　　papai　　（ma-, mapapai）　　〈パパイヤ(実)〉

　　　goti（ma-, magoti）　〈膝〉
　　　sikio（ma-, masikio）〈耳〉
　　　gari（ma-, magari）　〈車〉
　　　ua　（ma-, maua）　　〈花〉
　　　yai　（ma-, mayai）　〈卵〉

「人」の属性を持つ名詞も，このクラスにある。
　　　karani（ma-, makarani）〈事務員〉
　　　waziri（ma-, mawaziri）〈大臣〉

　次の例は，液体を表す第6部類の名詞である。対応する単数形を持たない。
　　　mafuta　〈油〉
　　　maji　　〈水〉
　　　mate　　〈唾〉
　　　maziwa　〈乳〉

　これに準ずるものに，以下の語がある。
　　　makohoo〈痰〉　　　　（＜+kohoa，咳する）
　　　matapishi〈吐しゃ物〉（＜+tapika，吐く）

　　　　　　　＊　＊　＊　＊　＊　＊　＊

＃11C 練習問題（解答は313ページ）

問題1　次の語の複数形あるいは単数形はどうなりますか。

― 47 ―

(1)　jifya　　　〈かまど石，並べてかまどにする三つの石の一つ〉
(2)　majembe　〈鍬〉
(3)　sanduku　〈箱〉

問題2　次のスワヒリ語を訳そう。
(1)　Machungwa ni mazuri.
(2)　Basi la nani?　(basi〈バス〉)
(3)　Mafuta yanafaa.

問題3　次の文をスワヒリ語で言おう。
(1)　耳はよい。
(2)　目は悪い。(-baya〈悪い〉)
(3)　車は役立つ。

　　　　　　＊　＊　＊　＊　＊　＊　＊

11.4　第7・第8部類（07；08）

　このクラスの対は，物事一般の部類で，いちばん簡単な呼応関係の形をしている。基本的に部類07は ki-，08は vi- で始まる。例えば，

　　ki-tu〈物〉(07)；**vi-tu**〈物〉(08)

　呼応関係の接辞・語は以下の通りである。

　　形容詞接辞　　K-：単　ki- ／ 複　vi-
　　連合辞　　　　=a：単　cha ／ 複　vya
　　主辞　　　　　S-：単　ki- ／ 複　vi-
　　客辞　　　　　-O-：単　-ki- ／ 複　-vi-

> ＊余談[11H]　キヴィに　茶ヴァかり　キヴィの物
> 　　ki-tu/vi-tu〈物〉; kiviNI chavyaKARI kiviNOMONO
> 　まず，kitu と vitu は〈物〉を意味する名詞で，kitu が単数形，vitu がその複数形であり，総じてこのクラスの対に属する名詞は，基本的に単数形が接頭辞 ki-，複数形が接頭辞 vi- を採る。若干の語には単数 ch-，複数

― 48 ―

第2部　文法　11.4

vy- で始まるものがある。
　次に、kiviNI の小文字部分 ki, vi はそれぞれ名詞の単数、複数に呼応する形容詞接辞(K)を、chavyaKARI の小文字部分 cha, vya はそれぞれ単数、複数に呼応する連合辞(=a)を、kiviNOMONO の小文字部分 ki, vi はそれぞれ単数、複数に呼応する主辞を、そして MONO は kitu/vitu の意味が〈物〉であることを表している。

この名詞を使った文を見よう。
```
Kitu ni ki-zuri.  〈物はよい.〉    Vitu ni vi-zuri.  〈物はよい.〉
07      K-                        08      K-
Kitu cha nani?    〈誰の物?〉     Vitu vya nani?    〈誰の物?〉
07       =a                       08       =a
Kitu ki-na+faa.   〈物は役立つ.〉  Vitu vi-na+faa.   〈物は役立つ.〉
07   S-                           08   S-
Mtu a-na-ki+tazama kitu.          〈人はその物を見る.〉
        -O-      07
Watu wa-na-vi+tazama vitu.        〈人々はその物を見る.〉
         -O-       08
```

更にこの部類の名詞を見てみよう。複数形はかっこの中に接頭辞のみ記した語もある。

　　kisu　(vi-, visu)　　〈ナイフ〉
　　kitabu (vi-, vitabu)　〈本〉
　　kiti　(vi-, viti)　　〈椅子〉

母音の語根を持つ、いくつかの語は単数、複数がそれぞれ ch-, vy- で始まる。

　　chakula (vy-, vyakula)　〈食べ物、食事〉（< kitu *cha kula*, 食べる物）
　　choo　(vy-, vyoo)　　〈便所〉
　　chuma (vy-, vyuma)　〈鉄〉

chungu(vy-, **vyungu**)　〈土鍋〉

ただし，語根が母音でも，接頭辞が ki-, vi- のままの語もある。
　kiatu(vi-)　〈靴，履き物〉
　kioo（vi-)　〈鏡，ガラス〉

次は，このクラスの「人」の属性を持つ名詞である。
　kijana（vi-)　〈若者，青・少年〉
　kinyozi(vi-)　〈床屋，理容師〉

* * * * * *

♯11D 練習問題（解答は313ページ）

問題1　次の語の複数形あるいは単数形はどうなりますか。
　(1)　kilima　〈丘〉
　(2)　viazi　〈芋〉
　(3)　chumba　〈部屋〉

問題2　次のスワヒリ語を訳そう。
　(1)　Kiti ni kizuri.
　(2)　Viatu vya nani?
　(3)　Chuma kinafaa.

問題3　次の文をスワヒリ語で言おう。
　(1)　土鍋はよい。
　(2)　食物は悪い。
　(3)　本は役立つ。

* * * * * *

11.5　第9・第10部類（09；10）

単数(09)と複数(10)が同形のこのクラスの対には雑多な名詞が含まれる。

第2部 文法　　　　　　　　11.5

このクラスの多くの名詞は特定の接頭辞を持たない。このことから外来語の多くがこのクラスに属する。接頭辞は原則的に n- である。例えば，
　　n-guo〈服〉(09)；**n-guo**〈服〉(10)

呼応関係の接辞・語は以下の通りである。
　　形容詞接辞　　K- ：単 (n-)　/ 複 (n-)
　　連合辞　　　　＝a- ：単 ya　 / 複 za
　　主辞　　　　　S- ：単 i-　 / 複 zi-
　　客辞　　　　　-O- ：単 -i-　/ 複 -zi-

＊余談[11I]　あんな　やくざが　異人服
　n-guo/n-guo〈服〉; AnnA yaKUzaGA iziNFUKU
　まず，nguo は〈服，着物〉を意味する単数・複数同形の名詞で，総じて，このクラスの対に属する名詞は，単複同形で基本的に接頭辞 n- を採るが，n- の次に立てる子音は d, g, j, z, (ch, t) ぐらいで，多くの語はこの特定の接頭辞を持たない。
　次に，AnnA の小文字部分 n, n はそれぞれ名詞の単数，複数に呼応する形容詞接辞(K)を，yaKUza の小文字部分 ya, za はそれぞれ単数，複数に呼応する連合辞(＝a)を，iziNFUKU の小文字部分 i, zi はそれぞれ単数，複数に呼応する主辞を，そして FUKU は，nguo/nguo の意味が〈服〉であることを表している。このクラスの名詞は単複同形であるが，これと呼応する語には，形容詞接辞を除いて，単複の区別がある。

＊余談[11J]　外来語の所属部類
　第9・第10部類は，特定の接頭辞にこだわらないことから，外来語を受け入れるクラスとして開かれている。
　　　baiskeli (-)　　〈自転車〉
　　　redio (-)　　　〈ラジオ〉
　　　televisheni (-)　〈テレビ〉
　ところが，特定の接頭辞と共通の語頭を持つ外来語は，その語頭を接頭

> 辞と解され、それによって部類が決定されることがある。
>   kilabu(vi-, vilabu)   〈クラブ〉（07；08）
>   mwalimu(wa-, walimu) 〈先生〉（01；02）
> 　以前、昔話「桃太郎」のきび団子が、在日スワヒリ人によって、kibidango, vibidango と語形変化したのに、改めてスワヒリ語の接頭辞に対する反応性に驚いたものだった。
> 　（この方式でいくと、スワヒリ語的日本語では、「次女」(jijo, 05) が二人以上で恐い「魔女」(majo, 06) に。でも「鬼女」(kijo, 07) は二人以上いれば恐くない、「美女」(vijo, 08) に……なる？）

　形容詞接辞の(n-)は、形容詞語根の頭音によって、変化したり、ゼロ(ϕ)になったりする。
    nzuri ＜ n-zuri 〈良い〉   **ndogo** ＜ n-dogo   〈小さい〉
    mbaya ＜ n-baya 〈悪い〉   **kubwa** ＜ ϕ-kubwa 〈大きい〉

　この名詞を使った文を見よう。第9部類と第10部類では名詞形は同じでも、呼応する語形には同形と異形がある。

    Nguo ni n-zuri.〈服はよい．〉   **Nguo ni n-zuri.**〈服はよい．〉
    09   K-   10   K-
    Nguo ya nani ?〈誰の服？〉   **Nguo za nani ?**〈誰の服？〉
    09   =a   10   =a
    Nguo i-na+faa.〈服は役立つ．〉   **Nguo zi-na+faa.**〈服は役立つ．〉
    09   S-   10   S-
    Mtu a-na-i+tazama nguo.   〈人はその服を見る．〉
                -O-   09
    Watu wa-na-zi+tazama nguo.   〈人々はその服を見る．〉
                -O-   10

　もう少し、この部類の名詞を見てみよう。(-)で複数が単数と同形であることを表す。
    njia(-)   〈道、方法〉

第2部 文法　　　　　　　　　　　　　11.5

　　nyumba(-)　〈家，家庭〉

語根に同化されて，接頭辞 n が m に変わった語もある。
　　mba(-)　　〈ふけ〉
　　mbuzi(-)　〈ムブズィ(椰子果肉削り器)；山羊〉
　　mvua(-)　〈雨〉

特定の接頭辞を採らない語が，多数を占める。
　　chai(-)　　〈茶〉
　　kahawa(-)　〈コーヒー〉
　　kazi(-)　　〈仕事，働き〉
　　saa(-)　　〈時計，時間〉
　　taa(-)　　〈ランプ，灯〉

次は，「人・動物」の属性を持つ語である。
　　adui(-)　　〈敵〉
　　ndugu(-)　〈きょうだい，同志〉
　　rafiki(-)　〈友〉

　　ndege(-)　　〈鳥；飛行機〉
　　ng'ombe(-)　〈牛〉
　　samaki(-)　〈魚〉

＊補説[11C]　05 対 09；10
　部類05，09；10には特定の接頭辞を持たない語が所属することから，語によってはこれらの部類を揺れ動くことがある。
　　05/06：gari/magari　〈車〉, soko/masoko 〈市場〉
　　09/10：gari/gari　　〈〃〉, soko/soko　 〈〃〉

＊補説[11D]　複数明示の第6部類接頭辞 ma-

11.5

> スワヒリ語の第9・第10名詞の単複の対は，他のクラスの単複の対が語形を異にするのとは違って，語形が同じである。そこで，複数性を明示する何らかの「力」が働くのか，複数明示の方法が生じている。それは，第6部類の接頭辞 ma- を使うものである。
> 　　　nyumba （09単）　〈(普通の)家〉：nyumba （10複）
> 　　　　”　　（〃）　　〈　”　〉　：majumba （06複）
> 　　参考 jumba （05単）〈(広壮な)家〉：majumba （06複）
> 　上の例では，majumba は jumba の複数形であるとともに，nyumba の複数を明示する形でもある。
> 　他のクラスに現れる場合には，「二重接頭辞」の形を採り，「多数性」の増強，話者のある種の感情を示すことがある。
> 　　　maviatu 〈靴靴靴〉
> 　　　mavisura 〈美形美形美形〉
> 　この複数明示との関連で，次のような「日本語スワヒリ語」が聞かれる。
> 　　　sisi *magaijin* 〈われら外人たち〉
> 　　　*Tanaka* wengi, leo siku ya *Matanaka*.
> 　　　　　　多い　　今日　日
> 　〈田中が何人もいる，今日は田中デーだ．〉

　　　＊　　＊　　＊　　＊　　＊　　＊　　＊

♯11E 練習問題（解答は314ページ）

問題1　次の名詞(斜体)は第9部類(単数)であることがわかりますか。わかるとすれば，どこでわかりますか。
- (1) *Njia* ni nzuri.
- (2) *saa* ya mkono　〈腕時計〉（mkono〈腕〉）
- (3) *taa* ya umeme　〈電灯〉（umeme〈電気〉）

問題2　次の名詞(斜体)は第10部類(複数)であることがどこでわかりますか。
- (1) *saa* za kazi　　　　〈仕事時間〉
- (2) *kazi* za nyumbani　〈家事〉（nyumbani〈家庭内〉）

(3) *Taa* zinawaka. 〈明かりが点いている.〉 (+waka〈燃える〉)
問題3 次の文をスワヒリ語で言おう.
(1) 茶はよい.
(2) コーヒーは悪い.
(3) 時計は役立つ.

　　　　　　＊　＊　＊　＊　＊　＊　＊

11.6 第11・第10（・第6）部類（11；10（；06））

　この部類の対は，抽象名詞(部類11のみ)，細長い物，その他雑多な語を含む．この部類11の複数は，多くが部類10に（少数が部類06に）属する．原則的に部類11はu-, 10はn- で（06はma- で）始まる．例えば，
　　　u-zi〈糸〉(11)；nyu-zi〈糸〉(10)

　呼応関係の接辞・語は以下の通りである．
　　　形容詞接辞　K- ：単 m- ／複 (n-) (ma-)
　　　連合辞　　　=a- ：単 wa ／複　za (ya)
　　　主辞　　　　S- ：単 u- ／複　zi- (ya-)
　　　客辞　　　 -O- ：単 -u- ／複 -zi- (-ya-)

＊余談[11K]　無論　手技の　宇治の糸
　u-zi/nyu-zi〈糸〉；mROn TEwazaNO uziNOITO
　まず，uziとnyuziは〈糸〉を意味する名詞で，uziが単数形，nyuziがその複数形であり，総じて，このクラスの対に属する名詞は基本的に，単数形が接頭辞u-（母音の前でw-）であり，複数形が接頭辞(n-)である．その複数形の多くが属する第10部類は既に第9部類の複数部類として説明してある．
　次に，mROnの小文字部分m, nはそれぞれ名詞の単数，複数に呼応する形容詞接辞(K)を，TEwazaNOの小文字部分wa, zaはそれぞれ単数，複数に呼応する連合辞(=a)を，uziNOITOの小文字部分u, ziはそれ

— 55 —

それぞれ単数，複数に呼応する主辞を，そして ITO は，uzi/nyuzi の意味が〈糸〉であることを表している。

＊注記[11C]　第11部類形容詞接頭辞 m-
　他部類の形容詞接頭辞は基本的には名詞接頭辞と同形であるが，この第11部類のみは，通常その接頭辞として u- をとらず m- を採る。ただし，u- を採る抽象名詞がある（これは合成語とも考えられる）。
　　uzi m-zuri〈よい糸〉
　　utu u-zima〈成人性，大人であること〉

＊余談[11L]　連合辞 =a (2)
　クラス07〜11の連合辞は，余談[11G]で述べたように主辞に由来する。
　　[07]　ki=a ＞ kya ＞ **cha**　　[08]　vi=a ＞ **vya**
　　[09]　 i=a ＞ **ya**　　　　　　 [10]　zi=a ＞ **za**
　　[11]　u=a ＞ **wa**　　　　　　 [10]　zi=a ＞ **za**

この名詞を使った文を見よう。

　　Uzi ni m-zuri.〈糸はよい．〉　　**Nyuzi ni n-zuri.**〈糸はよい．〉
　　11　　K-　　　　　　　　　　　　　10　　 K-
　　Uzi wa nani ?〈誰の糸？〉　　　**Nyuzi za nani ?**〈誰の糸？〉
　　11　　=a　　　　　　　　　　　　　10　　=a
　　Uzi u-na+faa.〈糸は役立つ．〉　**Nyuzi zi-na+faa.**〈糸は役立つ．〉
　　11　　S-　　　　　　　　　　　　　10　　 S-
　　Mtu a-na-u+tazama uzi.　　　〈人はその糸を見る．〉
　　　　　　-O-　　　11
　　Watu wa-na-zi+tazama nyuzi.〈人々はその糸を見る．〉
　　　　　　　-O-　　　　10

さらに，この部類の名詞を見てみよう。複数形は略記とともにかっこの中に記す。語によっては複数略記を省いて複数形全体を綴り出した。
uzi（ny-, nyuzi）と同様の語に，
    ua　（**ny-, nyua**）〈内庭〉
    uma（**ny-, nyuma**）〈フォーク〉

語根が母音始まりの語には w- が付き，その複数形は ny- が取って換わる。語頭がこれに類する外来語にも同変化する語がある。
    wavu　（**nyavu**）〈網〉
    wimbo（**nyimbo**）〈歌〉
    wakati（**nyakati**）〈時（とき）〉{外来語}

語根が d- の場合に，単数形の u- は複数形で n- に変わる。
    udevu（**ndevu**）〈あご髭〉

接頭辞 n- が語根 b- に付けられると，n が次の b に同化され，複数形で m-b- となる。
    ubao　（**mbao**　< n-bao）〈板〉
    ubawa（**mbawa** < n-bawa）〈翼〉

語根の l- は接頭辞 n- によって同化され d- となる。
    ulimi（**ndimi** < n-limi）〈舌〉

単数形が 3 音節以上の語では，よく複数形において u が脱落する。
    ufunguo（**funguo**）〈キー〉
    ukuta　（**kuta**）〈壁〉
    unywele（**nywele**）〈髪の毛〉
    upepo　（**pepo**）〈風〉

このクラスには物質名詞があり，複数形を持たない。例えば，
    udongo〈土〉

次のような物質名詞には，複数形があるが，それは「種類」を表すものである。

  uji（**nyuji**）　〈ウジ（スープの一種）〉
  unga（**nyunga**）　〈粉〉
  wali（**nyali**）　〈米飯〉

以下は，抽象名詞であり，複数形を持たない。

  ukubwa　〈大きさ〉
  umoja　〈一つであること，統一，同盟〉
  uzuri　〈良さ，美しさ〉

＊補説[11E]　Ufaransa, Uganda, Uingereza, Ulaya; utingo
 Ufaransa〈フランス〉，Uganda〈ウガンダ〉，Uingereza〈イギリス〉，Ulaya〈ヨーロッパ〉は，国名・地域名であり，u始まりの語であるが，nchi〈国〉と同じ第9名詞として扱われる。
 utingo〈車掌〉は，u始まりの語であるが，複数も同形で，第9・第10部類名詞として使われる。しかし，「人」の属性を有することから，呼応は第1・第2部類名詞のようになされる。「15.「人間・動物」名詞の呼応」を参照。

次のような少数の語は，その複数形が第6部類の名詞となる。

  ugomvi（11；**magomvi** 06）〈喧嘩〉
  ugonjwa（11；**magonjwa** 06）〈病気〉
  uovu（11；**maovu** 06）〈邪悪〉

    ＊　＊　＊　＊　＊

♯11F 練習問題（解答は314ページ）

問題1　次の語の複数形あるいは単数形はどうなりますか。

(1) uma 〈フォーク〉
(2) upinde 〈弓〉
(3) nyaraka 〈文書〉

問題2　次のスワヒリ語を訳そう。
(1) Wimbo ni mzuri.
(2) upinde wa mvua. (mvua 〈雨〉)
(3) Mbao zinafaa.

問題3　次の文をスワヒリ語で言おう。できれば，複数形も使ってみよう。
(1) 土はよい。
(2) 風は悪い。
(3) 網は役立つ。

＊　＊　＊　＊　＊　＊　＊

11.7 第15部類（15）

　この部類の形態は，辞書形（辞書に見出しとして出す形）の動詞形に接頭辞として ku-（特定の動詞のみに kw-）を付加したものであり，その機能は動名詞である（また，同じ形で不定詞としても機能する）。例えば，
　　ku-ona〈見ること〉(15)；**ku-soma**〈読むこと，読み〉(15)

＊補説［11F］　客辞付き動名詞・不定詞
　現実には，辞書形（＝動詞語幹）に ku- を接辞しただけでは自立し得ない以下のような動詞がある。例えば，次の斜体字で示したような客辞を常に採る。
　　+ambia : ku-*ni*+ambia 〈私にいうこと〉　＊ku+ambia
　　+pa　　 : ku-*ni*+pa 　　〈私に呉れること〉　＊ku+pa
　＊付きは現実的でない形である。

呼応関係の接辞・語は以下の通りである。

11.7

形容詞接辞　K-：ku-　　主辞　S-：ku-
連合辞　　＝a：kwa　客辞 -O-：-ku-

＊余談[11M]　九九は苦を見る
　ku+ona; kukwa ku<u>OMIRU</u>

　まず，動詞辞書形+ona〈見る〉に動名詞または不定詞の接頭辞 ku- が付された形である。総じて，このクラスの名詞は，動詞語幹に接頭辞 ku- を取った形が基本形である。
　次に，kukwa の ku，kwa はそれぞれ，呼応する形容詞接辞（K）と連合辞（=a）を，kuOMIRU の小文字部分 ku は主辞を，そして <u>MIRU</u> は，+ona の意味が〈見る〉であることを表している。

この動名詞の例 kusoma〈読み〉を使った文を見よう。
　Kusoma ni ku-zuri.〈読みはよい。〉**Kusoma kwa nani?**〈誰の読み？〉
　15　　　K-　　　　　　　　15　　　=a
　Kusoma ku-na+faa.〈読みは役立つ。〉
　15　　 S-
　Mtu a-na-ku+penda kusoma.〈人はその読みが好きだ。〉（+**penda**〈好きだ〉）
　　　　　-O-　　　　15

もう少しこの名詞を見てみよう。元となった動詞にのみ訳を付けた。
　kusikia　　 < 　+**sikia**　　〈聞く〉
　kusikiliza　< 　+**sikiliza**　〈聴く〉
　kusema　　 < 　+**sema**　　〈言う，話す〉
　kuandika　 < 　+**andika**　　〈書く〉
　kuzungumza < 　+**zungumza**　〈会話する，話す〉

次の語は，接頭辞として kw- を採る。
　kwenda　　< 　+**enda**　　〈行く〉
　kwisha　　< 　+**isha**　　〈終わる，尽きる〉

第2部　文法

* * * * * * *

♯11G 練習問題（解答は315ページ）

問題1　次のスワヒリ語を訳そう。
  (1) Kusema na watu ni kuzuri.　{na watu〈人々と〉}
  (2) kufika kwa rais.　{rais〈大統領〉}
  (3) Kuandika kunafaa.
問題2　次の文をスワヒリ語で言おう。
  (1) 貰うのはよい。{+pewa〈貰う〉}
  (2) 盗るのは悪い。{+iba〈盗る〉}
  (3) 勉強は役立つ。{+soma〈勉強する〉}

* * * * * * *

11.8 場所名詞（16；17；18）

　第16，第17，第18部類名詞は，「場所」名詞のクラスである。この三つのクラスは場所の性質によって分かれ，それぞれに属す名詞は，つぎの通りで，mahala/mahali は，三つのどのクラスにも属している。
　　16：決まった場所，定点・地点的な場所
　　　　mahala/mahali, pahala/pahali
　　17：不定の場所，ある程度の広がりや方向性のある場所
　　　　mahala/mahali, kwahala/kwahali
　　18：内部を表す場所；複数であることを明示
　　　　mahala/mahali, mwahala/mwahali

　そのほか，後述する場名詞（名詞に添辞 -ni を付した語種）などが，以下のように場所3部類の性質に従った呼応を示すことがある。
　　　　mlangoni pake　　(16)〈彼の戸口に〉　　(< **mlango,** 03 戸)
　　　　nyumbani kwake　(17)〈彼の家へ〉　　　(< **nyumba,** 09 家)

chumbani mwake (18)〈彼の部屋内で〉(＜ **chumba**, 07 部屋)

＊補説[11G]　第18部類の性質
　この部類の性質は「内部・複数」のほか、下のような意味がある。
(1)「すっぽり（全面を覆う）」
　　Amevaa　　　　kofia kichwani　　　mwake.
　　彼は被っている　帽子　頭にすっぽり　彼の
　　〈彼は帽子を頭にすっぽり被っている．〉
(2)「〜に沿って」
　　Amevaa　　　ukanda kiunoni　　　　mwake.
　　彼は付けてる　バンド　腰にぐるっと　彼の
　　〈彼は腰にバンドを巻いている．〉
　　Anakwenda pembeni　　mwa njia.
　　彼は行く　　端に沿って　の　道
　　〈彼は道の端を行く．〉

11.81 第16部類（16）

このクラスの呼応関係の接辞・語は以下の通りである。
　　形容詞接辞　K- : pa-　　主辞　S- : pa-
　　連合辞　　　=a : pa　　　客辞　-O- : -pa-

＊余談[11N]　パパはパ所
　　pahali, mahali; papaWA pa<u>SHO</u>

このクラスの名詞 pahali を使った文を見てみよう。
　　Pahali ni pa-zuri.〈場所はよい．〉　Pahali pa nani？〈誰の場所？〉
　　16　　　K-　　　　　　　　　　　　16　　　=a

Pahali pa-na+faa.〈場所は役立つ.〉
16   S-
Mtu a-na-pa+tazama pahali.〈人はその場所を見る.〉
              -O-   16

11.82 第17部類（17）

このクラスの呼応関係の接辞・語は以下の通りである。以下は部類15と同形である。

　　形容詞接辞　K- ： ku-　　主辞　S- ： ku-
　　連合辞　　　=a ： kwa　　客辞　-O- ： -ku-

＊余談［110］　九九は吉所
　　kwahali, mahali; kukwa ku<u>SHO</u>

このクラスの名詞 kwahali を使った文を見てみよう。

Kwahali ni ku-zuri.〈場所はよい.〉**Kwahali kwa nani?**〈誰の場所？〉
17   K-   17   =a
Kwahali ku-na+faa.〈場所は役立つ.〉
17   S-
Mtu a-na-ku+tazama kwahali.〈人はその場所を見る.〉
              -O-   17

11.83 第18部類（18）

このクラスの呼応関係の接辞・語は以下の通りである。
　　形容詞接辞　K- ： m(u)-　　主辞　S- ： m(u)-
　　連合辞　　　=a ： mwa　　 客辞　-O- ： -m(u)-

11.83

> ＊余談[11P]　無無は無所
> mwahali, mahali; mmwa mSHO

このクラスの名詞 mwahali を使った文を見てみよう。
Mwahali ni m-zuri.〈場所はよい．〉**Mwahali mwa nani ?**
18　　　　K-　　　　　　18　　　　　　=a〈誰の場所？〉
Mwahali m-na+faa.〈場所は役立つ．〉
18　　　　S-
Mtu a-na-m+tazama mwahali.〈人はその場所を見る．〉
　　　　　　-0-　　　　18

> ＊余談[11Q]　連合辞 =a (3)
> クラス15〜18の連合辞は，その他の部類と同様に主辞に由来する．
> [15]　ku=a　>　**kwa**　　[16]　pa=a　>　**pa**
> [17]　ku=a　>　**kwa**　　[18]　mu=a　>　**mwa**

　　　　＊　＊　＊　＊　＊　＊　＊

♯11H 練習問題（解答は315ページ）

問題1　次のスワヒリ語を訳そう．
(1)　Mahali ni kuzuri.
(2)　pahali pa hatari. {hatari〈危険〉}
(3)　Mtu anasafiri mwahali mwingi. { +safiri〈旅する〉, -ingi〈多くの〉}

問題2　次の文をスワヒリ語で言おう．かっこ内は意味を区別するために加えたが，言わなくてもよい．
(1)　（この）場所はよい．
(2)　（そっちの）場所は悪い．

— 64 —

第 2 部　文法

(3)　(その中の)場所は役立つ。

＊**案内＞**初級・入門者とお急ぎの方は「14. 場名詞」へ進んでください。

　　　　　＊　＊　＊　＊　＊　＊　＊

12．部類と部類名

　本書では、バントゥ諸語に見られる20余の部類のうち、スワヒリ語にある15部類をバントゥ諸語共通の番号で呼んでいるが、別の呼び方をしているスワヒリ語文法書もある。それを以下に紹介する。数字は本書での共通部類番号。

(1)　単数・複数の対を一つの部類とするもの
　　　01 & 02：m-wa クラス
　　　03 & 04：m-mi クラス
　　　05 & 06：(ji-)ma クラス
　　　07 & 08：ki-vi クラス
　　　09 & 10：N(-N) クラス
　　　11 & 10：U(-N) クラス
　　　　　15：ku クラス
　　　　　16：pa クラス
　　　　　17：ku クラス
　　　　　18：mu クラス

(2)　動詞に付く主格接頭辞(主辞)によって部類分けしたもの
　　　　01 & 02：a-wa クラス
　　　　03 & 04：u-i クラス
　　　　05 & 06：li-ya クラス
　　　　07 & 08：ki-vi クラス
　　11, 09 & 10：u-i-zi クラス
　　　　　　15：ku クラス
　　16, 18 & 17：pa-mu-ku クラス

しかし，これらの分類は，教育的には単数と複数を同時に理解するという面で一定の有益さがあるが，次で述べるように，単複が必ずしも1対1とはならず，また，単複の対も，上述した対以外にも存在することから，単複をクラスとせず，単複別々のクラスを立てる方が合理的と思われる。

また，主格接辞による分類は，例えばa-waクラスの中に01と02はおろか，a-, wa-に一致する03〜10の名詞が入る。つまり，クラスの中に更にクラスを持ち込み，複雑化するのみである。

名詞はまず名詞のレベルでの分類基準で分けるべきであり，それだけで分類ができなければ，そこで呼応などの基準を援用すべきである。ここでも，単複別々のクラス分類の方が合理的と思われる。

12.1 単複の対応と部類

単複の対応が，以上で述べてきたのとは異なるものがある。以下例を見よう。//の左が単数形，右が複数形である。

  03//04/10 : **moyo//mioyo/nyoyo**   〈心臓，心〉
  03//04/10 : **mwendo//miendo/nyendo** 〈行程，行い〉

  08//08   : **vita//vita**   〈戦争〉

  09//10/06   : **nyumba//nyumba/majumba** 〈家〉

  11//10/11   : **usiku//siku/usiku**   〈夜〉
  (11//06   : **ugonjwa//magonjwa**   〈病気〉

＊余談[12A]　部類12, 13, 14
 スワヒリ語標準語・共通語には，第12・第13部類は存在しないが，周辺の民族語の影響でこのクラスが使われることがある。
  12：ka- ... katoto 〈幼児（単）〉
  13：tu- ... tutoto 〈 〃　（複）〉
また，第14部類を抽象名詞のクラスとして立て，第11部類とは区別する

ことがある。本書では，文法事項が11と共通なことから，14を11に合流させてある。

　　14：u- ... uzuri〈良さ，美しさ〉 ＞ 11

12.2 複数の種類

　スワヒリ語の複数形は，様々な「複数」を表すが，そのうちいくつかを以下で示す。なお，以下の例で語によっては，例示された複数の種類の他に，別の複数を表すこともある。

＊余談[12B]　日・英・スの数3態
　日本語は文法的な数を持たないが，英語やスワヒリ語は持っている。持っていない日本語は数に疎い。言語がもつ数に鈍感になりがちである。でも，数を考察するとき数に対して中立になれるかも知れない。
　英語の複数形はふつう単数形に-(e)sを付して形成する。つまり，単数形を基本にする。従って，代表形は単数形になる。一方，スワヒリ語の数はふつう接頭辞によって表される。しかし，数の変換はこの接頭辞により，単複どちらが基本ということができない。これが，例えば，代表単数｛英語｝，代表複数/単数｛スワヒリ語｝の違いを引き起こすのであろう。

12.21 同種複数
　いわゆる典型的な複数で，同一種類の複数を表す。
　　miti〈木〉, **watu**〈人〉

＊余談[12C]　同種・同類のwakina, akina, kina
　これら3語はみな同じ意味に用いられ，これらの語の後に来る名詞を複数化する。
　　akina mama〈女性達，お母さん方〉
　しかし，次の例は名詞を複数化するのではなく，その名詞で表されるの

と同類のものの集合を意味する。
　　　kina Mohamed　　　　　　〈モハメッドたち〉
　　　kina Julius Caesar hao　〈それらジュリアス・シーザーたち〉

12.22　合計複数

　個々には単数であっても，それと関連する語が複数である関係から，合計して複数形が使われる場合がある。そのような場合の複数が合計複数である。これに関して，個々が単数ならば，関連する語が複数であっても単数形を使う配分単数というのがある。スワヒリ語では，合計複数と配分単数がともに使われる。

　次の例は教室内の先生の言でともに〈皆さん，本を開きなさい．〉の意味であるが，1aは各自が本を一冊ずつ持っているのに対して，1bはみんなで一冊ということになる。この場合，配分単数は使われない。

　（1a）**Fungueni　　vitabu vyenu.**
　　　　+fungua〈開く〉　08本　　　=enu〈君達の〉
　（1b）**Fungueni kitabu chenu.**
　　　　　　　　　07本

　次はともに〈ガラス戸棚〉である。ガラスは2aが1枚，2bが2枚以上である。ところが，2cのガラスはそれぞれ1枚（配分単数）で，2dでは各戸棚のガラスが1枚なのか，2枚以上なのか不明である。つまり，2dは2aの合計複数形であり，2bの複数形でもある。

　（2a）**kabati la kioo**　　　　（2b）**kabati la *vioo***
　　　　05戸棚　の　07ガラス　　　　　　　　　08ガラス
　（2c）**makabati ya kioo**　　（2d）**makabati ya *vioo***
　　　　06戸棚　　　（配分単数）

　下の3aと3bはともに〈知っている人は手を上げなさい．〉の意味で，3aは各自片手（配分単数）を，3bは合計複数か各自両手（配分双数）を，そして，4aと4bはともに〈彼らは握手した．〉を意味し，4aは片手ずつの合計複数又は各自両手の配分複数を表し，4bは配分単数である。

（3a）**Wanaojua　　wanyooshe　　mkono.**
　　　　　知っている人　　+nyoosha〈のばす〉　03手
　　（3b）**Wanaojua　　wanyooshe　*mikono.***
　　　　　　　　　　　　　　　　　　04手
　　（4a）**Walipeana　　　　　*mikono.***
　　　　　+peana〈与えあう〉
　　（4b）**Walipeana mkono.**

12.23 明示複数

複数を明確にする複数で，ふつう単複同形の部類の名詞に接辞 ma- をとって表される。下の1aは単複同形の〈家〉でこの語形からは単複の区別ができない。1bは jumba〈邸宅〉の複数形であるとともに nyumba の複数性を明確にする明示複数形でもある。

この接辞 ma- はまた多種多様・大量の意味を有し，以下の2a, 3a に対する2b, 3b の例がこれにあたる。

　　（1a）**nyumba**　〈家〉｛単複｝　（1b）***majumba***　〈家々〉
　　（2a）**nyumba**　〈家〉｛複｝　　（2b）***majumba***　〈様々な・多くの家〉
　　（3a）**vitabu**　〈本〉｛複｝　　（3b）***matabu***　〈様々な・多くの本〉

12.24 種類複数

これは2種以上の種類を表す複数である。同一種類の場合は数量にかかわらず単数形を用いる。

　　mipunga 〈 **mpunga** 〈稲〉
　　vyakula 〈 **chakula** 〈料理〉

12.25 計量複数

計量する単位となる名詞の複数形をいう。名詞の表す物自体の（同種）複数性を表す場合とは文脈で区別する。

　　viboko **kumi**　〈10回の鞭打〉｛計量｝
　　　　　　　　　　　〈10頭のカバ〉｛同種｝
　　vikombe **viwili vya kahawa**　〈2杯のコーヒー〉｛計量｝
　　　　　　　　　　　　　　　　　〈2個のコーヒーカップ〉｛同種｝

12.26 代表複数

これは，ある種類に属する全ての物を表すか，ある物を一般的に指すときに用いられる複数である。

次の例の paka, watu はそれぞれの種類に属するものを代表した複数である。

Hapo zamani *paka* walikuwa hawaishi majumbani mwa *watu*.
昔むかし　猫　～でした　住まない　家々{明示複数}　の　人々
〈昔むかし，猫は人間の家には住んで居ませんでした。〉

次は一般的に物を指す複数の例である。
   daktari wa *macho*/*meno* 〈目/歯医者〉
   duka la *viatu*/*vitabu* 〈靴/本屋〉
   kijana wa *nchi* za nje 〈外国の若者〉
   maji ya *machungwa*   〈オレンジジュース〉

＊余談[12D]　代表単数ほか

下の1例目は，上記とは異なって，単数で一般を表している。一人の人には，目や歯はふつう複数存在し，頭や胸は単数しかないことから来るのであろう。〈オレンジジュース〉はオレンジを複数とするのが普通で，単数とすると〈1個分のオレンジジュース〉となり一般性を欠く。

  daktari wa *kichwa*/*kifua* 〈頭/胸の医者〉
  maji ya *chungwa*   〈(1個分の)オレンジジュース〉

12.27 分化複数

複数形が単数形と語義を異にするもので，常に複数形で使われる。
   maarusi 〈新郎新婦〉 ＜ **arusi** 〈結婚式〉
   viwanda 〈工業〉 ＜ **kiwanda** 〈工場〉

13. 名詞の派生

ここでは，場名詞（「14.」参照）を除いた名詞の派生を概観する。

名詞には，他の名詞から，または他の品詞から派生して来たものがある。まず，元となった品詞によって分類しその形態の変化を見る。更に，アラビア語からの借用語は独自の語形変化をするものがある。

次に，部類の接辞の変更・追加によって，指小詞と指大詞それに ki 副名詞が得られる。

13.1 派生名詞

以下で，名詞・形容詞・副詞・動詞由来の派生名詞を挙げる。

(1) 名詞から
  mtoto〈子供〉　＞　**utoto**〈子供性，幼少期〉
  mtu　〈人〉　　＞　**utu**　〈人柄，人間性〉

(2) 形容詞から
  safi　〈きれい〉　＞　**usafi**〈きれいさ〉
  -zuri〈良い〉　　＞　**uzuri**〈良さ〉

＊補説[13A]　形容名詞
　形容詞は，そのままの形で名詞として使われる。
  mdogo　〈年下；弟・妹〉　-dogo　〈小さい〉
  mgeni　〈外人，客〉　　　-geni　〈見知らぬ〉
  mkubwa〈年上；上司〉　　-kubwa〈大きい〉
  mkuu　〈長（ちょう）〉　　-kuu　〈偉い〉
　関係がこれと逆になる名形容詞は「21.2」を参照。

---

(3) 副詞から
  kweli〈本当〉　＞　**ukweli**〈真実〉
  mbali〈遠く〉　＞　**umbali**〈遠さ，距離〉

13.1　　　　　　　　　　第2部　文法

(4) 動詞から
+cheza〈遊ぶ，演じる〉＞ mcheza(ngoma)〈(踊りを)踊る人〉,
　　　　　　　　　　　　 mchezaji〈選手，俳優〉
+imba　〈歌う〉　　＞ mwimbaji〈歌手〉
+linda　〈守る〉　　＞ mlinzi　〈守衛〉
+pika　〈料理する〉＞ mpishi　〈料理人〉
+shinda〈勝つ〉　　＞ mshindi　〈勝者〉, mshinde〈敗者〉

+cheza 〈遊ぶ，演じる〉＞ mchezo〈遊び，演技〉
+goma　〈罷業する〉　　＞ mgomo〈罷業，ストライキ〉
+tuma　〈使わす〉　　　＞ mtume〈使徒〉

+pata　〈得る〉　　＞ pato　　〈所得〉
+patana〈合意する〉＞ mapatano〈合意〉
+pika　〈料理する〉＞ mapishi　〈料理〉

+funika〈覆う〉　　＞ kifuniko〈覆い〉
+komba 〈抉る〉　　＞ kikombe〈椀〉
+umba　〈創造する〉＞ kiumbe　〈被創造物，人間〉
+ziba　〈塞ぐ〉　　＞ kizibo　〈栓〉

+oa 〈結婚する〉＞ ndoa〈結婚〉
+ota〈夢を見る〉＞ ndoto〈夢〉

+fungua〈開ける〉＞ ufunguo〈鍵〉
+linda　〈守る〉　＞ ulinzi　〈守り，防衛〉
+shinda〈勝つ〉　＞ ushindi〈勝ち〉, ushinde〈負け〉

13.2 アラビア語からの借用語

　アラビア語はふつう，語根3子音が基本的な意味を担い，母音あるいは接辞でさまざまな意味の区別がなされる。以下スワヒリ語に入った例を挙

げる。付く接辞にはアラビア語由来のとスワヒリ語本来のとがある。

(1) 語根 KTB
katiba 〈憲法〉, **katibu** 〈書記〉, **kitabu** 〈本〉;
maktaba 〈図書館〉, **mkataba** 〈契約〉, **mkutubu** 〈司書〉

(2) 語根 SFR
safari 〈たび（旅・度）〉, +**safiri** 〈旅する〉;
msafara 〈キャラバン〉, **msafiri** 〈旅人〉

＊注記[13A] アラビア語由来の名詞・動詞の関係は「52.2」を参照

13.3 部類の相互関係：指大・指小詞

　名詞には部類があり，その部類には特定の接頭辞が設定されていて，その部類接頭辞に換えることで，指大詞または指小詞を得ることができる。

　指大詞とは，「大きい，大き過ぎる，異様な，すごい」などのものを，指小詞は「小さい，かわいい，卑小な，異常な」などのものを表す。指大詞には，第5・6，第3・4部類接頭辞が，指小詞には，第7・8，第11（稀に第10）部類接頭辞が使われる。

　時に，他の語と区別するために，形成辞 ji が現れる。

(1) 指大詞： ji-/ma- (05/06), m-/mi- (03/04)
　　mtu/watu (01/02)〈人〉 > **jitu/majitu** (05/06)〈巨人〉
　　　　　　　　　　　　　　　mjitu/mijitu (03/04)〈異様な人〉
　　mti/miti (03/04)〈木〉 > **jiti/majiti** 〈大木〉
　　　　　　　　　　　　　　　mjiti/mijiti 〈巨木〉

(2) 指小詞： ki-/vi- (07/08), u- (11), {n- (10)}
　　mtu/watu (01/02)〈人〉 > **kijitu/vijitu** (07/08)〈小人〉
　　mti/miti (03/04)〈木〉 > **kijiti/vijiti** (07/08)〈小木〉
　　　　　　　　　　　　　　　ujiti/vijiti, njiti (11/08, 10)〈細木〉

> **＊余談[13A]　多重の指大・指小詞**
>
> 指大・指小の接辞と形成辞 ji とを複数連ねると，多重の指大・指小詞が得られる。
>
> mti 〈木〉 > jiti 〈大木〉 > jijiti 〈大大木〉
> mti 〈木〉 > mjiti 〈巨木〉 > mjimjiti 〈巨巨木〉
> mtu 〈人〉 > kijitu 〈小人〉 > kijikijitu 〈小小人〉
> kitu 〈物〉 > kijikitu 〈小物〉 > kijikijikitu 〈小小物〉

> **＊余談[13B]　指大辞 b-**
>
> それほど造語力はないが，指大辞 b- を持った語がある。
>
> bwana(ma-)　〈主人，旦那〉　＜ mwana(wa-)　〈こども〉
> buno(ma-)　〈大腰〉　　　　＜ kiuno(vi-)　〈腰〉
>
> 指大辞 m-/mi- の前に付く接辞 ba- もこの b- と関係があるかもしれない。
>
> bamshati(bamishati)〈だぼだぼシャツ〉＜ shati(mashati)〈シャツ〉
>
> この ba- は強調辞で，この語の部類接辞は m-/mi- で呼応も第 3・4 部類名詞として振る舞う。

13.4　ki 副名詞

これは，名詞の語根又は語幹に接頭辞 ki- を採った語形で，「～風・流・式」というような概念を持つ。名詞的にも，副詞的にも使われる。

Kiswahili 〈スワヒリ風に；スワヒリ語〉：**Mswahili** 〈スワヒリ人〉
Kijapani 〈日本風に；日本語〉　　　：**Mjapani** 〈日本人〉

Mtu a-na+sema Kiswahili. 〈(その)人はスワヒリ語を話す。〉
　　　　　　　話す
Mtu a-na+vaa Kijapani. 〈(その)人は和装する。〉
　　　　　　着る

また，連合辞(=a)とともに形容詞句を作る．
  chumba cha Kijapani〈日本間〉 {**chumba,** 部屋}
  lugha ya Kiswahili 〈スワヒリ語〉 {**lugha,** 言語}

14．場名詞

　名詞に添辞 -ni が付された語形を「場名詞」と呼ぶ．その性質は名詞的でもあり，副詞的でもある．ある場合には場所名詞（16～18）と同様の呼応を見せる．日本語には「場」に関する助詞「に，へ，で，から」などでもって訳される．
　この場名詞添辞 -ni が付く名詞部類は第3から第11（ただし，「人間・動物」の属性を持つ名詞（「15.」参照）を除く）と第15の各部類である．
  mti-ni〈木に〉（< **mti,** 03）
  kufa-ni〈死に〉（< **kufa,** 15）
  Tu-na+elekea kufa-ni.〈私達は死に向かっている．〉
     向かう

　以下の説明で，+na〈持つ〉（所有・存在）；S09, S17, S02 はそれぞれ部類第9，第17，第2と呼応する主格接頭辞（=主辞 S）であることを示す．
　まず，通常の名詞 nyumba〈家〉について，
  Nyumba i—+na mtu.〈家は人がいる．〉
  09家 S09 01人

次に，添辞 -ni を採った場名詞 nyumbani〈家に〉になると，この下の例では第17名詞の主辞を採っている．
  Nyumba-ni ku-+na mtu.〈家には人がいる．〉
  家 に S17 01人

下の例では，場名詞が副詞的に機能している．
  Watu wa—li—+fika nyumba-ni.〈人々は家に着いた〉
  02人々 S02 過去 着く 家 に

上の例のように具体名詞に付くし，下の例のように抽象名詞にも付く．
ujana-ni　〈青年期に〉
utoto-ni　〈幼少期に〉
uzee-ni　〈老年期に〉

* * * * * * *

14.1 裸の場名詞

添辞 -ni を採らずそのままの形で場名詞として機能する語を「裸の場名詞」と呼ぶ．裸の場名詞には次のようなものがある．

(1) 地名
　固有の地名・地域名・国名などはそのままの形で場名詞となる．
　　Ni—ta—kw+enda *Kenya*.　〈(私は)ケニアに行く．〉
　　　未来　　行く
　　＊-kw- については「67.単音節動詞」を参照．

(2) 方位
　kaskazini〈北〉，**kusini**〈南〉などの他に，**upande**〈方，側〉もここに入る．
　　***Upande* wa pili ... ku-likuwa na duka jingine ...**
　　　側　　　第2　　S17　　　店　　もう一つの
　　〈向かい側にはもう一軒の店があった．〉{< kulikuwa na ~
　　　　　　　　　　　　　　　　　　　　〈~が存在した〉}

(3) 外来語
　以下の外来語普通名詞はスワヒリ語化の度合いによって添辞 -ni も採りうる．つまり，hotelini, skulini ともなる．
　　Nitakwenda *hoteli/skuli*.　〈(私は)ホテル/学校に行く．〉
　　　　　　　　ホテル　学校

(4) 複合語

第2部　文法　　　　　　　　　　　　　　　14.1

　複合語は，下の例の duka la viatu〈靴屋〉のように，そのままで場名詞となる。
　　　Nitakwenda *duka la viatu*.　〈(私は)靴屋に行く．〉

(5) 添辞を採った場名詞と裸の場名詞の意味の分化
　添辞の有無で意味の異なる例がある。
　　　Nitakwenda *shamba*.　　〈(私は)田舎に行く．〉
　　　　　　　　　田舎
　　　Nitakwenda *shamba-ni*.　〈(私は)農場に行く．〉
　　　　　　　　　農場　　に

　　　　　　　＊　＊　＊　＊　＊　＊　＊

15．「人間・動物」名詞の呼応

　スワヒリ語の名詞で，その意味に「人間・動物」の属性を持つものを「人間・動物」名詞と呼ぶ。その呼応は通常，単数なら第1部類の名詞と，複数なら第2部類のと同じ呼応をする。以下，名詞下の数字は部類を，Sは主辞を，その後の数字は呼応する部類を示す。
　第1・2部類の呼応は次の通りである。

　　　Mtu　　a—na+sema.〈人は話す．〉：　**Watu wa—na+sema.**
　　　01人　　　S01　　話す　　　　　　　　02　　　S02

以下の名詞は，第1・第2部類以外に属す名詞であるが，その意味の属性に「人間・動物」を持つ「人間・動物」名詞なので，通常その呼応は上の例のように，第1または第2部類の呼応となる。

　　　Mtume　a—na+sema.〈使徒は話す．〉：**Mitume wa-na+sema.**
　　　03使徒　　S01　　　　　　　　　　　　　04　　　S02
　　　Karani　a—na+sema.〈事務員は話す．〉：**Makarani wa-na+sema.**
　　　05事務員　S01　　　　　　　　　　　　　06　　　S02
　　　Kijana　a—na+sema.〈青年は話す．〉：**Vijana wa-na+sema.**
　　　07青年　　S01　　　　　　　　　　　　　08　　　S02

—77—

Rafiki	**a―na+sema.**	〈友達は話す.〉	:	**Rafiki**	**wa-na+sema.**
09友達	S01			10	S02
Ng'ombe	**a―na+lia.**	〈牛は鳴く.〉	:	**Ng'ombe**	**wa-na+lia.**
09牛	S01			10	S02

＊注記[15A] ヒト化
以上の呼応や以下の補説の例は「ヒト化」(「92.1」)の一部をなすものである.

＊補説[15A] ndege〈鳥, 飛行機〉
鳥はもちろん動物であり, 飛行機は非動物である. 従って呼応に相違がある.
　　Ndege a―na+ruka. 〈鳥が飛ぶ.〉
　　09　　S01　飛ぶ
　　Ndege i―na+ruka. 〈飛行機が飛ぶ.〉
　　09　　S09
この種の名詞に kanga〈ホロホロチョウ, カンガ(巻き布)〉, mbuzi〈山羊, ムブズィ(椰子果肉削り器)〉がある.

＊補説[15B] 擬人化
団体, 組織, 国, 法人などは擬人化してしばしば主辞 wa- を採る.
　　JBC ha-wa―+lipi. 〈JBCは(その費用を)払わない.〉{JBCは法人名}
　　　　 否 S02 +lipa〈支払う〉
　　Yanga ha-wa-+na nguvu. 〈ヤンガは弱い.〉{Yangaはサッカーチーム名}
　　　　　　　　S02 力
　　Katika mambo mema wa―li-yo-ya+fanya *Serikali ya Kiingereza* ni
　　　の中に 事　　 よい　S02 T R O 行う　政府　イギリスの

```
    ku+ondosha  utumwa.
      除く      奴隷制
〈イギリス政府の施した善政に奴隷制廃止がある.〉
```

---

*余談[15A]　固有名詞のうち人名など
　人名，あるいは飼っている動物の名前は，単数ならば第1部類の，複数ならば第2部類の呼応をする。Kは形容詞接辞である。
　　Ali　a―na+sema.〈アリは話す.〉
　人名 S01
　　Ali　wa―wili.〈二人のアリ(例えば，アリ・バカリとアリ・サリム).〉
　人名 K02　二の

16．人称代名詞

　スワヒリ語の人称代名詞は，以下の通りである。略号は，1u, 2u, 3uが1人称，2人称，3人称の単数（umoja〈単数〉）；1w, 2w, 3wが1人称，2人称，3人称の複数（wingi〈複数〉）である。主辞と客辞が異形の対は斜体字にした。

人称	代名詞		主辞 S-	客辞 -O-
1u	**mimi**	〈私〉	ni-	-ni-
2u	**wewe**	〈あなた〉	*u-*	*-ku-*
3u	**yeye**	〈彼(女)〉	*a-, yu-*	*-m-*
1w	**sisi**	〈私達〉	tu-	-tu-
2w	**nyinyi**	〈あなた方〉	*m-*	*-ku-(e)ni, -wa-*
3w	**wao**	〈彼(女)達〉	wa-	-wa-

*注記[16A]　主辞 a-, yu- の使い分けは注記[11A]参照

> *補説[16A]　他の人称代名詞形
> 　2wには本書で使うnyinyiの他にninyiもある。他に1・2人称簡略形もある。
> 　　1u: miye, mie, mi　　1w: siye
> 　　2u: weye, wee, we　　2w: nyiye, nyie

> *余談[16A]　ニウ鮎積むは，憎む机には
> 　人称代名詞の主辞と客辞は，下記を上のように記憶するとよい。
> 　ni-u-a/yu; tu-m-wa　ni-ku-m; tu-ku(e)ni-wa

　人称代名詞は，主辞あるいは客辞によって表されるので，ふつう使われない。従って，次の例はふつう，かっこ内の人称代名詞を落として単に，Nina-kupenda. という。

　　　（**mimi**）**Ni**—**na**-**ku**-+**penda**（**wewe**）．〈私はあなたを愛している．〉
　　　　1u　　　S1u　　O2u　愛する　2u

　人称代名詞それ自体には，主格とか客格とか表示されず，動詞の接辞によって格が指定される。次の例は，語順に違い（第2例に主題化による客語前置）があるものの，述語動詞の構造（主語・客語の指定）には変化はなく，2例とも基本的に同じ意味を持っている。ここでも，かっこ内の代名詞は省略可能である。

　　　（**mimi**）**Ni**—**na**-**ku**-+**penda**（**wewe**）．〈私はあなたを愛している．〉
　　　　1u　　　S1u　　O2u　愛する　2u
　　　Wewe　**ni**—**na**-**ku**-+**penda**（**mimi**）．〈あなたは私が愛している．〉
　　　　2u　　　S1u　　O2u　愛する　1u

　2人称複数客辞には，-ku-(e)niと-wa-の二つの接辞がある。前者の-ku-は2人称単数客辞を，(e)は動詞語幹の語尾-aが-eに変化することを，そして2人称複数添辞-niはその前の-ku-と相俟って2人称複数を表示してい

る。客辞 -wa- は，3人称複数と同形である。従って，2人称複数を明示するには -ku-(e)ni を使えばよい。以下例文を見よう。

(mimi) Ni-na-ku+tazame-ni　　(nyinyi).
　1u　　　　　　+tazama〈世話する〉　2w
〈私はあなた達の面倒を見る.〉

なお，2w 客辞には -ku- を -wa- で置換した -wa-(e)ni もある。
次の例の ninawatazama のみでは，世話をされる対象が「あなた達」か「彼（女）ら」か不明である。もちろん，文脈とか以下のかっこ内の語が補足されれば，明かとなる。

Ni-na-wa+tazama (nyinyi).　〈私はあなた達の面倒を見る.〉
Ni-na-wa+tazama (wao).　　〈私は彼（女）らの面倒を見る.〉

　　　　　＊　＊　＊　＊　＊　＊　＊

17．不定代名詞

はじめの3語が，特定の人・物・所を表さず，不定のそれらを示す代名詞である。残りの語句は関連で挙げた。

　mtu　　　　　〈誰か〉
　kitu　　　　　〈何か〉
　pahali　　　　〈どこか〉
　siku nyingine　〈いつか〉

18．疑問代名詞

疑問代名詞を以下に2語あげた。用法は，日本語や英語とは異なるところがあるので注意を要する。

　(1) nani 〈誰，何〉{人・動物に対して}
　　Wewe jina lako nani? 〈お前は何という名前だ.〉{主題主語文}
　　2u君　名前　君の

18　　　　　　　　　　第2部　文法

　　　（例えば，人または動物の写真を見て）
　　　　Huyu　ni nani?　〈これは何だ．〉または〈これは誰だ．〉{名詞文}
　　　　01これ

＊余談[18A]　僕が鶏だ
　次の文は，意味が二つ考えられる．
　　Nani kuku?
一つは文字どおりのように
　〈鶏とは何か．〉
であるが，もう一つとその答はこうなることがある．
　〈鶏は誰．〉
　　Mimi kuku.
　〈僕が鶏だ．〉
食堂でのやりとり．でも最近は食堂でなくてレストランでチキンかな？

---

　　(2)　nini　〈何〉{物・事に対して}
　　　（例えば，何か物をさして）
　　　　Hiki　ni nini?　〈これは何だ．〉{名詞文}
　　　　07これ

＊注記[18A]　指示代名詞
　指示代名詞は部類に呼応した形を採る．上の(2)の hiki は，部類07に呼応した形である．従って，原則的には，名詞の部類がわからなければ「これ」に対応する形式は不明であり，「これは何」といえない．とはいえ，実際には言わねばならない場面はあるし，必要な表現である．便宜的に上例のように hiki，あるいは hii が使われる．
　さて，見えない所で突然大きな物音がした．「何だ，あれは？」は，
　　Nini hicho? または **Nini hiyo?**
となる．日本語の「あれ」に対して，スワヒリ語ではいわば「それ」に該

-82-

当する指示詞が使われていて，両言語間に相違がある。

＊補説[18A]　名詞 ＋ gani ＝ 疑問代名詞
　　疑問形容詞 gani〈どんな〉を用いた複合疑問詞も使われる。
　(1)　nani〈何〉のかわりに
　　　 mtu gani　〈どんな人〉
　　　 mtu wa namna gani　〈どのような人〉
　(2)　nini〈何〉のかわりに
　　　 kitu gani　〈どんな物〉
　　　 kitu cha namna gani　〈どのような物〉

＊注記[18B]　疑問詞全体は「85.疑問詞」を参照

＊　＊　＊　＊　＊　＊　＊

♯16 練習問題（解答は315ページ）

問題1　次のスワヒリ語を訳そう。
 (1)　U-na-m+penda.
 (2)　A-na-tu+penda.
 (3)　Tu-na-ku+pende-ni.

問題2　次の文をスワヒリ語で言おう。かっこ内の語に対する独立の代名詞は強いて言わなくてもよい。
 (1)　(あなた達)は(彼ら)が好きだ。
 (2)　(彼ら)は(あなた)が好きだ。
 (3)　(あなた)は(彼ら)が好きだ。

20. 形容詞

形容詞は，名詞を修飾・限定するか，叙述する語である。

20.1 種類

まず，形容詞の例を見よう。

  Sasa upepo, *safi*, *ubaridi*, *mtamu*, ...
   今 風   きれい 涼しい 甘い
  〈今や，風は快く，涼しく，甘い，...〉

この中で，safi は接頭辞ゼロ，そして=baridi は主辞 u- を，-tamu は名詞系の接頭辞 m- を形容詞の接頭辞として採っている。

形容詞は採る接頭辞によって次の3種4類に分けられる。

(1) 無接頭辞の形容詞
  ゼロ接頭辞を採る（＝接頭辞を採らない）形容詞：safi〈きれい〉

(2) 名形容詞
  語形自体は名詞であるが，別の語を介さずに，他の形容詞のように直接被修飾語に付けることができる形容詞
    （mtoto） mwanamke〈女の(子)〉

(3) 有接頭辞の形容詞
  名詞に呼応する接頭辞を必要とする形容詞
   1) 主辞系の形容詞 ：=baridi〈涼しい，冷たい，寒い〉
   2) 名詞接頭辞系の形容詞：-tamu〈甘い〉

＊補説[20A] 形容詞的表現
  スワヒリ語には，上記(1)～(3)に分類される形容詞はそれほど多くない。
  形容詞以外による形容詞的表現は，いろいろな形式でなされる。例えば，

「連合辞＋名詞・動詞・副詞」の形式でもって表される。以下斜体字が形容詞的表現の修飾句。
 nyumba *ya wageni*　〈旅館，迎賓館〉
 家　　　の 客 {名詞}
 nyama *ya kuchoma*　〈焼き肉〉
 肉　　　の 焼く {動名詞・不定詞}
 kituo *cha karibu*　〈最寄りの駅・停留所〉
 駅　　　の 近く {副詞}

最近，動詞語幹を形容詞として使う傾向が著しい。その例に次のようなものが挙げられるが，ある人々には「不適切・舌足らず」の感を抱かせる表現である。
 riwaya *pendwa*　〈大衆小説〉
 小説　　愛好される {動詞}
 nyama *choma*　〈焼き肉〉
 肉　　　焼く {動詞}

20.2 形容詞の位置

形容詞はまた，被修飾語に対して置かれる位置によって分けられる。

(1) 後置の形容詞
 ほとんどの形容詞は，被修飾語の後に置かれる。
 mtoto mzuri　〈よい子〉
 子　　よい
 mtu safi　　〈きれいな人〉
 人　　清潔な

(2) 前置の形容詞
 以下の若干のアラビア語由来の形容詞は，被修飾語の前に置かれる。
 kila mtu　〈各人〉
 各　　人

marehemu/hayati baba 〈亡父〉
故　　　/故　父
nusu saa　〈30分〉
半分　時間
robo saa　〈15分〉
四半分

＊余談[20A]　分数
　　上述の robo〈1/4〉は，アラビア語由来の分数詞で，以下のような表現ができる。
　　　　robo (moja)　〈1/4〉
　　　　robo mbili　〈2/4〉
　　　　robo tatu　〈3/4〉
　　　　robo nne　〈4/4〉
　　更に詳しくは，数詞の補説[24A]を参照。

21．形容詞の活用形

　各種の形容詞に付く接頭辞(ゼロを含む)を以下で見ていく。

21.1　無接頭辞の形容詞

　アラビア語からの借用形容詞は，修飾する名詞に呼応する接頭辞を採らない，つまりゼロ接頭辞が付く。結果として無変化の形容詞である。
　　　ghali　　　　〈高価な〉
　　　mtambo ghali〈高価な装置〉
　　　03装置
　　　gari ghali　　〈高い自動車〉
　　　09車

safi 〈きれいな〉
  mtu　safi　〈清潔な人〉
  01人
  hewa　safi　〈きれいな空気〉
  09空気

21.2 名形容詞

若干の名詞は,そのままで別の名詞の後に直接置かれ,形容詞として使われる。このような場合の形容詞を「名形容詞」と呼んでおく。ただし,名詞連続の複合語(補説[21A]参照)は除く。

mtoto *mwanamume* 〈男の子〉
  子供　男
kijana *mwanamke* 〈若い女性〉
  青年　女

＊補説[21A]　母の言葉 = 母語?
  名形容詞以外の名詞は修飾語としてもう一つの名詞の直後に置くことはできない。一方,生物名また専門用語の分野では,複合語を造る方法として「名詞+名詞」が定着し,また定着しつつあり,数多い例が見られる。
    papa upanga 〈鋸鮫〉
    鮫　刀
    lugha mama 〈母語〉
    言語　母
  以前あるいは今も,人によって lugha ya mama〈母の言葉〉が〈母語〉の意味で使われる。しかし,母語と母の言葉では,意味範囲が重なる所があるが,異なる。

21.3 有接頭辞の形容詞

接頭辞を採る形容詞には，既に述べたように，次の2種類がある。
 主辞系の形容詞
 名詞接頭辞系の形容詞

21.31 主辞系の形容詞

 主辞を採って用いられる形容詞で，この中には，名詞と同形の形容詞がある。(ここに入る「主辞系の詞辞」については「30.主辞系の詞辞」を参照)。

 =macho 〈目覚めた〉（＜ macho，目）
  Mtoto yu macho. 〈子供はおきている。〉
  01子 S01

 =maji 〈濡れた〉（＜ maji，水）
  Mikono i maji. 〈両手が濡れている。〉
  04両手 S04

 =moto 〈熱い〉（＜ moto，火）
  Chakula ki moto. 〈食べ物が熱い。〉
  07食べ物 S07

 =wazi 〈開いた〉
  Mlango u wazi. 〈ドアは開いている。〉
  03ドア S03

＊注記[21A] 主辞系形容詞の接辞
 上のように叙述の場合は，連辞として機能している。この場合は形容詞に付けず，離して単独に置く。
  Chakula ki moto. 〈食べ物が熱い。〉
 一方，修飾の場合は，接頭辞として形容詞に付ける。
  chakula kimoto. 〈熱い食べ物。〉
 実際は，このように書き分けられていないことも多い。

第2部　文法　　　　　　　　　　　　21.32

21.32 名詞接頭辞系の形容詞

　これが典型的な形容詞で，名詞の接頭辞と基本的には同形の接辞を採る形容詞である。その形容詞接頭辞の基本は既に名詞の部類とともに見てきた。ここにこの種の形容詞の例と基本接頭辞を挙げておく。

(1) 形容詞の例
　　　-baya　〈悪い〉　　　-eupe　〈白い，何もない〉
　　　-ingine〈他の〉　　　-pya　〈新しい〉
　　　-zuri　〈よい，美しい〉

(2) 基本接頭辞
　　01　m-　　02　wa-　　03　m-　　04　mi-
　　05　(j-)　　06　ma-　　07　ki-　　08　vi-
　　09　(n-)　　10　(n-)　　11　*m-*
　　15　ku-
　　16　pa-　　17　ku-　　18　m-

これらの接頭辞を思い出せただろうか。もし，思い出せなかったなら，名詞の部類をもう一度さらうこと。

＊案内＞次の「22.」と「23.」で形容詞接頭辞の詳細と比較について述べますので，初級・入門者は「24. 数詞」に進んで下さい。

＊注記[21B]　名詞接頭辞 ≠ 形容詞接頭辞(K)
　注記[11C]で記したが，形容詞接頭辞は，部類11が名詞接頭辞と異なるm-となる以外，基本的に名詞接頭辞と同形式である。
　　　m-tu　(01)　　m-zuri〈よい人〉
　　　u-zi　(11)　　m-zuri〈よい糸〉
　　　u-zi　　　　＊u-zuri
　ただし，下の語 utu のように若干の語は接頭辞 u- を採る。または，これらは合成語とも考えられる。

— 89 —

m-tu （01）　m-zima〈おとな〉
u-tu （11）　u-zima〈おとなということ〉
u-tu　　　　＊m-zima

　また，多重の指大・指小詞（余談[13A]参照）では接頭辞がいくつも付くが，形容詞には常に一つのみである。
kijikijitu　kidogo〈ちーっぽけなやつ〉
"　　　　＊kijidogo
＊印は実現不可能な形を示す。

＊余談[21A]　色の形容詞
　色に関する純然たる形容詞は，以下のように3色である。それ以外は，具体的な物の名前に由来する名詞などを使って表される。
-ekundu　〈赤い〉
-eupe　　〈白い〉
-eusi　　〈黒い〉
rangi nyekundu/nyeupe/nyeusi〈赤/白/黒色〉
rangi ya waridi〈ばら色〉（＜ rangi〈色〉, waridi〈ばら〉）

＊　＊　＊　＊　＊　＊　＊

22．名詞接頭辞系形容詞の接頭辞

　形容詞に付く接頭辞は形容詞語根の語頭によって変わる。ここでは語頭が子音始まりの「子音形容詞」と，母音始まりの「母音形容詞」に分ける。斜体字は，音の同化・融合や不規則を表す。ϕはゼロ接頭辞を表す。

種類	子音形容詞	母音形容詞	
例語	**-zuri**	**-ingine** /	**-eupe**
	〈よい〉	〈他の〉	〈白い〉

部類	例			
01	mtu	m-zuri	mw-ingine /	mw-eupe
02	watu	wa-zuri	*wengine* /	*weupe*
03	mti	m-zuri	mw-ingine /	mw-eupe
04	miti	mi-zuri	*mingine* /	my-eupe
05	jiwe	φ-zuri >	zuri	
			j-ingine /	j-eupe

① j-(a-/o-) > φa-/φo-
j- + -angavu > φangavu > ***angavu*** 〈明るい〉
j- + -ovu > φovu > ***ovu*** 〈邪悪な〉
② 不規則
ji-pya 〈新しい〉

06	mawe	ma-zuri	*mengine* /	*meupe*
07	kitu	ki-zuri	*kingine* / *chingine*	
			/ ch-eupe	
08	vitu	vi-zuri	*vingine* /	vy-eupe
09/10	nguo	n-zuri	ny-ingine /	ny-eupe
			ny-ingi〈多〈の〉〉 /	ny-ekundu〈赤い〉

① n-(d-/g-/z-) > nd-/ng-/nz-
n-dogo > **ndogo** 〈小さい〉
n-gumu > **ngumu** 〈硬い〉
n-zuri > **nzuri**
② n-(a-/o-) > φa-/φo-
n- + -angavu > φangavu > ***angavu*** 〈明るい〉
n- + -ovu > φovu > ***ovu*** 〈邪悪な〉
③ n- + b- > mb-
n- + -baya > **mbaya** 〈悪い〉
n- + -bovu > **mbovu** 〈腐った〉
④ 不規則
n- + -ema > ***njema*** 〈善い〉
n- + -ne > **nne** 〈4〉
n- + -pya > ***mpya*** 〈新しい〉

```
                n- + -refu    >  ndefu  〈長い〉
                n- + -wili    >  mbili  〈2〉
          ⑤ 他 n- > φ-
                n- + -kubwa  >  φ-kubwa  >  kubwa  〈大きい〉
                n- + -nne    >  φ-nne    >  nne    〈4〉
                n- + -pana   >  φ-pana   >  pana   〈幅広い〉
```

11	uzi	m-zuri	mw-ingine / mw-eupe
10	nyuzi	n-zuri	ny-ingine / ny-eupe
15	kuona	ku-zuri	kw-ingine / kw-eupe
16	pahali	pa-zuri	*pengine* / *peupe*
17	kwahali	ku-zuri	kw-ingine / kw-eupe
18	mwahali	m-zuri	mw-ingine / mw-eupe

＊注記[22A]　-angavu〈明るい，澄んだ〉，-ovu〈邪悪な〉

これらの形容詞は05，09/10の名詞に対して呼応の接頭辞を採らない。

　　05：　**jambo angavu**　〈明白なこと〉
　　05：　**jambo ovu**　　〈悪事〉
　09/10：　**nuru angavu**　〈明るい光〉
　　10：　**nyendo ovu**　　〈悪行〉

＊余談[22A]　形容詞 -ingine の部類05，09，10の接頭辞

この形容詞には，上述とは別に，これらの部類の形容詞接頭辞として主辞を採った，次のような語形が見られる。

```
                   -ingine
   05 (jiwe)    lingine   ( < li-ingine)
   09 (nguo)    ingine    ( < i-ingine)
   10 (nguo)    zingine   ( < zi-ingine)
```

これらは，主辞 (li-, i-, zi-) を形容詞の接頭辞としている。もしこれが定着すれば，-ingine=o の末尾の呼応と同じ主辞系の呼応となる。ひいて

は，呼応の種類の減少へ動的な傾向を表しているのかも知れない．

23. 比較

23.1 比較級

形容詞の比較は，日本語の様式に似て，比較級・最上級のために特定の語形を持つ英語などとは異なり，簡単である．

比較を表す特定の形式はなく，「〜より」を意味する kuliko を使う．

Damu (ni) nzito kuliko maji. 〈血は水より濃し〉{諺}
血　　　　濃い　より　　水

また，kuliko のかわりに次のような動詞不定形を使うことがある．

kupita　〈 +pita　　〈越す〉
kushinda　〈 +shinda　〈勝る〉
kuzidi　〈 +zidi　　〈凌ぐ〉

あるいは，動詞活用形を使う．

(yeye) A—me—ni—+zidi (mimi) kwa kimo.
3u彼 S3u 完了 O1u 凌ぐ 1u私　で　背丈
〈彼は私より背が高い．〉

この例における基準の kimo 〈背丈〉のかわりに，「ufundi 〈技能〉，uhodari 〈有能さ〉, urefu 〈高さ〉, utajiri 〈富〉」などを使えば，「より上手，より優秀，より背が高い，より金持ち」などを表せる．

形容名詞（形容詞由来の名詞）を使って，比較を表すこともできる．

Yeye ni mkubwa wangu kwa umri. 〈彼は私より年長だ．〉
3u彼　　大物　　　私の　　で　年齢

ここでも，様々な基準事項を kwa の後に置けば，様々な比較が可能である．

23.2 最上級

最上級は，kuliko =ote〈全てより〉を使って表現する。または，副詞の mno〈非常に，極端に〉や kabisa〈全く，最も〉を使う。全称詞=ote〈全ての〉は主辞系の接頭辞を採る語種である。詳しくは「35.」の全称詞を参照。

  (**kitu**) **hiki** ； (**vitu**) **vyote**
  07物 これ・この ； 08物 08全部(の)

Hiki ni kizuri mno/kabisa. 〈これが最もよい．〉
07これ よい

Hiki ni kizuri kuliko vyote. 〈これがいちばんよい．〉
       08全部

23.3 同等

同等を表すには sawa（sawa）na〈と同等に〉を使う。

Mimi ni mkubwa sawa na yeye. 〈私は彼と同い年だ．〉
1u私 年上   3u彼

Mimi ni sawa na yeye kwa ukubwa. 〈〃．〉
         年長さ

   * * * * * * *

24．数詞

　数詞には，基数詞・序数詞・数形容詞の区別を立てることができる。
　基数詞は，名詞のクラスを超越して数えるときに使われる。日本語の漢語由来の数詞「いち，に，さん」などが人でも物でも数えるときに用いられるように，スワヒリ語の基数詞は使われる。この語形は，第9・10部類の名詞を修飾するときの数形容詞の語形と一致する。
　序数詞は，「第1，2番目」など，順序を表す数詞である。「第1，第2」が特別な語形を持つ。数詞ではないが，順序を表すのに「最初，最後」も必要となる。
　数形容詞は，名詞のクラスに応じて接頭辞を変える形容詞であり，1から

5までと8の数詞が変化する。そのほかは基数詞と同形である。

6,7と9 (tisa)，それに20以上の10の倍数と百，千，十万はアラビア語由来の，百万は英語からの数詞である。

24.1 基数詞

0	sifuri, ziro	10	kumi
1	moja	11	kumi na moja
2	mbili	22	ishirini na mbili
3	tatu	33	thelathini na tatu
4	nne	44	arobaini na nne
5	tano	55	hamsini na tano
6	sita	66	sitini na sita
7	saba	77	sabini na saba
8	nane	88	themanini na nane
9	tisa, kenda	99	tisini na tisa
100	mia (moja)		
200	mia mbili, miteen		
	cf. 102　mia (moja)　na mbili		
1,000	elfu (moja)		
1,999	elfu moja mia tisa na tisini na tisa		
2,000	elfu mbili, mbili elfu, elfeen		
10,000	elfu kumi, kumi elfu		
100,000	elfu mia, mia elfu, laki		
1,000,000	milioni		

なお、30, 40, 80には上記の他に、以下の語形がしばしば使われる。
　　30: **thalathini**,　40: **arubaini**,　80: **thamanini**

＊注記[24A]　23,000 = 20,003 ?
　　elfu ishirini na tatu は，曖昧で，数詞のまとまりが，elfu [ishirini

na tatu] ならば23,000となり，[elfu ishirini] na tatu ならば20,003である。

語順をかえて ishirini na tatu elfu とすれば，23,000のみの意味となる。

---

*補説[24A] アラビア語由来の数詞・分数詞

10から19まで，以下のようなアラビア語由来の数詞があり，時に使われる。

 10 ashara
 11 hedashara/hidashara
 12 thenashara/thinashara
 13 thalatashara/thelatashara
 14 arobatashara
 15 hamstashara
 16 sitashara
 17 sabatashara
 18 thamantashara/themantashara
 19 tisatashara

また，同じくアラビア語由来の分数詞がある。

 1/2 nusu
 1/3 thuluthi   2/3 thuluthi mbili
 1/4 robo   3/4 robo tatu
 1/5 humusi   4/5 humusi nne
 1/6 sudui   5/6 sudui tano
 1/7 subui   6/7 subui sita
 1/8 thumuni   7/8 thumuni saba
 1/9 tusui   8/9 tusui nane
 1/10 ushuru   9/10 ushuru tisa

第2部　文法　　　　　　　　　　　　　　　　24.1

> *余談[24A]　22は「二十とふたつ」
>
> 　22は，ishirini na mbili であり，ishirini はアラビア語由来の，na と mbili は本来の語で，系統の異なる語が混在している。これを日本語と対比すると，すなわちアラビア語を漢語，本来の語を和語とすると，まさに「二十とふたつ」となる。このような組み合わせを思わす例に関しては注記[24C]参照。
>
> 　古の日本語は別に，現在の日本語では22は「ニジュウニ」で，それぞれの桁は「ニ」が表れる。しかし，スワヒリ語ではこれは期待できず，常に桁を意識しなければならない。慣れるまで，いや，慣れるのに厄介である。

24.2　序数詞

　純序数詞としては mosi, pili があり，他は基数詞と共通である。また，数詞ではないが「最初，最後」を表す kwanza, mwisho などが序数詞に準じて使われる。

　　　第1　　　　**mosi**
　　　最初(の)　　(=a)　**kwanza/mwanzo/awali**
　　　第2(の)　　(=a)　**pili**
　　　第X(の)　　(=a)　X(基数詞)
　　　最後(の)　　(=a)　**mwisho/aheri**
　　　何番目の　　=a　　**ngapi**

　　　tarehe mosi　　　　〈ついたち〉
　　　tarehe pili　　　　〈ふつか〉
　　　tarehe X（基数詞）　〈X日〉
　　　tarehe gani　　　　〈何日〉　参考　**siku gani**　　　〈何曜日〉
　　　tarehe ngapi　　　 〈"〉　　　"　　**siku ngapi**　　 〈何日(間)〉
　　　　　　　　　　　　　　　　　　　　　"　　**siku ya ngapi**　〈何日目〉

　　　mtu wa tatu　　〈第三の人〉

24.2　　　　　　　　　　第2部　文法

　　　　mti　wa kumi　　〈十番目の木〉
　　　　jiwe la mwisho　〈最後の石〉

＊余談[24B]　　順番はどこから
　次の例は今いる所・日を含めている。
　　　kituo cha pili　〈となりの駅〉
　　　siku ya pili　　〈翌日〉
　ところが，次はイギリス式である。
　　　ghorofa ya pili　〈三階〉
　ちなみに，一階はこういう。
　　　(ghorofa ya) chini
　これと関連して，次は〈～以上〉ではなく，〈～を越えて〉である。
　　　zaidi ya (mtu) mmoja　〈一人を越えて，二人以上〉

24.3　数形容詞

　修飾する名詞部類に呼応する接頭辞をとる数形容詞は，次のように1から5と8である。それ以外は接頭辞を採らず，基数詞と同一形を用いる。以下の表では数形容詞の1～5，8に数疑問詞の -ngapi〈いくつ〉も付置した。

(1)　単数

	01 mtu	03 mti	05 jiwe	07 kitu	09 nguo	11 uzi
-moja〈1〉	mmoja	mmoja	moja	kimoja	moja	mmoja

(2)　複数

	02 watu	04 miti	06 mawe	08 vitu	10 nguo/nyuzi
-wili〈2〉	wawili	miwili	mawili	viwili	mbili
-tatu〈3〉	watatu	mitatu	matatu	vitatu	tatu
-nne〈4〉	wanne	minne	manne	vinne	nne
-tano〈5〉	watano	mitano	matano	vitano	tano

.....
-nane⟨8⟩ wanane minane manane vinane nane
-ngapi⟨いく つ⟩ wangapi mingapi mangapi vingapi ngapi

mtu	mmoja	⟨一人の人⟩
miti	miwili	⟨2本の木⟩
mawe	matatu	⟨3個の石⟩
vitu	vinne	⟨4個の物⟩
nguo	tano	⟨5着の服⟩
nyuzi	ngapi	⟨何本の糸⟩
pahali	pamoja	⟨一カ所⟩

その他は，基数詞と同形で，接頭辞を採らない。
 watu sita ⟨6人の人⟩
 miti saba ⟨7本の木⟩

＊注記[24B]　数詞の類義・同義
　上記の数詞 -moja には〈同一の〉という意味があり，-nne〈4〉には下のような同義語がある。
　　　-moja ： watu wamoja 〈同じ人たち〉, mambo mamoja 〈同じ事〉
　　　-ne　 ： watu wane 〈4人の人〉,　 nguo nne 〈4着の服〉

＊注記[24C]　二桁以上の数形容詞
　二桁以上の数形容詞は，上述のように基数詞と同形を用いるが，なかには，以下のように一桁目を呼応させる例も見られる。
 watu kumi na *wawili*　 ⟨12人の人⟩　 = watu kumi na mbili
 miti ishirini na *mitatu*　⟨23本の木⟩　= miti ishirini na tatu

24.3　　　　　　　第2部　文法

> **＊補説[24B]　分数形容詞**
> 　分数詞の nusu〈半分〉と robo〈四分の一〉は，そのままで形容詞となるが，修飾する名詞の前に置かれる。
> 　　　nusu saa　〈半時間，30分〉
> 　　　robo saa　〈四分の一時間，15分〉

> **＊補説[24C]　一人ずつ，二三日**
> 　「～ずつ」は数詞の繰り返しで，「二三」のようなおおよその数はその数詞をそのまま称して表現する。
> 　　　(mtu) mmoja mmoja　〈一人ずつ〉，　siku mbili tatu　〈二三日〉

　　　　　　　＊　＊　＊　＊　＊　＊　＊

♯20　練習問題（解答は316ページ）

　　damu〈血〉, dawa〈薬〉, elimu〈学問〉, hasira〈怒り〉,
　　kimo〈背丈〉, kituo〈駅〉, leo〈今日〉, machofu〈疲労〉, moyo〈心〉,
　　nguo〈服〉, pesa〈お金〉, siku〈日〉, sura〈姿〉, ubongo〈脳〉,
　　umri〈年令〉, usingizi〈眠り〉
　　-fupi〈短い〉, -ingi〈多い〉, -kubwa〈大きい〉, maskini〈貧しい〉,
　　-ngapi〈いくつの〉, -refu〈高い〉, tajiri〈豊かな〉, -zito〈重い〉,
　　-zuri〈きれいな〉
　　+ondoa〈除く〉

問題1　与えられた語義から推して日本語に訳そう。
　(1)　damu nzito
　(2)　nguo nzito
　(3)　usingizi mwingi
　(4)　usingizi mzito

第 2 部　文法

(5)　dawa kubwa ya kuondoa machofu ya ubongo

問題 2　上の語彙を使い，例にならってスワヒリ語に訳そう。

　（例）　背の高い（人）　＞　（mtu）mrefu wa kimo
　(1)　年上の（人）
　(2)　心豊かな（人）
　(3)　お金のない（人）
　(4)　学識のある（人）
　(5)　容姿端麗な（人）
　(6)　短気な（人）

問題 3　スワヒリ語で言ってみよう。

　(1)　1,555
　(2)　となりの駅
　(3)　今日は何日目？

30. 主辞系の詞辞

　名詞と呼応して主辞系の接頭辞を採る語種を一括して「主辞系の詞辞」と呼ぶことにする。ただし、「21.31」で述べた主辞系の形容詞は除いた。なお、「31.」以降には、同様に造語される、様態を表す副詞も置いた。
　主辞系の詞辞の語根は、=をつけて、=pi, =le, =a, などのように表す。
　この主辞系の詞辞には以下のようなものがある。ここでは部類11までの具体形を表示するにとどめる。（これらの造語法や具体形の詳細は、「31.」以降を参照）。

30.1 原則的に主辞を付して形成される語形

(1)　選定詞 =pi〈どれ，どの〉
　　　01：**yupi**　　02：**wepi**　　03：**upi**　　04：**ipi**
　　　05：**lipi**　　06：**yepi**　　07：**kipi**　　08：**vipi**
　　　09：**ipi**　　10：**zipi**　　11：**upi**

(2)　指示詞 =le〈あれ，あの〉；h=〈これ，この〉；h=o〈それ，その〉

	=le	h=	h=o		=le	h=	h=o
01：	**yule**	**huyu**	**huyo**	02：	**wale**	**hawa**	**hao**
03：	**ule**	**huu**	**huo**	04：	**ile**	**hii**	**hiyo**
05：	**lile**	**hili**	**hilo**	06：	**yale**	**haya**	**hayo**
07：	**kile**	**hiki**	**hicho**	08：	**vile**	**hivi**	**hivyo**
09：	**ile**	**hii**	**hiyo**	10：	**zile**	**hizi**	**hizo**
11：	**ule**	**huu**	**huo**				

30.2 原則的に主辞の子音(化)部分を付して形成される語形

(3)　連合辞 =a〈の〉
　　この語形は既に名詞の部類の所で見てきた。
　　　01：**wa**　　02：**wa**　　03：**wa**　　04：**ya**
　　　05：**la**　　06：**ya**　　07：**cha**　　08：**vya**

09： **ya**　　10： **za**　　11： **wa**

(4) 所有詞　=angu〈私の〉,　　=ako〈あなたの〉,　　=ake〈彼(女)の〉
　　　　　 =etu〈私達の〉,　　=enu〈あなた方の〉,　　=ao〈彼(女)らの〉

	=angu	=ako	=ake	=etu	=enu	=ao
01	wangu	wako	wake	wetu	wenu	wao
02	wangu	wako	wake	wetu	wenu	wao
03	wangu	wako	wake	wetu	wenu	wao
04	yangu	yako	yake	yetu	yenu	yao
05	langu	lako	lake	letu	lenu	lao
06	yangu	yako	yake	yetu	yenu	yao
07	changu	chako	chake	chetu	chenu	chao
08	vyangu	vyako	vyake	vyetu	vyenu	vyao
09	yangu	yako	yake	yetu	yenu	yao
10	zangu	zako	zake	zetu	zenu	zao
11	wangu	wako	wake	wetu	wenu	wao

(5) 所持詞　=enye〈を持った〉；　(6) 再帰詞　=enyewe〈自身〉

	=enye	=enyewe		=enye	=enyewe
01	mwenye	mwenyewe	02	wenye	wenyewe
03	wenye	wenyewe	04	yenye	yenyewe
05	lenye	lenyewe	06	yenye	yenyewe
07	chenye	chenyewe	08	vyenye	vyenyewe
09	yenye	yenyewe	10	zenye	zenyewe
11	wenye	wenyewe			

(7) 係辞　=o(-)｛様々な機能を持つ｝；　(8) 全称詞　=ote〈全部の〉；　(9) 汎称詞
　　　=o=ote〈どんな〜でも〉

	=o(-)	=ote	=o=te		=o(-)	=ote	=o=ote
01	-ye(-)	wote	yeyote	02	-o(-)	wote	wowote
03	-o(-)	wote	wowote	04	-yo(-)	yote	yoyote
05	-lo(-)	lote	lolote	06	-yo(-)	yote	yoyote

30.2　　　　　　　　　　第2部　文法

```
07：  -cho(-)  chote  chochote    08： -vyo(-)  vyote   vyovyote
09：  -yo(-)   yote   yoyote      10： -zo(-)   zote    zozote
11：  -o(-)    wote   wowote
```

＊補説[30A]　人称代名詞の全称詞 =ote
　　　　　　　　　　　　　　　　=ote
　　一人称複数（1 w）：　**sisi** *sote*　〈私達全部〉
　　二人称複数（2 w）：**nyinyi** *nyote*　〈君達全部〉
　　三人称複数（3 w）：　**wao** **wote**　〈彼(女)ら全部〉
sote, nyote の代わりに wote を使う人もいる。

＊案内＞初級・入門者は「＃30 練習問題」を試してみて下さい。不明なところがあれば以下を読んでみて下さい。

　　　　　　　　＊　＊　＊　＊　＊　＊　＊

31．選定詞，指示詞

　これらは，名詞の後に来て修飾するか，単独で代名詞として使われる。指示詞は，主に位置関係から遠称・近称・中称の3種に分ける。
　選定詞と指示詞遠称の語形成は，主辞をSでもって表すと，次のようになる。
　なお，以下でS, Vなどの大文字は記号であるが，pi, le, h, o などの小文字は具体的な音を表す。
　　　選定詞(=pi)　　S=pi
　　　指示詞遠称(=le)　S=le

　指示詞近称と中称は，主辞Sを子音があれば分解して子音Cと母音Vに分けると，以下のようになる。
　　　　S ＝ (C)V｛(C)VはCVまたはVを表す｝

― 104 ―

第 2 部　文法

指示詞近称(h=)　　hV(C)V(= hVS)
指示詞中称(h=o)　　hV(C)o

31.1 選定詞「どれ，どの」，指示詞遠称「あれ，あの」

　これらの語は「主辞 =pi/le」という造語法によっているが，この造語法から外れる語や別種の語は，斜体字で表している。

部類	例	S-	=pi	=le
01	mtu	yu-	yupi	yule
02	watu	wa-	*wepi*	wale
03	mti	u-	upi	ule
04	miti	i-	ipi	ile
05	jiwe	li-	lipi	lile
06	mawe	ya-	*yepi*, yapi	yale
07	kitu	ki-	kipi	kile
08	vitu	vi-	vipi	vile
09	nguo	i-	ipi	ile
10	nguo	zi-	zipi	zile
11	uzi	u-	upi	ule
15	kuona	ku-	kupi	kule
16	pahali	pa-	(papi), *wapi*	pale
17	kwahali	ku-	(kupi), *wapi*	kule
18	mwahali	m-	(mpi), *wapi*	mle
99	v(様態)		vipi	vile

　かっこ内は，ふつう使われないことを表す（そのかわり wapi〈どこ〉を使う）。

　99 v (様態) は，副詞であるが，語形成に共通性がある（第 8 部類と同形な）のでここに載せた。以下同様。

　　vipi　〈どう(して)，どのように〉，　**vile**　〈あのように〉

31.2 指示詞近称「これ，この」，指示詞中称「それ，その」

これらの語は，既に記したが，主辞 S を子音があれば分けて子音 C と母音 V にして表すと，次のようになる。h と o は具体的な音である。

 指示詞近称(h=) hV(C)V (= hVS)
 指示詞中称(h=o) hV(C)o

下表で，これらの造語法から外れる音変化のある語は，斜体字で表している。

部類	例	S-(C)-V-	h=	h=o
01	mtu	y-u-	huyu	huyo
02	watu	w-a-	hawa	*hao*
03	mti	u-	huu	huo
04	miti	i-	hii	*hiyo*
05	jiwe	l-i-	hili	hilo
06	mawe	y-a-	haya	hayo
07	kitu	k-i-	hiki, *hichi*	*hicho*
08	vitu	v-i-	hivi	*hivyo*
09	nguo	i-	hii	*hiyo*
10	nguo	z-i-	hizi	hizo
11	uzi	u-	huu	huo
15	kuona	k-u-	huku	huko
16	pahali	p-a-	hapa	hapo
17	kwahali	k-u-	huku	huko
18	mwahali	m-u-	humu	humo
99	v (様態)		hivi	*hivyo*

99は様態を表す副詞である。
 hivi〈このように〉， **hivyo**〈そのように〉

＊補説[31A] 照応の分裂

指示詞には意味上と形式上の照応に分裂が生ずることがある。
　　… *Huku* kunaitwa kugonga gogo kusikiliza mlio.
　　… これ　　いわれる　叩く　　丸太　聞くために　音
　　〈… これは反響(反応)を聞く丸太打(意向打診)といわれる.〉
huku〈これ〉は，意味的には既に述べられたことに，形式的には kugonga に照応している。

＊余談[31A]　w が消えて，y が現れる。
以上の例で基本の造語法に合わない語には，w 消去，y 介入が見られる。
(1) 近称：y 介入
　　　07　　h-i-k-i　　＞　hi-ky-i　　＞　**hichi**
(2) 近称 ＞＞ 中称：w 消去
　　　02　　h-a-w-a　＞＞　ha-w-o　＞　**hao**
(3) 近称 ＞＞ 中称：y 介入
　　04/09　h-i-i　　　＞＞　hi-y-o　＞　**hiyo**
　　　07　　h-i-k-i　＞＞　hi-ky-o　＞　**hicho**
　　　08　　h-i-v-i　＞＞　hi-vy-o　＞　**hivyo**

31.3　同示詞

指示詞を，遠称のように2回繰り返すか，近称のように主辞を二つ合わせそれに近称形を並べるか，中称のように主辞に中称形末尾音節を付けて中称形を加えると，それぞれ〈あの同じ〉，〈この同じ〉，〈その同じ〉という意味を持つ「同示詞」になる。

それらの語形成は，より具体的には次のようになる。S ＝ (C)V.
　　遠称　=le =le ＞ S=le　　　S=le　　例 yule yule　　{S＝yu}
　　近称　h=　h=　＞　hV(C)V　　hV(C)V 例 huyu huyu　{C＝y,V＝ıı}
　　　　　=　h=　＞　(C)V(C)V　　hV(C)V 例 yuyu huyu　{"}

－107－

31.3   第2部　文法

中称 h=o h=o > hV(C)o   hV(C)o 例 huyo huyo {"}
     =o h=o > (C)V(C)o   hV(C)o 例 yuyo huyo {"}

部類	例	=le	=le	h=	h=	=	h=
01	mtu	yule	yule	huyu	huyu	yuyu	huyu
02	watu	wale	wale	hawa	hawa	wawa	hawa
03	mti	ule	ule	huu	huu	uu	huu
04	miti	ile	ile	hii	hii	ii	hii
05	jiwe	lile	lile	hili	hili	lili	hili
06	mawe	yale	yale	haya	haya	yaya	haya
07	kitu	kile	kile	hiki	hiki	kiki	hiki
				hichi	hichi		
08	vitu	vile	vile	hivi	hivi	vivi	hivi
09	nguo	ile	ile	hii	hii	ii	hii
10	nguo	zile	zile	hizi	hizi	zizi	hizi
11	uzi	ule	ule	huu	huu	uu	huu
15	kuona	kule	kule	huku	huku	kuku	huku
16	pahali	pale	pale	hapa	hapa	papa	hapa
17	kwahali	kule	kule	huku	huku	kuku	huku
18	mwahali	mle	mle	humu	humu	mumu	humu
99	v(様態)	vile	vile	hivi	hivi	vivi	hivi

部類	例	h=o	h=o	=o	h=o
01	mtu	huyo	huyo	yuyo	huyo
02	watu	hao	hao	wao	hao
03	mti	huo	huo	uo	huo
04	miti	hiyo	hiyo	iyo	hiyo
05	jiwe	hilo	hilo	lilo	hilo
06	mawe	hayo	hayo	yayo	hayo
07	kitu	hicho	hicho	kicho	hicho
08	vitu	hivyo	hivyo	vivyo	vivyo
09	nguo	hiyo	hiyo	iyo	hiyo

10	nguo	hizo	hizo	zizo	hizo
11	uzi	huo	huo	uo	huo
15	kuona	huko	huko	kuko	huko
16	pahali	hapo	hapo	papo	hapo
17	kwahali	huko	huko	kuko	huko
18	mwahali	humo	humo	mumo	humo
99	v(様態)	hivyo	hivyo	vivyo	hivyo

> **＊余談[31R] 名詞部類の代名詞**
> 　上の表中で=とか=oなどの下にある語形は名詞部類に応じた「代名詞」と考えられるが，実際にはこのような指示詞以外では用いられていない。従って，名詞部類に対する独立の代名詞は，「ヒト」に関する人称代名詞を除いて，事実上ないことになる。動詞活用形中には名詞部類に対応する代名詞接辞が存在する。非「ヒト」の独立代名詞の欠如は英語から見ればちょっと奇妙だが，このような代名詞の独立形も接辞形も欠く日本語から見れば不思議でもない。ちなみに，英語のit, theyに対する代名詞は日本語になく，指示詞の「それ」，「それら」で訳語を代用している。

31.4 指示詞の前置

　指示詞は，既に述べたように名詞の後に置かれ修飾限定するが，名詞の前に置かれる事もある。その場合，指示詞には〈例の(あの・この・その)〉のように〈既に述べた，周知の〉といった意味あいを持つ。
　　mtu yule/huyu/huyo　〈あの/この/その人〉
　　yule/huyu/huyo *mtu*　〈例の(あの/この/その)人〉

次は珍しく，近称と前置の遠称が共存している例である。
　　Haya *hii ile* dawa ni—me-ku-+letea.
　　ほら　09　09　09薬　S1u T U2u 持ってくる
　　〈ほら，これ，あの(例の)薬持ってきてやったぞ．〉

32. 連合辞の子音部分(C)

以下の語形成をよりよく把握するために，ここで名詞の部類と一緒に記憶した連合辞(=a)を思い出そう。そして，その子音部分Cを取り出して，以下表にする。連合辞は「子音C-a」という語構成をしている。

部類	=a	C-a	部類	=a	C-a	部類	=a	C-a
01	wa	w-a	02	wa	w-a	03	wa	w-a
04	ya	y-a	05	la	l-a	06	ya	y-a
07	cha	ch-a	08	vya	vy-a	09	ya	y-a
10	za	z-a	11	wa	w-a	15	kwa	kw-a
16	pa	p-a	17	kwa	kw-a	18	mwa	mw-a
99	vya	vy-a						

この子音部分C-を使うと以下の主辞系の詞辞の語形成が容易に把握される。

33. 連合辞「の」，所有詞「私の」など

33.1 連合辞 =a

語形は，上述「32.」の通りである。

二つの語をA,Bとする。連合辞は前に来る語Aに呼応する。次の語句

    A =a B

は，一般的に〈BのA〉を表す。単に所有関係を表すだけでなく，様々な関係や複合語をこの形式で造る。

(1) BがAを所有；AがBに所属
    kitabu cha kaka yangu 〈私の兄の本〉(**kitabu**〈本〉, **kaka**〈兄〉)
    maji ya kisima 〈井戸水〉(**maji**〈水〉, **kisima**〈井戸〉)

(2) Bに関するA
    daktari wa meno 〈歯医者〉(**daktari**〈医者〉, **jino**（**meno**）〈歯〉)

(3) BでできたA
　　maji ya machungwa　〈オレンジジュース〉(**maji**〈ジュース〉, **chungwa**(**ma-**)〈オレンジ〉)

(4) Bにいる・あるA
　　mjomba wa Tokyo　〈東京のおじ〉(**mjomba**〈おじ〉)

(5) Bを持つA
　　maji ya chumvi　〈塩水〉(**maji**〈水〉, **chumvi**〈塩〉)

(6) Bが・に使うA
　　njia ya reli　　〈鉄道線〉(**njia**〈道〉, **reli**〈鉄道〉)
　　mafuta ya taa　〈灯油〉(**mafuta**〈油〉, **taa**〈ランプ〉)

(7) Bを使うA
　　taa ya mafuta　〈石油ランプ〉(**taa**〈ランプ〉, **mafuta**〈油〉)

(8) Bという(名の)A
　　mji wa Nairobi　〈ナイロビ市〉(**mji**〈市, 町〉)

> ＊注記[33A]　Bに動詞不定詞を使った例は「61.1不定詞の用法」参照

99 v(様態)は，下記のような副詞句をつくる。
　　vya kutosha　〈十分に〉(〈+tosha＜足りる〉)

33.2 所有詞

所有代名詞と所有形容詞は同形式で，それには次のようなものがある。
1u～3uは1人称から3人称単数を，1w～3wは1人称から3人称複数を表す。

　　1u =angu　〈私の〉　　　　1w =etu　〈私達の〉
　　2u =ako　〈あなたの〉　　　2w =enu　〈あなた方の〉

33.2

  3 u =ake　〈彼(女)の〉　　3 w =ao　〈彼(女)らの〉

これらは，上述の連合辞子音部分(C)をとって語を形成する。

部類	例	C-a	=angu	=ako	=ake	=etu	=enu	=ao
01	mtu	w-a	wangu	wako	wake	wetu	wenu	wao
02	watu	w-a	wangu	wako	wake	wetu	wenu	wao
03	mti	w-a	wangu	wako	wake	wetu	wenu	wao
04	miti	y-a	yangu	yako	yake	yetu	yenu	yao
05	jiwe	l-a	langu	lako	lake	letu	lenu	lao
06	mawe	y-a	yangu	yako	yake	yetu	yenu	yao
07	kitu	ch-a	changu	chako	chake	chetu	chenu	chao
08	vitu	vy-a	vyangu	vyako	vyake	vyetu	vyenu	vyao
09	nguo	y-a	yangu	yako	yake	yetu	yenu	yao
10	nguo	z-a	zangu	zako	zake	zetu	zenu	zao
11	uzi	w-a	wangu	wako	wake	wetu	wenu	wao
15	kuona	kw-a	kwangu	kwako	kwake	kwetu	kwenu	kwao
16	pahali	p-a	pangu	pako	pake	petu	penu	pao
17	kwahali	kw-a	kwangu	kwako	kwake	kwetu	kwenu	kwao
18	mwahali	mw-a	mwangu	mwako	mwake	mwetu	mwenu	mwao
99	v(様態)	vy-a	vyangu	vyako	vyake	vyetu	vyenu	vyao

99 v(様態)は，次のような副詞である。
  vyangu　〈我流に〉，　**vyetu**　〈我々流に〉

＊余談[33A]　私の　≠　=a mimi

 日本語の「私の(物)」を (kitu) cha mimi とすると，mimi は名詞的に扱われ「私という(物)」になる。「私の(物)」はふつう，(kitu) changu という。「私」を強める場合には (kitu) changu mimi とする。

34．所持辞，再帰詞

所持辞=enye は，次のように二つの語A・Bを関係づける。
  A =enye B
所持辞はAに呼応し，この語句は基本的な意味として〈Bを持ったA〉を表す。
  また，再帰詞=enyewe は，例えば，
  A =enyewe
は，〈A自身・自体，そのAそのもの〉を表す。

> ＊注記[34A]　再帰詞=enyewe と再帰辞 -ji-
> 　再帰詞はいま述べたが，再帰辞は動詞の接辞であり，再帰形をつくる。詳しくは「57.再帰動詞」を参照。
> 　再帰詞と同形の mwenyewe（wenyewe）は〈所有者〉を意味する名詞でもある。
> 　これは mwenye wake〈その所有者〉＞mwenyewe に由来する。

これらは，上述の連合辞子音部分 (C) をとって語を形成する。表中の斜体字は「子音部分＋所持詞・再帰詞語根」という造語法から外れるものを表す。

部類	例	C-a	=enye	=enyewe
01	mtu	w-a	*mwenye*	*mwenyewe*
02	watu	w-a	wenye	wenyewe
03	mti	w-a	wenye	wenyewe
04	miti	y-a	yenye	yenyewe
05	jiwe	l-a	lenye	lenyewe
06	mawe	y-a	yenye	yenyewe
07	kitu	ch-a	chenye	chenyewe
08	vitu	vy-a	vyenye	vyenyewe

09	nguo	y-a	yenye	yenyewe
10	nguo	z-a	zenye	zenyewe
11	uzi	w-a	wenye	wenyewe
15	kuona	kw-a	kwenye	kwenyewe
16	pahali	p-a	penye	penyewe
17	kwahali	kw-a	kwenye	kwenyewe
18	mwahali	mw-a	mwenye	mwenyewe

```
＊余談[34A]  mwenye を使った合成語
    mwenyekiti 〈議長〉(kiti〈椅子〉)
    mwenyenacho〈持つ者〉, 参考 msinacho〈持たざる者〉
    Mwenyezi(Mungu)〈万能(神)〉(mwenye ezi〈万能を持つ者〉)
```

35. 係辞, 全称詞, 汎称詞

係辞の語根は次の通りである。その機能は様々で, 後述する。
　　係辞　=o(-)

全称詞, 汎称詞の語根は下述の通りで, その意味は, ある名詞をXとすると, 次のようになる。
　　(X)　=ote　〈全部の(X), (X)全体〉
　　(X)　=o=ote　〈どんな(X)でも〉

これらは上述の連合辞子音部分(C)をとって語を形成する。表中の斜体字は「子音部分＋係辞・全称詞・汎称詞語根」の造語法から外れるものを表す。

部類	例	C-a	=o(-)	=ote	=o=ote
01	mtu	w-a	-*ye*(-)	wote	*yeyote*
02	watu	w-a	-*o*(-)	wote	wowote
03	mti	w-a	-*o*(-)	wote	wowote

第2部 文法

04	miti	y-a	-yo(-)	yote	yoyote
05	jiwe	l-a	-lo(-)	lote	lolote
06	mawe	y-a	-yo(-)	yote	yoyote
07	kitu	ch-a	-cho(-)	chote	chochote
08	vitu	vy-a	-vyo(-)	vyote	vyovyote
09	nguo	y-a	-yo(-)	yote	yoyote
10	nguo	z-a	-zo(-)	zote	zozote
11	uzi	w-a	-o(-)	wote	wowote
15	kuona	kw-a	-ko(-)	kote	kokote
16	pahali	p-a	-po(-)	pote	popote
17	kwahali	kw-a	-ko(-)	kote	kokote
18	mwahali	mw-a	-mo(-)	mote	momote
99	v(様態)	vy-a	-vyo(-)		vyovyote

＊余談[35A] w が消えて，y が現れる。
　以上の例でも，基本の造語法に合わない語(斜体字)には，w 消去，y 介入が見られる。

01		w-a	-ye(-)	wote	yeyote
02/03/11		w-a	-o(-)	wote	wowote
15/17		kw-a	-ko(-)	kote	kokote
18		mw-a	-mo(-)	mote	momote

---

99 v(様態)は副詞である。
　　vyovyote 〈どうしても〉

36．係辞を採る語（動詞以外）

　係辞(=o)は，動詞の接辞として準動詞客辞（「46.所有・存在」参照）と動詞活用の関係法（連体形・連用形）（「66.関係法」参照）を作るほか，以下のような語形を形成する。

36.1 関係詞 amba=o

関係詞語根に係辞を付して作った語形で，関係詞（関係代名詞，関係副詞）の機能を果たす。詳しくは「66.4関係詞 amba=o」参照。

部類	例	amba=o	部類	例	amba=o
01	mtu	ambaye	02	watu	ambao
03	mti	ambao	04	miti	ambayo
05	jiwe	ambalo	06	mawe	ambayo
07	kitu	ambacho	08	vitu	ambavyo
09	nguo	ambayo	10	nguo	ambazo
11	uzi	ambao	15	kuona	ambako
16	pahali	ambapo	17	kwahali	ambako
18	mwahali	ambamo	99	（様態）	ambavyo

36.2 共詞 na=o

前置詞 na〈と（ともに），に（よって）〉が，名詞に関しては係辞を，人称代名詞に関してはその後半部分を採った語形である。前置詞としての意味には変わりない。ただし，準動詞（所有・存在）としての関連で，〈所有・存在する〉という意味もある。更に詳しくは，準動詞の「46.所有・存在」，または複合時制の「73.準動詞：所有・存在」を参照。

代名詞

人称		na=o	人称		na=o
1 u	mimi	nami	1 w	sisi	nasi
2 u	wewe	nawe	2 w	nyinyi	nanyi
3 u	yeye	naye	3 w	wao	nao

名詞

部類	例	na=o	部類	例	na=o
01	mtu	naye	02	watu	nao

第 2 部　文法　　　　　　　　　　　　　　　　36.2

03	mti	nao	04	miti	nayo
05	jiwe	nalo	06	mawe	nayo
07	kitu	nacho	08	vitu	navyo
09	nguo	nayo	10	nguo	nazo
11	uzi	nao	15	kuona	nako
16	pahali	napo	17	kwahali	nako
18	mwahali	namo	99	（様態）	navyo

36.3 連辞：即是詞 ndi=o, si=o

二つのものを特定する連辞で，ndi=o が肯定形，si=o が否定形である。詳しくは「44.連辞：即是詞」を参照。以下の表でかっこ内の語形はあまり使われない。

代名詞

人称		ndi=o		si=o	
1 u	mimi	ndiye	(/ ndimi)	siye	(/ simi)
2 u	wewe	ndiye	(/ ndiwe)	siye	(/ siwe)
3 u	yeye	ndiye		siye	
1 w	sisi	ndio	(/ ndisi)	sio	
2 w	nyinyi	ndio	(/ ndinyi)	sio	(/ sinyi)
3 w	wao	ndio		sio	

名詞

部類	例	ndi=o	si=o	部類	例	ndi=o	si=o
01	mtu	ndiye	siye	02	watu	ndio	sio
03	mti	ndio	sio	04	miti	ndiyo	siyo
05	jiwe	ndilo	silo	06	mawe	ndiyo	siyo
07	kitu	ndicho	sicho	08	vitu	ndivyo	sivyo
09	nguo	ndiyo	siyo	10	nguo	ndizo	sizo
11	uzi	ndio	sio	15	kuona	ndiko	siko
16	pahali	ndipo	sipo	17	kwahali	ndiko	siko

36.3   第2部 文法

                18 mwahali ndimo simo   99 （様態） ndivyo sivyo

    36.4 雑称詞 -ingine=o

    この語種は，意味が〈その他の〉で，既に呼応の所で説明したが，頭に名詞接頭辞系の接辞を，尾に主辞系の接辞(＝係辞)を採る。

部類	例	-ingine=o	部類	例	-ingine=o
01	mtu	mwingineye	02	watu	wengineo
03	mti	mwingineo	04	miti	mingineyo
05	jiwe	jinginelo	06	mawe	mengineyo
07	kitu	kinginecho	08	vitu	vinginevyo
09	nguo	nyingineyo	10	nguo	nyinginezo
11	uzi	mwingineo	15	kuona	kwingineko
16	pahali	penginepo	17	kwahali	kwingineko
18	mwahali	mwinginemo			

    ＊余談[36A] 具詞 kwa=o
    　na=o と同様に，前置詞 kwa 〈で(もって)〉が係辞を採った語形である。人によっては使わない語種である。
    　　例 kwao, kwayo, kwazo

                    ＊ ＊ ＊ ＊ ＊ ＊ ＊

    ♯30 練習問題（解答は316ページ）

    問題1 例にならってスワヒリ語で言ってみよう。
    　　現在否定はここでは ha-S+fai で，S には主辞を入れる。
    　　　　　　　　どんなXでも十分です。 どんなXでもダメです。
    　　例) X ＝ 人 > Mtu yeyote a-natosha. Watu wowote ha-wa+fai.

第 2 部　文法

(1)　X ＝ 木 ＞
(2)　X ＝ 石 ＞
(3)　X ＝ 物 ＞
(4)　X ＝ 服 ＞
(5)　X ＝ 糸 ＞
(6)　X ＝ 所 ＞

問題 2　例にならってスワヒリ語で言ってみよう。

　　　　hapa〈ここ〉, hapo〈そこ〉, pale〈あそこ〉
　　　　　　　　ここのこのX,　　そこのそのX,　　あそこのあのX
例）X ＝ 人 ＞ mtu huyu hapa, mtu huyo hapo, mtu yule pale
(1)　X ＝ 木 ＞
(2)　X ＝ 石 ＞
(3)　X ＝ 物 ＞
(4)　X ＝ 服 ＞
(5)　X ＝ 糸 ＞

KINYOZI

40．連辞，準動詞

ここでは，名詞文(形容詞文を含む)に使われる「連辞」と，動詞文の「準動詞」を扱う。連辞，準動詞には，それぞれ以下の種類がある。
　　　連　辞：指定，特定
　　　準動詞：所有・存在，所在，存続，無事

41．連辞

形容詞は独立して名詞(＝形容名詞)としても使われる。従って，名詞文と形容詞文の区別を特に付ける必要はない。ただし，名詞とは異なって，形容詞には限定と叙述の場合がある(それは「42.21形容詞文」で触れる)。

連辞には，
　　　〈XハYダ．〉
という形でXの属性・関連などをYで示す「指定」が3種と，
　　　〈XガYダ．〉
という形で同一を表す「特定」が1種ある。この形式で強調も表す。

また，肯定・否定の対をなすもの・なさないものがある。

具体的な語形は以下の通りである。指定には，ゼロ連辞(ϕ)も含まれる。Sは主辞を，あまり使われない語形ha-Sは，主辞に否定辞ha- が付いた形である。

連　辞	肯定	否定
指定：是辞	ni	si
〃　：ゼロ	ϕ	
〃　：主辞	S	(ha-S)
特定：即是詞	ndi=o	si=o　{具体形は「36.3即是詞」参照}

名詞Xと名詞(形容詞を含む)Yがあり，連辞で繋ぐと，以下のようになる。
　　　X ni Y.　〈XはYである．〉
　　　X si Y.　〈XはYではない．〉
　　　X ϕ Y.　〈XはY(だ)．〉
　　　X S Y.　〈XはY．〉{Yは連辞に主辞を採る形容詞又は補足語}

第2部　文法

　　X ndi=o Y.　〈X(こそ)が(その)Yである.〉
　　X　si=o Y.　〈X(こそ)が(その)Yではない.〉

それぞれの例を見てみよう.
　　Yeye ni mtu.　　〈彼は人である.〉{人類の一員}
　　彼　　　人
　　Yeye si mtu.　　〈彼は人ではない.〉(人非人)

　　Yeye mtu.　　　〈彼は人(だ).〉

　　Yeye yu macho.　〈彼は起きている.〉{macho は名詞 macho〈目〉
　　　　目覚めてる　　　　　　　　　　　　に由来する主辞系形容詞}

　　Yeye ndiye mtu.　〈彼がその人である.〉(彼はその人に該当する)
　　Yeye siye mtu.　　〈彼がその人ではない.〉
　　　　　　　　　　　　(彼は人類だが, その人に該当しない)

＊案内＞初級・入門者は「45. 準動詞」に進んで下さい.

　　　　　　　　＊　＊　＊　＊　＊　＊　＊

42．連辞：是辞の ni, si

　連辞の是辞肯定 ni と是辞否定 si を使った例を更に見てみよう.
まず, 述語部分に名詞がある名詞文から始める.
　　Wakati ni　mali.　〈時は金なり.〉{諺}
　　時　　　です　財

　　Wewe ila yako ni uzee lakini sifa yako ni utajiri.
　　　　　短所　　　　　老齢　しかし　長所　　　　富
　　〈あなたは短所が歳だが, 長所が金持ちだ〉{主題叙述文}

　次の例には主語と述語に動名詞がある.

Kwenda mbio si　　 kufika.
行く　 速く　でない　着く
〈急行は到着ではない．〉{諺；急がば回れ}

次の文では，wawili, mmoja ともに数形容詞からなるが，ここでは独立して名詞として使われている。
Wawili si　　 mmoja. 〈二人は一人よりまし．〉{諺}
二人　　でない　一人

42.1 比定

ここで述べることは，形式的には連辞を持つ名詞文であるが，比較の意味あいを持った表現を特に「比定」と呼ぶ。
直前の文
Wawili si mmoja.
は，ただに否定ではなく，「よりまし」と比較を意味している。

また，次の表現もここに含めて例を見よう。
X ni/si kama Y. 〈XはYのようである/ではない．〉

Uhai ni kama upepo.
命　　　よう　風
〈命は風のようだ．〉{諺；風前の灯，たよりない}

Leo si kama jana.
今日　　　　昨日
〈今日は昨日のようではない．〉{諺；今日は昨日とは違う}

42.2 連辞：ゼロ

述語部分に連辞を持たない，即ちゼロ連辞の名詞文を見よう。
Akili mali.　〈知恵は金なり．〉{諺}
知恵　財

Hasira hasara. 〈短気は損気.〉{諺}
怒り　損

これらは諺として確立した文であるが，形式的にはこれらの名詞の間に連辞 ni を挿入できる。従って，次の文も可能である。
　　Akili ni mali.
　　Hasira ni hasara.

＊余談[42A]　私はウナギ
　　余談[18A]でも述べたが，ゼロ連辞文で日本語学でいわれる「私はウナギ(だ)」式の文ができる。
　　　A: Nani chai?　〈誰，ティー?〉
　　　B: Mimi chai.　〈私はティー.〉
　　nani〈誰〉, chai〈ティー〉, mimi〈私〉

42.21　形容詞文
次の例は，ゼロ連辞で，述語として形容詞 nzito がある形容詞文である。
　　Damu nzito kuliko maji. 〈血は水より濃し.〉{諺}
　　血　　濃い　　より　　水

なお，形容詞はふつう名詞のあとに来て名詞を修飾限定する。
　　kitabu kizuri　〈きれいな本〉
　　本　　　きれい

ところが，この語順で語の間にポーズを置くなどすれば，叙述の文となる。
　　Kitabu kizuri.　〈(その)本はきれい.〉

＊余談[42B]　Chako changu changu chako.
　　この文は次の文を短く簡潔にしたものである。

42.21

> Kitu *ch=ako* ni kitu *ch=angu* na kitu *changu* ni kitu *chako*.
> 　07物　07 君の　　　　07 私の
> 従って，〈君の(物)は私の(物)だし，(そして)私の(物)は君の(物)だ.〉
> では，次の文はどんなことになる？
> 　　Chako changu changu changu.
> そうです。〈君のは私の，私のは私の.〉です。独占，反対！

42.22 主題主語文

既に「01.2」で述べた主題主語文を連辞ゼロの例として，ここでいくつか見る。

Mimi changu ujamaa, wao chao ubepari.
　　　　　社会主義　　　　　　資本主義
〈私は'主義'が社会主義，彼らは'主義'が資本主義だ.〉

Yeye sifa yake ni ujana na uzuri, lakini ila yake umaskini.
　　　　長所　　　　若さ　　美しさ しかし 短所　　　貧乏
〈彼女は長所が若さと美しさ，だが短所が貧乏だ.〉

43．連辞：主辞

既に「21.31主辞系の形容詞」の項で述べたが，主辞を採る形容詞が若干ある。それらの形容詞は，名詞や副詞に由来するものである。

Chakula ki　moto.〈食べ物は熱い.〉
食べ物　S07　熱い

Sisi tu　tayari.〈私達は準備完了だ.〉
私達　S1w　すでに

これらの主辞の否定形 haki, hatu は，ほとんど使われないようだ。これら主辞連辞は肯定・否定とも準動詞語根+ko の省略とも取れる。補説［47A］参照。

— 124 —

44．連辞：即是詞 ndi=o, si=o

ここでは，連辞特定の即是詞肯定 ndi=o，その否定 si=o を見る。

Kupotea njia ndiko kujua njia. 〈失敗は成功のもと．〉｛諺｝
迷うこと　道　　　　知ること　道

Kukuambia hivyo siko kutokupenda.
君に言うこと　そう　　　君を愛さないこと
〈そう言っても君が嫌いって事じゃない．〉

＊補説［44A］　是辞と即是詞
　是辞の前に来るのは，主語と言うより主題である。即是詞の前には主語が来る。
　　Yeye ni mtu.　　〈彼は人である．〉
　　彼　　　人
　　Yeye ndiye mtu.　〈彼がその人である．〉
　上述の前者では，彼は他の動物などではない，人間であることを表す。後者では，ndiye でもって，彼はいま問題となっている人間であることを特定している。
　　Mtu ni watu.　〈人は人々である．〉｛諺；相互依存｝
　　Mimi ni nyama, wewe ni kisu.
　〈私は肉，あなたは包丁である．〉（あなたに全て従う）
　これらの例は何でも結び付けうる ni の性質がよく表れている。

＊　＊　＊　＊　＊　＊　＊

45．準動詞

準動詞には，既に述べたが，次の4種がある。
　　所有・存在　+na　　　　〈〜をもっている，〜がある〉

所在	+po/+ko/+mo	〈～は～にある・いる〉
存続	+ngali	〈まだ～だ〉
無事	+jambo	〈～は変わりない〉

　準動詞は，本動詞とは違って時制を示す接辞を採らないなど，ごく限られた接辞と準動詞語根からなる。基本的な語形は，次の通りである。

　　　主辞(S)+準動詞語根(U)

　これに，下の例のha-tu+jamboのように主辞の前に否定辞が，(結果的に主辞Sとともに否定主辞NSを作る)，また末尾に若干の接辞が付くことがある。

以下に準動詞の具体的な例を見る。

　所有 (**sisi**)　　　　**tu-+na** (**barua**)
　　　 1w私達　　　　 S1w　U　手紙
　　〈(私達は)(手紙を)持っている〉

　存在 (**nyumbani**)　**ku-+na** (**mtu**)
　　　 家に17　　　　　S17　U　人
　　〈(家に)(誰か)いる〉

　所在 (**yeye/mtu**)　**yu──+po** (**hapa**)
　　　 3u彼/01人　　　 S3u/01 U　ここ
　　〈(彼/その人は)(ここに)いる〉

　存続 (**sisi**)　　　　**tu-+ngali** (**watoto**)
　　　　　　　　　　　　 S1w U　　子供
　　〈(私達は)まだ(子供)だ〉

　無事 (**sisi**)　　　　**ha──tu-+jambo**
　　　　　　　　　　　　 否定 S1w U
　　〈(私達は)変わりない〉

　既に述べたが，準動詞は時制表現に本動詞 +wa を使うことで本動詞文に

第2部 文法

なるものもある。

＊**案内＞**初級・入門者は「♯40 練習問題」を解いてみて下さい。わからないところがあれば，以下も含めて必要な箇所を見てください。

　　　　　　＊　＊　＊　＊　＊　＊　＊

45.1 準動詞の主辞

肯定主辞(S-)と否定辞(ha-, N)を採った否定主辞(ha-S-, NS-)は以下の表の通りである。斜体字は否定主辞の形が「ha S 」から逸脱しているものを表している。

人称・部類	肯定主辞	否定主辞
1 u	ni-	*si-*
2 u	u-	*hu-*
3 u	a-, yu-	*ha-*, hayu-
01	a-, yu-	*ha-*, hayu-
1w〜3w	tu- 〜 wa-	hatu- 〜 hawa-
02 〜18	wa- 〜 m-	hawa- 〜 ham-

3人称単数・第1部類の主辞(a-, ha-; yu , hayu)には使い分けがある。

(1) a-, ha- を使う準動詞
　　所有・存在(+na)；無事(+jambo){否定形しかない}
　　　　例　**a**+**na; ha**+**jambo**

(2) yu-, hayu- を使う準動詞
　　所在(+po/+ko/+mo)
　　　　例　**yu**+**po, hayu**+**po**

(3) a- と yu- のどちらでも使える準動詞
　　存続(+ngali){肯定形しかない}
　　　　例　**a**+**ngali, yu**+**ngali**

46. 所有・存在

　所有・存在の準動詞語根+na は，前置詞の na〈と(ともに)〉に由来するもので，基本的な意味もここから来る。つまり，スワヒリ語では，「～とともにある」という表現は，「～を持っている」(所有)・「～がある」(存在)という表現をも含むものである。その語形は次の通り。

　　　(ha-)S+na(-R) ｛R, 係辞｝

　　A：(**wewe**) **U—⁺na nini？**　〈どうしたか．〉
　　　　　2u 君　　S2u　　何
　　B：(**mimi**) **Si-⁺na kitu.**　〈何でもない．〉
　　　　　1u 私　　S1u　　何も

　　Nyumba yangu ha-i—⁺na mlango.
　　 09家　　私の　　NS09　　　ドア
　　〈私の家はドアがない．〉｛謎々；答 yai〈卵〉｝
　　＊謎々の形式が日本語式の「～って何？」になっていないことに注意。

　所有・存在では，否定主辞 (ha-S-) の否定辞 (ha-) を，上例の haina のように採り得るほか，客辞機能を持つ係辞 (R,「35.係辞」参照) をも採り得る。それが下の例である。

　　A： **U⁺na kitabu？**　〈本を持っているか．〉
　　　　　　　07本
　　B： **Ni⁺na-cho.**　〈(本を)持っている．〉
　　　　　　R07

　上例の Ninacho の係辞 cho は，kitabu (07)〈本〉を受けて，客辞の働きをして，〈それ(=本)を私は持っている〉の意味をもたらす。

　次に「～とともにある」と解した方がよい例を見よう。
　　　Kupata ku-⁺na Mungu.　〈手に入るかどうかは神様しだい．〉｛諺｝
　　　 15入手　　S15　　　神

47. 所在

準動詞所在は，人・物などがどこにいるか・あるかを表す準動詞である。その語形は，次の通りである。

(ha-)S+po/+ko/+mo

準動詞所在語根には，所在場所の性質によって次の3形がある。場所の性質について詳しくは「11.8場所名詞」参照。

+po 　{場所明白}
+ko 　{場所不定}
+mo 　{場所内部}

具体的な活用形を見よう。S1uは主辞1人称単数，NS1uは否定主辞1人称単数，NS05は否定主辞第5部類。

(mimi)　**Ni-+po.**　⟨(私は)います.⟩
1u　　　S1u
(〃)　**Si—+po.**　⟨(私は)もう結構です・わかりません.⟩
　　　　NS1u　　　　　　(⟨(そこに)いません⟩)
(〃)　**Si+mo.**　⟨(私は)関係ない.⟩　(⟨(その中に)いない⟩)

Asiyekuwapo, na lake　　hali+po.
不在の者　　　　彼のもの05 NS05
⟨居ない人は消息もない.⟩ {諺；去る者日々に疎し.}

＊注記[47A]　sipo⟨私はいない⟩
このような表現の実現性は，特別な文脈にしかない。居留守，幽界など。現実に使われる例は，食事に招かれ満腹した上に更におかわりを勧められたときの断りの言葉として，⟨もう十分です・結構です⟩となる。また，⟨私はあなたが言っている所にいない⟩つまり⟨わからない⟩の意味でも使われる。

＊補説[47A]　状態の+ko; 最中の+mo
次の所在表現+ko は「状態」を表している。
　(sisi)　　Tu-+ko tayari.　〈(私達は)準備ができている。〉
　1w 私達　　S1w U　　準備済み
　(sisi)　Tu+ko ndugu　　watatu. 〈(私達は)3人きょうだいです。〉
　　　　　　　　　　きょうだい　3人
　Sabuni zi+ko aina nyingi. 〈石鹸は種類が多い。〉
　10石鹸　　　　種類　多い
準動詞所在+mo は「最中」を表すこともある。
　(mimi)　Ni-+mo kuandika riwaya.　〈(私は)小説執筆中である。〉
　1u 私　　S1u　　書くこと　小説

＊補説[47B]　存在と所在
存在と所在は時にあまり違わないことがある。下の2例はそれぞれ存在と所在であるが、ほとんど同義である。
　　Miti i+na aina nyingi.　〈木は沢山の種類がある。〉
　　Miti i+ko aina nyingi.　〈木は種類が沢山ある。〉

＊余談[47A]　(1) 何人きょうだい？ (2) きょうだい何人？
姉一人，弟一人いるとして答えよう。
(1)　Tu+ko ndugu watatu. 〈(私達は)3人きょうだいです。〉{所在}
(2)　Ni+na ndugu wawili. 〈(私には)きょうだいが二人います。〉{所有}

＊余談[47B]　Penye nia *ipo* njia.〈やる気があれば道はある。〉{諺}
上記は所在文で，下記は存在文であり，標記の諺をもじって，pa音をきかせた，四駆車を誇示するコピーである。
　　Palipo na nia *pana* njia; pasipo na njia *pana* Pajero.
　　〈意志がある所に道があり；　道がない所にパジェロがある。〉

penye ~／palipo na ~〈~がある所〉, nia〈意志〉, ipo〈在る〉
{所在}, pana〈在る〉{存在}, njia〈道〉, pasipo na〈~がない
所〉, Pajero〈パジェロ（四駆車）〉

48. 存続

　この準動詞は，〈まだ~だ〉の意味を持ち，肯定形しかない。この語の後に名詞や本動詞活用形が来ることから，連辞や助動詞の一種とみなすこともできる。しかしまた，所在を表す添辞（準動詞所在語根と同形）を末尾に付けうることなど，連辞とも言い切れない性格を持つことから，語形的な類似性によって準動詞として分類する。語形は下の通りである。

S+ngali(-E)

　3人称単数(3u)の主辞(S)として，a- も yu- も使える。-E は添辞で，場所に応じて，-po, -ko, -mo の3種がある。

Mimi ni-+ngali mdogo, sitaki　kuolewa.
1u　　S1u　　　若い　　欲しない　結婚する
〈私はまだ若い，結婚したくないわ。〉

(**yeye**)　**A—+ngali kijana.**　〈(やつは)まだ青い。〉
　　　　　3u　　S3u　　　青年

(**yeye**)　**A+ngali anasoma.**　〈(彼は)まだ読んでいる。〉
　　　　　　　　　　　　　　　彼は読む

(**yeye**)　**Yu-+ngali-po.**　〈(彼は)まだ居る。〉
　　　　　S3u　　　　E

Kufuli li-+ngali li+po mlango-ni.〈錠が戸にまだある。〉
O5錠　　S05　　　　E　　戸に

Swali　bado li+ngali-ko, "Jini ni nini ?"
O5疑問　まだ　　　　　　E　　妖精　何
〈疑問はまだあるよ，「妖精ってなに？」。〉

48　　　　　　　　　　　第 2 部　文法

Ku+ngali mapema bado.　〈まだ早い．〉{S の ku- は自然状況}
S17　　　　早い　　　まだ

49．無事

　語形は否定主辞 (NS) を採って常に否定形である．挨拶言葉としてよく使われるが，下の表の通り，人間に関してのみ使われるのではなく，他の名詞についても，〈無事だ，変わりない，異常ない〉の意味で用いられる．その語形は以下の通りである．

　　NS+jambo

　NS は否定の主辞で，普通は「ha-S-」の形をとるが，1〜3 人称単数（1 u〜3 u）・第 1 部類 (01) は不規則．「45.1」を参照．

1 u	(mimi)	*si*+jambo	1 w	(sisi)	hatu+jambo
2 u	(wewe)	*hu*+jambo	2 w	(nyinyi)	ham+jambo
3 u/01	(yeye/mtu)	*ha*+jambo	3 w/02	(wao/watu)	hawa+jambo
03	(mti)	hau+jambo	04	(miti)	hai+jambo
..	.....	ha-......	..	.....	ha-.......

Kichwa haki+jambo.〈頭は大丈夫．〉
07頭　　NS07

＊余談[49A]　jambo そして mambo
　「超大」を表す言葉ジャンボは，聞くところによれば，以前ロンドン動物園で飼われていた大きな象の名前であったそうだ．おそらく，象の故郷の東アフリカでよく耳にする挨拶言葉「ジャンボ」からとって付けられたのだろう．東アフリカ内陸部では（そして，沿岸部・ザンジバルでも外の人には）jambo の前に否定の接頭辞を付けず，"Jambo!" "Jambo!"「ジャンボ！」「ジャンボ！」と挨拶をしている．
　スワヒリ語の jambo は，挨拶言葉としては意味はあまり重要でなくなっているが，それでも，本意として「(変わった) 事，有事」の意

味を持つことから，"Jambo!" "Jambo!" では，地域によっては「大変！」「大変！」の意味となってしまう。

　否定主辞を付けるのは，たとえば，hujambo は準動詞所有の
　　　　　Huna jambo？〈あなたは変事を持たないか？〉
に由来するのである。

　以前，筆者は，"Hujambo?" と聞かれて，冗談に
　　　　　"Nina jambo."
と答えると，ひどく真顔で真剣に「何だって，どうしたんだ！」と問返された。この jambo を使う挨拶言葉は，形式的に決まっているので，形式外の応答は不安と心配を生んだようだ。たとえ何があっても，まず否定形で応えるのがすじであった。

　最近では，沿岸部・ザンジバルでも，若者を中心に" Jambo!" では不足したのか，その複数形である "Mambo!" がしげく使われていて，その応答には次のようなものがある。
　　　　"Safi!"，"Fresh!"，"Poa!"，"Fit!"

* * * * * * *

♯40 練習問題（解答は317ページ）

問題1　次のスワヒリ語の諺を和訳しよう。
　　　baba〈父〉, -baya〈悪い〉, -ema〈良い〉, -ingi〈多い〉, =a kambo〈まま・継〜〉, +ishi〈生きる〉, +jua〈知る〉, kama〈〜のよう〉, kazi〈仕事〉, mchezo〈遊び〉, mke〈妻〉, nguo〈服〉, njia〈道〉, +ona〈見る〉, +potea〈迷う〉
 (1) Kuishi kwingi ni kuona mengi.
 (2) Mke ni kama nguo.
 (3) Kupotea njia ndiko kujua njia.
 (4) Baba wa kambo si baba.
 (5) Kazi mbaya si mchezo mwema.

問題2　スワヒリ語に訳そう。主辞には(5)を除き3人称単数(3 u)を使おう。

第 2 部　文法

kichwa〈頭〉, -kubwa〈大きい〉, macho〈目〉(06), mbele〈前〉, mkono〈手〉, nje〈外〉, nyuma〈後ろ〉, +ogelea〈泳ぐ〉, -refu〈長い〉, ruhusa〈許可〉, wala〈～も（ない）〉

(1) 大きな顔をしている。（＞大きな頭を持っている）
(2) 盗癖がある。（＞（長い）手を持っている）
(3) 浮気だ。（＞外の目を持っている）
(4) 無一物。（＞前も後ろも持たない）
(5) 遊泳禁止。（＞泳ぐことは許可を持たない）

問題 3　日本語の謎々と形式が異なる点に注意して, 次の謎々を解こう。

hukioni〈それは見えない〉, lakini〈しかし〉, mwana〈こども〉, -tamu〈うまい〉, ubwabwa〈おかゆ〉

(1) Ubwabwa wa mwana mtamu.
(2) Kipo lakini hukioni.

問題 4　以下は連辞を使った諺である。和訳してみよう。

anga〈光〉, +anguka〈倒れる〉, bali〈反対に〉, bora〈優秀な〉, dalili〈兆候〉, +enda〈行く〉, furaha〈喜び〉, -ingi〈多い〉, jumba〈邸宅〉, kikulacho〈君を喰う物〉, kimya〈黙って〉, kinywa〈口〉, kipande〈片〉, kiza〈闇〉, kuliko〈～より〉, kunguru〈カラス〉, -ji+kwaa〈つまずく〉, +la〈食べる〉, mali〈財産〉, mbele〈前〉, mkakasi〈装飾箱〉, mla〈～を食べる人〉, mtoto〈子〉, mtovu〈欠く人〉, Mungu〈神〉, mvua〈雨〉, mwamini〈～を信じる人〉, mwenda〈行く者〉, mwendo〈歩み〉, ndani〈中〉, neno(ma-)〈言葉〉, nguo〈服〉, nyama〈肉〉, nyumba〈家〉, panzi〈バッタ〉, radhi〈祝福〉, simba〈ライオン〉, taratibu〈ゆっくり〉, ucheshi〈笑い〉, uzuri〈美しさ〉, vita〈戦い〉, werevu〈賢さ〉, wingu(ma-)〈雲〉

(1) Werevu mwingi mbele kiza.
(2) Uzuri wa mkakasi, ndani kipande cha mti.
(3) Kinywa ni jumba la maneno.
(4) Radhi ni bora kuliko mali.
(5) Dalili ya mvua ni mawingu.
(6) Vita vya panzi ni furaha ya kunguru.
(7) Ucheshi wa mtoto ni anga la nyumba.

(8) Mwamini Mungu si mtovu.
(9) Kikulacho ki nguoni mwako.
(a) Simba mwenda kimya ndiye mla nyama.
(b) Taratibu ndio mwendo.
(c) Kujikwaa si kuanguka, bali ni kwenda mbele.

問題5　これらは準動詞の所有・存在，所在を使った諺である。意味を取ろう。

akili〈知恵〉, asiyekuwapo〈～にいない者〉, baraka〈恵み〉, haraka〈急ぎ〉, -ingi〈多い〉, jicho (ma-)〈目〉, kale〈昔〉, kila〈各-〉, masika〈大雨期〉, mbu〈蚊〉, mfupa〈骨〉, moyo〈心〉, mwiko(mi-)〈タブー〉, nia〈意志〉, njaa〈飢え〉, njia〈道〉, nywele〈髪〉, pazia〈カーテン〉, siri〈秘密〉, ulimi〈舌〉, vita〈戦争〉, -wili〈2〉, yasiyo na〈～を持たないところの〉

(1) Mwenye njaa hana mwiko.
(2) Haraka haraka haina baraka.
(3) Penye wengi pana mengi.
(4) Ulimi hauna mfupa.
(5) Vita havina macho.
(6) Macho hayana pazia.
(7) Hapana masika yasiyo na mbu.
(8) Hapana siri ya watu wawili.
(9) Akili ni nywele kila mtu ana zake.
(a) Penye nia ipo njia.
(b) Ya kale hayapo.
(c) Asiyekuwapo machoni, na moyoni hayupo.

50. 動詞語幹

この章で述べる動詞とは，その活用型の不定法で接頭辞 ku または kw を採る本動詞である。以下では単に動詞と呼ぶ。

スワヒリ語の動詞語幹(V)は，語根(V')と語尾(F)からなる。さらに，語根(V')は，語基(V'')と派生辞(D)からなる。

V=V'-F=V'':D-F　すなわち，語幹＝語根-語尾＝語基：派生辞-語尾

もちろん，派生辞がなければ，語根と語基は同じである。

V'=V''　すなわち，語根＝語基

＊注記[50A]　語基の確定

語基は，語幹から派生辞と語尾を除いた形で，ここでは派生辞を現在使われている語幹のみから抽出して語基を確定する。推定から語基を確定しない。

+pasua, +pasuka, +pasulia, ... > V''=pasu ; D= {k, li}
+andika,+andikika,+andikwa, ... > V''=andik ; D= {ik, w}

これらの語幹にはそれぞれ pas, and といった語基も推定可能であるが，以下では取り扱わない。

50.1 語幹の構造

動詞語幹の構造を具体例 andika とその派生形から見てみよう。

andik-a	(V'-F=V''-F, V'=V'')	〈書く〉
andik:ik-a	(V'-F=V'':D_1-F)	〈書ける〉
andik:w-a	(V'-F=V'':D_1-F)	〈書かれる〉
andik:ish-a	(V'-F=V'':D_1-F)	〈書かす〉
andik:ish:w-a	(V'-F=V'':D_1:D_2-F)	〈書かされる〉

ここから以下のものが，抽出できる。

第2部　文法　　　　　　　　　　　　　　　　50.1

語幹 V　　andika, andikika, andikwa, andikisha, andikishwa
語根 V'　　andik, andikik, andikw, andikish, andikishw
語基 V"　　andik
派生辞 D　ik, w, ish
語尾 F　　a

＊余談[50A]　日本語・スワヒリ語動詞の派生
日本語の動詞派生とスワヒリ語のを比べてみる。

	日本語		スワヒリ語
読む	＊yom-ru	＞yom-u	som-a
読める	＊yom:re-ru	＞yom:e-ru	som:ek-a
読まれる	＊yom:rare-ru	＞yom:are-ru	som:w-a
読ます	＊yom:sas-ru	＞yom:as-u	som:esh-a
読まされる	＊yom:sas:rare-ru	＞yom:as:are-ru	som:esh:w-a

日本語の＊印は現実には使われない仮構形であり，実際には規則「2子音が連続する場合，2番目の子音が脱落する」によって，上例の mr, ms, sr は m, m, s となり，＞の右側の語形が現れる（スワヒリ語にも類似の規則が考えられる）。

上の動詞の例中1行目が原形，2から4行目が派生辞各1あり，5行目は派生辞が2つ使われている。日本語では，yom と (r)u がそれぞれ語基と語尾であり，(r)e, (r)are, (s)as が派生辞である。そして，スワヒリ語では，som と a がそれぞれ語基と語尾，ek, w, esh が派生辞である。なお，スワヒリ語 somesha はふつう〈読ます〉というより〈教える〉の意味で使われる。

日本語とスワヒリ語では，一見相違するところが多いが，こうしてみると，両言語の動詞語幹は構造的によく似ていることがわかる。このように多様性の中に見られる類似性は人間の言語に共通する性質である。

51. 動詞語尾

動詞語幹は，前述したように語根と語尾とからなり，辞書形の語尾により次の2種に分けられる。

    a 動詞：語尾が a で終わる動詞，活用による語尾変化(語尾 a が e，i に変化)がある。

    非 a 動詞：a 動詞以外の動詞。具体的には語尾が a 及び o 以外の母音で終わる動詞。語尾欠如語幹の動詞(注記[51A]参照)を含む。活用による語尾変化はない。

＊補説[51A]　a 動詞と非 a 動詞

 スワヒリ語本来の動詞はほとんど全て a 動詞に入る。また，非 a 動詞であってもその派生動詞(後述)は全部 a 動詞である。

 非 a 動詞はほとんどが外来の動詞であり，次のような母音で終わるが，このうち，語尾 e の動詞は非常に少ない。o で終わる動詞語幹はない。

  -e]+baleghe　〈成人になる〉　+samehe　〈容赦する〉
  -i]+amini　　〈信じる〉　　　+rudi　　〈戻る〉
  -u]+ruhusu　〈許可する〉　　+haribu　〈こわす〉

＊注記[51A]　語尾欠如語幹

 +sahau〈忘れる〉は非 a 動詞であるが，例外的に語尾を欠き，sahau が語幹，語根と語基でもある。+tii〈従う〉も例外的でこのような動詞である。

＊注記[51B]　スワヒリ語本来の非 a 動詞

 この動詞に入るのに +keti〈すわる〉がある。これは，語源的に
  ＊kaa ti＞＊kee ti＞keti {ti〈下に〉}

第 2 部　文法

と変化したものである。なお，その派生動詞は，例えば，
　　ketisha
はもう立派な a 動詞である。

＊注記[51C]　動詞語尾による動詞種類の定義
　上記において，a 動詞の定義の「語尾が a で終わる動詞」としたが，厳密には，「活用型の不定法において語尾の後に何の接辞も採らず，語形が語尾で完成している時，語尾が a である動詞」が「a 動詞」であり，それ以外が「非 a 動詞」である。

＊**案内**＞初級・入門者は「54．派生動詞」に飛んで下さい。

　　　　＊　＊　＊　＊　＊　＊　＊

51.1 語尾変化

　既述のように a 動詞においてのみ，語尾 a が活用型またはある種の接辞によって e または i に変化する。すなわち，語尾変化には，語尾 a が e に変わる「a＞e 変化」と，語尾 a が i に変わる「a＞i 変化」とがある。

51.2 a＞e 変化

　接続法，動詞語幹の前又は後に接辞を付けた命令法や，以下で述べるようなある種の接辞を伴ったときに起こる。前 2 者の接続法と接辞付き命令法及び添辞 -ni 付加（注記[51D]）の場合には，その変化は必須である。下の例で，S は主辞，V' は動詞語根，F は語尾，E は添辞である。
　　接続法　**U+sem-e.**　〈話して(ください).〉
　　　　　　　S V'　F
　　命令法　**Sem-e-ni.**　〈話しなさい.〉
　　　　　　　V'　F E

51.2　　　　　　　　第2部　文法

> *注記[51D]　添辞 -ni
> 　2人称複数添辞 -ni を採った全活用形（現在否定を除く）は，e 語尾となる。
> 　　　ni-li- ku+ ambi-e-ni　〈私は君達に伝えた〉
> 　　　 S T O V'   F E
> 　この例で，T の -li- は時制接辞過去，O と E の組み合わせ ku-ni は分離しているが2人称複数客辞の機能を持つ。他の記号はすぐ上の既述を参照。

　必須ではないが，所在添辞 E の po/ko/mo が付くと，動詞+wa は +we となる a＞e 変化が起こることがある。
　　　a-li-ku+ w- e-po　〈彼は（ここに）いた〉
　　　 S T Ō   V' F E

この場合，無変化の alikuwapo もまた可能である。なお，Ō は下の注記を参照。

> *注記[51E]　不定詞接頭辞(K)　＞　添加音(Ō)
> 　不定詞接頭辞(K)のように語頭ではなく，活用形の語中に現れる（ただし，単音節動詞の命令形では語頭に現れる）-ku- または -kw- は，特別な意味を担わない，活用に伴う形式的な添加音 (Ō) である。詳細は「67．単音節動詞」を参照。

51.3　a＞i 変化

a 動詞の直説法現在否定に起こる必須の変化である。
　　　(mimi) Si——+l-i wala si+nyw-i.
　　　 1u 私　NS1u　V'F もまた　V'　F
　　　　　　　　+la〈食べる〉　+nywa〈飲む〉

〈(私は)食べないしまた飲まない.〉

52. 動詞の派生

動詞には，他の品詞からあるいは同じ動詞から派生したものがある。

まず，他品詞から派生した動詞を簡単に見る。ついで，アラビア語由来の派生を見る。動詞からの派生は「53.」以降で述べる。

52.1 他品詞からの派生動詞

(1) 名詞から

lazima	〈義務〉	>+lazimisha	〈課す，強いる〉
sherehe	〈祝祭〉	>+sherehekea	〈祝う〉
shughuli	〈業務〉	>+shughulika	〈従事する〉
taifa	〈国家〉	>+taifisha	〈国有化する〉

(2) 形容詞から

-dogo	〈小さい〉	>+dogoesha	〈小さくする〉
-fupi	〈短い〉	>+fupika	〈短くなる〉
safi	〈きれいな〉	>+safisha	〈清掃する〉
-nene	〈太った〉	>+nenepa	〈太る〉
-oga	〈臆病な〉	>+ogopa	〈恐がる〉

(3) 副詞から

karibu	〈近く〉	>+karibia	〈近づく〉
〃		>+karibisha	〈歓迎する〉
tayari	〈既に〉	>+tayarisha	〈用意する〉

52.2 アラビア語由来の動詞の派生

アラビア語由来の借用語の派生関係について一部は，「13.2」で既に述べた。

ここでは，接辞の付いた語形は除いて，2・3音節の名詞と動詞の関係を母音の交替という点に関して見てみる。

52.2

　　　　　　　　　第2部　文法

　　　　　　　名詞　　＞＜　動詞
(1)　a a a　　　　＞＜　a i i
　　nakala 〈写し〉　＞＜+nakili　〈写す〉
　　nasaha 〈助言〉　＞＜+nasihi　〈助言する〉
　　talaka 〈離婚〉　＞＜+taliki　〈離婚する〉

(2)　a a a　　　　＞＜　u u u
　　darasa 〈授業〉　＞＜+durusu　〈復習する〉

(3)　a a i　　　　＞＜　a i i
　　ahadi 〈約束〉　＞＜+ahidi　〈約束する〉
　　athari 〈傷跡〉　＞＜+athiri　〈傷を残す〉
　　faraji 〈安楽〉　＞＜+fariji　〈楽にする〉
　　safari 〈旅〉　　＞＜+safiri　〈旅する〉

(4)　a a i　　　　＞＜　u i i
　　habari 〈情報〉　＞＜+hubiri　〈知らせる〉

(5)　a a u　　　　＞＜　a i u
　　adhabu 〈罰〉　　＞＜+adhibu　〈罰する〉
　　harabu 〈破壊〉　＞＜+haribu　〈破壊する〉
　　salamu 〈挨拶〉　＞＜+salimu　〈挨拶する〉

(6)　aii/aiu/iii/uua　＞＜　u u u
　　kafiri 〈背教徒〉　＞＜+kufuru　〈背教する〉
　　hatibu 〈説教師〉　＞＜+hutubu　〈説教する〉
　　riziki 〈恵み〉　　＞＜+ruzuku　〈恵む〉
　　husuda 〈羨み〉　　＞＜+husudu　〈羨む〉
　　hutuba 〈説教〉　　＞＜+hutubu　〈説教する〉
　　ruhusa 〈許可〉　　＞＜+ruhusu　〈許可する〉

(7)　- - a　　　　＞＜　- - i
　　furaha 〈喜び〉　＞＜+furahi　〈喜ぶ〉
　　laana 〈呪い〉　　＞＜+laani　〈呪う〉
　　shirika 〈機構〉　＞＜+shiriki　〈提携する〉

— 142 —

第2部　文法

	subira	〈忍耐〉	><+subiri	〈待つ，耐える〉	

(8) 　－－a　　　　　　　＞＜　－－u
　　heshima 〈尊敬〉　　＞＜+heshimu 〈尊敬する〉
　　lazima 〈義務〉　　　＞＜+lazimu 〈課す〉
　　rehema 〈慈愛〉　　　＞＜+rehemu 〈慈しむ〉

(9) 　－－－　　　　　　＞＜　－－－（同形）
　　hamaki 〈怒り〉　　　＞＜+hamaki 〈怒る〉
　　hesabu 〈数〉　　　　＞＜+hesabu 〈数える〉
　　hifadhi 〈保護〉　　　＞＜+hifadhi 〈保護する〉
　　hukumu 〈判決〉　　　＞＜+hukumu 〈裁く〉
　　hamu 〈欲〉　　　　　＞＜+hamu 〈欲する〉
　　kodi 〈賃料〉　　　　＞＜+kodi 〈賃貸する〉

(10) 　a a　　　　　　　＞＜　i i
　　taa 〈従順〉　　　　＞＜+tii 〈従う〉

(11) 　－a　　　　　　　＞＜　－i
　　hija 〈巡礼〉　　　　＞＜+hiji 〈巡礼する〉
　　rada 〈報い〉　　　　＞＜+rudi 〈戻る，懲らしめる〉
　　sala 〈礼拝〉　　　　＞＜+sali 〈礼拝する〉

(12) 　－a　　　　　　　＞＜　－u
　　shaka 〈疑い〉　　　＞＜+shuku 〈疑う〉
　　sifa 〈賛美〉　　　　＞＜+sifu 〈賛美する〉

(13) 他
　　amri 〈命令〉　　　　＞＜+amuru 〈命令する〉
　　ibada 〈崇拝〉　　　＞＜+abudu 〈崇拝する〉
　　ijara 〈賃金〉　　　＞＜+ajiri 〈雇う〉
　　imani 〈信〉　　　　＞＜+amini 〈信じる〉
　　jeraha 〈怪我〉　　　＞＜+jeruhi 〈傷つける〉
　　kabuli 〈承認〉　　　＞＜+kubali 〈認める〉
　　kibali 〈認可〉　　　＞＜+kubali 〈〃〉

　　　　　lawama 〈非難〉　＞＜+laumu　〈非難する〉
　　　　　toba　　〈改悔〉　＞＜+tubu　　〈悔い改める〉

　これらのアラビア語由来の動詞は，次で述べるスワヒリ語の派生法によって形成された派生動詞を持ちうる。その派生動詞はすべて a 語尾動詞である。
　　　　+furah-i 〈喜ぶ〉＞使役形　　+furah:ish-a　〈喜ばす〉
　　　　　　　　　　　　＞使役受動形 +furah:ish:w-a 〈喜ばされる〉

53. 動詞の派生辞

　既述したが，動詞語幹(V)は，次のような要素からなる。派生辞の Dn は，ゼロ含む n 個からなることを示す。
　　　語幹(V) ＝語根(V')-語尾(F)
　　　　　　　＝語基(V''):派生辞(Dn)-語尾(F)

　派生辞は，次々と連ねることも可能である。例えば，
　　pig-a　　　　　　V'/V''-F　　　　　〈叩く〉
　　pig:an-a　　　　V'':D_1-F　　　　〈叩きあう，闘う〉
　　pig:an:ish-a　　V'':D_1:D_2-F　　〈闘わせる〉
　　pig:an:ish:i-a　V'':D_1:D_2:D_3-F　〈～のために闘わせる〉
　　pig:an:ish:i:w-a V'':D_1:D_2:D_3:D_4-F 〈～のために闘わされる〉
　　　　　　　　　　　D_1＝/an/　｛相互｝
　　　　　　　　　　　D_2＝/ish/　｛使役｝
　　　　　　　　　　　D_3＝/i/　｛適用｝
　　　　　　　　　　　D_4＝/w/　｛受動｝

　派生辞は，理論的にはいくつも連ねられようが，実際には理解の容易さとの関連で，上述の例のように 4 個が最大限度と考えられる。
　また，派生辞の連なる順序も決まっている。｛ ｝内は意味によって順が入れ替わる。
　　　　倒意:｛相互，使役，自発，適用｝:受動

第2部　文法

> ＊注記[53A]　+elewa〈わかる〉
> 　上述の派生辞間の順序規則に反する動詞がある。+elewa である。
> 　この動詞は語源的には+elea〈明確である，わからせる〉の受動形であるが，例外的なこの語は語基 ele とは別に語基 elew を持つものとなっている。つまり，次のような派生動詞を生み出しているのである。
>
> | | | |
> |---|---|---|
> | +elew-a | (V"-F) | 〈わかる〉 |
> | +elew:an-a | (V":D-F) | 〈わかりあう〉{相互} |
> | +elew:ek-a | (V":D-F) | 〈わかりえる〉{自発} |
> | +elew:esh a | (V":D-F) | 〈わからせる〉{使役} |
> | +elew:esh:w-a | (V":D_1:D_2-F) | 〈わからせられる〉 |
> | | | {使役：受動} |

53.1 派生辞の分類

派生辞は次のように形態による基準で分類される。

53.11 母音調和する形態

語根の最終母音，つまり語幹末尾から2番目の母音によって派生辞の母音要素が決定される。

(1) 語根最終母音が a, i, u の場合 i が現れ，語根最終母音が e, o の場合 e が現れる。（ ）内は語根最終母音である。

適用形	(a/i/u):i-	:	(e/o):e-
自発形	(a/i/u):ik-	:	(e/o):ek-
被動形	(a/i/u):ikan-	:	(e/o):ekan-
使役形	(a/i/u):ish-	:	(e/o):esh-
〃	(a/i/u):iz-	:	(e/o):ez-

(2) 語根最終母音が a, i, u, e の場合，u が現れ，語根最終母音が o の場合，o が現れる。（ ）内は語根最終母音である。

倒意形	(a/i/u/e):u-	:	(o):o-

53.12 母音調和しない形態

(1) 母音を含む形態
　　相互形　　：an-

(2) 子音からなる形態
　　自発形　　：t-
　　使役形　　：s-, ：y-
　　受動形　　：w-

＊注記[53B] (p/w)：y- ＞ (f/v)：y-
　　使役形派生辞 y は，その直前の p, w を f, v に変化させる。
　　　+**lew-a** 〈酔う〉　　　＞　+lew:y-a　＞　+**lev:y-a** 〈酔わす〉
　　　+**ogop-a**〈恐れる〉　　＞　+ogop:y-a　＞　+**ogof:y-a**〈恐れさす〉

53.13 置換の形態

以下の派生辞(左)は，元の形態要素(右)を置換して使われる。倒意形の元の形態(右)の( )内は語根末から2番目の母音である。

　　使役形　：s-　＜：t-
　　　　　　：sh-　＜：k-
　　倒意形　：u-　＜：ik-, (e)：ek-
　　　　　　：o-　＜：(o)：ek-

　　　　＊　＊　＊　＊　＊　＊　＊

54. 派生動詞

派生辞をもって形成された動詞には，次の形がある。なお，派生動詞の名前は，必ずしもその形態が持つ機能を表さない事に注意する必要がある。

　　+**nyama-a**〈黙る〉　＞　+**nyama:z-a**　　〈黙る〉{形は使役形，意
　　　　　　　　　　　　　　　　　　　　　　　　味は自動詞のまま}
　　　　　　　　　　　　＞　+**nyama:z:ish-a**　〈黙らせる〉{使役形}

　　　　　　　　　　第2部　文法　　　　　　　　54

　各派生辞の前のかっこ内にある母音は，語根最終母音を表す。

(1)　適用形
　　派生辞 (a/i/u)：i-
　　　　　 (e/o)：e-
　　与格(～に)・具格(～で)などを表す。
　　　　+andik:i-a 〈～に・で書く〉 < +andik-a 〈～を書く〉
　　　　+som:e-a 〈～に・で読む〉 < +som-a 〈～を読む〉

(2)　自発形
　　派生辞 (a/i/u)：ik-
　　　　　 (e/o)：ek-
　　自発・可能を表す。
　　　　+andik:ik-a 〈書ける〉 < +andik-a 〈書く〉
　　　　+fik:ik-a 〈着ける〉 < +fik-a 〈着く〉
　　　　+end:ek-a 〈行ける〉 < +end-a 〈行く〉
　　　　+som:ek-a 〈読める〉 < +som-a 〈読む〉

(3)　被動形
　　派生辞 (a/i/u)：ikan-
　　　　　 (e/o)：ekan-
　　受け身・可能を表す。
　　　　+pat:ikan-a 〈手に入る〉 < +pat-a 〈手に入れる〉
　　　　+on:ekan-a 〈見える〉　< +on-a 〈見る〉

(4)　使役形
　　派生辞 (a/i/u)：ish-　(a/i/u)：iz-
　　　　　 (e/o)：esh-　 (e/o)：ez-
　　　　　 :s-, :y-
　　使役，他動詞化，強意などを表す。
　　　　+andik:ish-a 〈書かす〉 < +andik-a 〈書く〉
　　　　+som:esh-a 〈教える〉 < +som-a 〈学ぶ〉
　　　　+ig:iz-a   〈真似さす〉< +ig-a   〈真似る〉

　　　　　　　　　　― 147 ―

　　　　　　+pend:ez-a　〈愛させる〉＜　+pend-a　〈愛する〉

(5) 倒意形
　派生辞　(a/i/u/e)：u-
　　　　　　　(o)：o-
　倒意・反対を表す。
　　　　+fung:u-a　〈開ける〉＜　+fung-a　〈閉める〉
　　　　+chom:o-a　〈抜く〉　＜　+chom-a　〈刺す〉

(6) 相互形
　派生辞　：an-
　相互動作を表す。
　　　　+pend:an-a　〈愛し合う〉＜　+pend-a　〈愛する〉

(7) 受動形
　派生辞　：w-
　受動を表す。
　　　　+andik:w-a　〈書かれる〉＜　+andik-a　〈書く〉
　　　　+som:w-a　〈読まれる〉＜　+som-a　〈読む〉

＊案内＞派生動詞を以下で詳述しますが、初級・入門者は「56. 反復形」に進んで下さい。

　　　　　＊　　＊　　＊　　＊　　＊　　＊

54.1 適用形

　語根末が子音の場合、既に見てきたが、派生辞としてiまたはeが入る。
　　語根最終母音がa, i, uの場合、派生辞はi．
　　　+andik-a　〈書く〉＞+andik:i-a

　語根最終母音がe, oの場合、派生辞はe．
　　　+som-a　〈読む〉＞+som:e-a

第2部 文法　　　　　　　　　　　　54.1

　語根末が母音，すなわち語幹末が母音連続の場合は，その適用形の派生辞には一種の形成辞 'l' が付き，次のようになる。
　語根最終母音が a, i, u の場合，派生辞は li。
　　-a-a] +**ka-a**　〈居る〉　　＞+**ka:li-a**
　　-i-a] +**paki-a**　〈積む〉　　＞+**paki:li-a**
　　-u-a] +**fungu-a**　〈開ける〉　＞+**fungu:li-a**

　語根最終母音が e, o の場合，派生辞は le。
　　-e-a] +**poke-a**　〈受け取る〉＞+**poke:le-a**
　　-o-a] +**o-a**　　〈結婚する〉＞+**o:le-a**

＊余談[54A]　形成辞 'l'
　かつてのスワヒリ語あるいはスワヒリ語のもととなった言語では母音連続はなかったと言われている。母音間には 'l' があり，それが脱落し母音連続となったらしい。そして，派生動詞を作るときにはそれがよみがえってくる形で現れる。

　外来語の非a動詞語幹の適用形は，次のようになる。その語尾は全てaで終わり，a動詞となる。
　　-e] +**sameh-e**　〈赦す〉＞+**sameh:e-a**
　　-i] +**rud-i**　　〈戻る〉＞+**rud:i-a**
　　-u] +**ruhus-u**　〈許す〉＞+**ruhus:i-a**

　次の動詞は例外的に語尾ゼロ（注記[51A] 参照）であり，その適用形には li-a が付く。
　　+**sahau**〈忘れる〉＞+**sahau:li-a**

　単音節の語幹をもつ動詞では，動詞によってeかiが入る。
　　+**chw:e-a**　　＜+**chw-a**〈(日が)暮れる〉

54.1　　　　　　　　　第2部　文法

　　+nyw:e-a　　＜+nyw-a〈飲む〉
　　+nyw:i-a　　＜+nyw-a〈 〃 〉
　　+l:i-a　　　＜+l-a　〈食べる〉

適用形は以下のようなさまざまの機能を持つ。

(1)「～のために・のかわりに」
　　+andikia〈～(のため)に・のかわりに書く〉＜+andika〈～を書く〉
　　+somea〈～(のため)に・のかわりに読む〉＜+soma〈～を読む〉
　　+lipia〈～のために・のかわりに支払う〉＜+lipa〈～に・を支払う〉

　a：(yeye)　A-li――i+soma　barua.〈彼はその手紙を読んだ。〉
　　　　GS 彼　S T過去 O V読む GO手紙

　b：(yeye)　A-li-ni+somea (mimi) barua.
　　　　GS　　 S T O V　　 GO私 GA
　　　〈彼は私に手紙を読んでくれた。〉

　c：(mimi)　Ni-li-i+lipa　　gharama.〈私はその費用を払った。〉
　　　　GS　　 S T O V支払う GO費用

　d：(mimi)　Ni-li-m+lipa (yeye) gharama.
　　　　　　　　　　　 O　　 GO　　 GA
　　　〈私は彼に費用を払った。〉

　e：(mimi)　Ni-li-m+lipia (yeye) gharama.
　　　　　　　　　　　　O　　 GO　　 GA
　　　〈私は彼のかわりに費用を払った。〉

```
＊注記[54A]　略号
　接辞類　：S〈主辞〉，T〈時辞〉，O〈客辞〉，V〈動詞語幹〉
　G〈～語〉：GS〈主語〉，GO〈客語〉，GA〈補足語・目的語〉
```

上のaとbとを比べると、適用形ではニ格(与格)の客語を採っている。

第2部　文法　　　　　　　　　　　　　　54.1

一方，cとdでは，動詞が原形のままでヲ格（対格）とニ格（与格）の客語を採っている。eでは，「タメ・カワリ格」とも言うべき格となっている。

(2) 「～へ・に」（方向）

原形が「～から」（方向）を表すのに対して，適用形では「～へ・に」（方向）を表す。

　　　+angukia　〈～に落ちる〉　＜+anguka　〈～から落ちる〉
　　　+kimbilia　〈～へ逃げ込む〉＜+kimbia　〈～から逃げ出す〉

　　Mtoto　a-li-m+kimbia　baba　yake.
　　　GS子供　S T O　V逃げる　GO父　彼の
　　〈子供は父のもとから逃げ出した．〉

　　Mtoto a-li-m+kimbilia　mama yake.
　　　　　　　　　　　O　　　　GO母
　　〈子供は母のもとへ逃げ込んだ．〉

(3) 「～で」（所格・具格）

　　　+anzia　〈～で始める〉＜+anza　〈～を始める〉
　　　+lia　　〈～で食べる〉＜+la　　〈～を食べる〉

　　kitu cha ku+la〈食べる物，食べ物〉
　　　物　　の　　食べる
　　kitu cha ku+lia〈食べる物，例えば，食器〉
　　　　　　　　　　で食べる

　　(sisi)　**Tu- ta―――+anza　kazi.**〈私達は仕事を始める．〉
　　　　　GS私達　S　T未来　V　　GA仕事

　　(sisi)　**Tu-ta+anzia ukurasa wa ishirini.**
　　　　　　　　　　　　　　　GAページ　　20
　　〈私達は20ページから始める．〉

— 151 —

(4) 意味の特殊化
　　動詞原形の意味の限定・特殊化がこの派生形に起こる。
　　　　+**nukia**　〈匂う，香る〉＜+**nuka**　〈におう，臭い〉
　　　　+**soma**　〈専攻する〉＜+**soma**　〈学ぶ，勉強する〉

　　　Hapa　pa-na──+**nuka.**〈ここは臭い．〉
　　　GS ここ　S　T現在　V

　　　Hapa pa-na+**nukia.**　　〈ここは香る．〉

　　　(mimi)　**Ni-na**+**somea isimu.**〈私は言語学を専攻している．〉
　　　GS 私　S　T　V　　　GA 言語学

```
＊余談[54B] 適用形
  この派生形を英語では，
    applied form, prepositional form
  それに対して，日本語では，
    適用形，前置詞相，機能形，関与形
などがあるが，どれもこの派生形を言い表すのに不十分であるが，本
書では，「適用形」を使っておく。
```

54.2 自発形

　この派生形は，自発・可能や単に自動詞形を表す。
　語根末が子音の場合，既に見てきたが，派生辞として ik または ek が入る。
　　語根最終母音が a, i, u の場合，派生辞は ik。
　　　+**fik-a**〈着く〉＞+**fik:ik-a**〈着ける〉

　　語根最終母音が e, o の場合，派生辞は ek。
　　　+**end-a**〈行く〉＞+**end:ek-a**〈行ける〉

第2部　文法

動詞語幹末が母音連続の場合，単に k が入るか，または形成辞 l を介在して，ik, ek が付くものとがある。
語根最終母音が a, i, u の場合，派生辞は k, lik 。

-a-a]+ka-a 〈居住する〉　＞+ka:lik-a 〈居住可能である〉
-i-a]+ti-a 〈入れる〉　＞+ti:lik-a 〈入れ(ら)れる〉
　　+paki-a 〈積む〉　＞+paki:lik-a 〈積める〉
-u-a]+u-a 〈殺す〉　＞+u:lik-a 〈殺せる〉
　　+angu-a 〈落とす〉　＞+angu:k-a 〈落ちる〉
　　+fungu-a 〈開ける〉　＞+fungu:k-a 〈開く〉
　　+paku-a 〈降ろす〉　＞+paku:lik-a 〈降ろせる〉

語根最終母音が e, o の場合，派生辞は k, lek 。

-e-a]+poke-a 〈受け取る〉　＞+poke:k-a 〈受け取れる〉
　　+soge-a 〈間を詰める〉　＞+soge:lek-a 〈間を詰め(ら)れる〉
-o-a]+ondo-a 〈除く〉　＞+ondo:k-a 〈去る〉
　　+chopo-a 〈引き抜く〉　＞+chopo:k-a 〈抜ける〉
　　+chomo-a 〈抜く〉　＞+chomo:k-a 〈抜ける〉
　　+o-a 〈結婚する〉　＞+o:lek-a 〈結婚できる〉

外来語の非 a 動詞語幹の自発形は，次のようになる。これも語尾は全て a で終わり，a 動詞となる。

　　+sameh-e 〈赦す〉　＞+sameh:ek-a 〈赦せる〉
　　+rud-i 〈戻る〉　＞+rud:ik-a 〈戻れる〉
　　+ruhus-u 〈許す〉　＞+ruhus:ik-a 〈許せる〉

次はゼロ語尾語幹の自発形である。

　　+sahau 〈忘れる〉　＞+sahau:lik-a 〈忘れ(ら)れる〉
　　+tii 〈従う〉　＞+tii:k-a 〈従え(ら)れる〉

単音節動詞には ik または ek が使われる。

　　+j-a 〈来る〉　＞+j:ik-a 〈来(ら)れる〉
　　+l-a 〈食べる〉　＞+l:ik-a 〈食べ(ら)れる〉
　　+nyw-a 〈飲む〉　＞+nyw:ek-a 〈飲める〉

54.2　第2部　文法

語形から，自発形と見られる動詞語幹がある。これらは，恐らく歴史的には，派生辞を採った形であったろう。でも，現在では，他動詞として機能している。既述したが，ここでは歴史的に遡った形については考慮しない。

さて，それらの自発形はごく普通の語形成を成す。

 +**andik-a**　〈書く〉　　＞+**andik:ik-a**　〈書ける〉
 +**bandik-a**　〈貼る〉　　＞+**bandik:ik-a**　〈貼れる〉
 +**chopek-a**　〈差し込む〉＞+**chopek:ek-a**　〈差し込める〉
 +**ezek-a**　〈葺く〉　　　＞+**ezek:ek-a**　〈葺ける〉

＊注記[54B]　書ける，切れる

自発形の+andikika〈書ける〉の主語には「文字，黒板」など書かれるもの，+katika〈切れる〉の主語には「木，果物」など切られるものが来る。主語の書く・切る能力を表す場合は，+weza〈(〜すること が)できる〉を使う。

 Herufi zi-na+andikika.　〈文字は書ける。〉
 Miti i-na+katika.　　　〈木は切れる。〉
 (wewe) U-na+weza kuandika herufi.
        〈(きみは)文字が書ける。〉
 (wewe) U-na+weza kukata miti.〈(きみは)木が切れる。〉

ところで，〈このペンはよく書ける〉，〈このナイフはよく切れる〉の動詞はそれぞれ+andika〈書く〉，+kata〈切る〉をそのまま使う。

 Kalamu hii inaandika vizuri.　〈このペンはよく書ける。〉
 Kisu hiki kinakata vizuri.　　〈このナイフはよく切れる。〉

54.3　被動形

この語形の派生辞は，自発形派生辞と後述の相互形派生辞との合併形からなり，この派生辞始めの母音は，自発形と同様に，語根最終母音による。母音の語根末には形成辞1が介在する。

 :ekan-, :ikan-

第2部 文法　　　　　　　　　　　　　　54.3

　この派生形の機能は，一種の受動であり，可能である。
　　+tak:ikan-a 〈望ましい〉＜+tak-a 〈望む〉
　　+ju:likan-a 〈知られる〉＜+ju-a 〈知る〉
　　+sem:ekan-a 〈言える〉　＜+sem-a 〈言う〉

54.4 使役形

　以下の4種のうちのどの派生辞を使うかは，個別の動詞による。いちばん生産的なのは，shで，次にzである。ɜはtを交替する形で現れ，yは若干の音の変化を起こすことがある。このようなsとyは少数の動詞に見られるだけである。
　eとiの使い分けは適用形や自発形と同様に，語根最終母音による。
　　　:(e)sh-/:(i)sh-
　　　:(e)z- /:(i)z-
　　　:s-
　　　:y-

　以下は具体的な語形で，造語法に音韻の付加と置換があり，付加には音韻変化するものもある。
　　+pand:ish-a 〈上げる〉　＜+pand-a 〈上がる〉
　　+pend:ez-a 〈愛させる〉＜+pend-a 〈愛する〉
　　+on:y-a 〈警告する〉＜+on-a 〈見る〉
　　+lev:y-a 〈酔わす〉　＜+lew-a 〈酔う〉
　　+ogof:y-a 〈恐がらせる〉＜+ogop-a 〈恐がる〉
　　+cho:sh-a 〈疲れさす〉＜+chok-a 〈疲れる〉
　　+taka:s-a 〈清める〉　＜+takat-a 〈清まる〉

　次の対は，原形をともにする使役形であるが，意味が異なる。
　　+ap:ish-a 〈誓わせる〉＜+ap-a〈誓う〉
　　+ap:iz-a 〈呪う〉　　＜+ap-a〈"〉

　下の対は，同じ派生辞では同形になるから，派生辞を使い分けている。

— 155 —

54.4　　　　　　　　第2部　文法

　　　+l:ish-a　　〈食べさす〉　＜+l-a　　〈食べる〉
　　　+li:z-a　　　〈泣かす〉　　＜+li-a　〈泣く〉

原形の語幹末に母音連続を持つ動詞は，次のようになる。
　　　+shanga:z-a　〈驚かす〉　＜+shanga-a　〈驚く〉
　　　+soge:z-a　　〈寄せる〉　＜+soge-a　　〈寄る〉
　　　+siki:liz-a　〈聴く〉　　＜+siki-a　　〈聞く〉
　　　+tatu:liz-a　〈解かす〉　＜+tatu-a　　〈解く〉

次の第1例は縮合で，第2例は形式的には二重の「使役形」である。
　　　+la:z-a〈寝かす，寝さす〉　＜*lal:z-a＜+lal-a〈寝る〉
　　　+nyama:z:ish-a〈黙らす〉　＜+nyama:z-a〈黙る〉{強意}
　　　　　　　　　　　　　　　＜+nyama-a〈黙る〉

＊余談[54C]　使役形「形容詞」
　スワヒリ語には，日本語や英語の形容詞に対応する，純然たる「形容詞」が少ない。スワヒリ語の形容表現は，他の品詞やその組み合わせによってもなされる。その中に，動詞使役形がある。日本語に照らして，形容詞的と言えるだけで，スワヒリ語ではあくまでも動詞である。いくつかの例を挙げる。
　　　+furah:ish-a　〈嬉しい，楽しい；喜ばす〉　＜+furah-i〈喜ぶ〉
　　　+l:ish-a　　　〈おいしい；食べさせる〉　　＜+l-a〈食べる〉
　　　+pend:ez-a〈面白い，魅力的だ；愛させる〉＜+pend-a
　　　　　　　　　　　　　　　　　　　　　　　　　　〈愛する〉

54.5　倒意形

　倒意・反対を表す。単に派生辞 u, o を入れる語形はすでに「54.」の(5)で述べた。
　ここでは置き換えの倒意形を挙げる。(1)と(2)の( )内は語根末から2番

目の母音である。

1) (e):ek->(e):u-
　　+ez:ek-a　〈葺く〉　>+ez:u-a　〈取り剥がす〉

2) (o):ek->(o):o-
　　+chop:ek-a　〈差し込む〉　>+chop:o-a　〈引き抜く〉

3) :ik->:u-
　　+band:ik-a　〈貼る〉　>+band:u-a　〈剥がす〉

4) :i->:u-
　　+fuk:i-a　〈埋める〉　>+fuk:u-a　〈掘り出す〉
　　+pak:i-a　〈積む〉　>+pak:u-a　〈降ろす〉

以下の例は，倒意形とは言いながら意味が摑みにくい。
　+pang-a〈企てる〉>+pang:u-a
　+waz-a　〈想う〉　>+waz:u-a
　+ot-a　〈夢見る〉>+ot:o-a

倒意形に関して，基本的に原形が「収斂・集約」の，そしてその派生形である倒意形が「拡散・解放」の意味を持つ。つまり，倒意形には，「まとまったものを解く・崩す・壊す・練り直す」機能がある。
　従って，上の倒意形はそれぞれ，以下のようになる。
　+pangua　〈計画を立て直す〉
　+wazua　〈想を練り直す〉
　+otoa　〈夢解きをする〉

54.6 相互形

派生辞は an で，基本的には相互動作を表す。
　+chuki:an-a　〈憎み合う〉<+chuki-a　〈憎む〉
　+uliz:an-a　〈尋ね合う〉<+uliz-a　〈尋ねる〉

54.6　第2部　文法

単音節の語幹からなる動詞には，介在音を伴うものがある。
　+**l:an-a**　　〈食い合う〉　＜+**l-a**　〈食う〉
　+**p:ean-a**　〈与え合う〉　＜+**p-a**　〈与える〉

次の動詞は，母音が続くため，形成辞 li が介在する。
　+**sahau:lian-a**〈互いに忘れる〉＜+**sahau**〈忘れる〉

共同動作を意味することもある。
　+**anguk:an-a**　〈一緒に落ちる〉　＜+**anguk-a**　〈落ちる〉
　+**ongoz:an-a**　〈同行する〉　　　＜+**ongoz-a**　〈導く〉
　+**fuat:an-a**　〈同行する〉　　　＜+**fuat-a**　〈従う〉

語基は同じでも，語根の違いによって，当然意味が異なる。
　+**andik:an-a**　　〈書き合いする〉　＜+**andik-a**　　〈～を書く〉
　+**andik:i:an-a**　〈文通する〉　　　＜+**andik:i-a**　〈～に書く〉
　+**end:an-a**　　　〈平行する〉　　　＜+**end-a**　　　〈行く〉
　+**end:e:an-a**　　〈行き来する〉　　＜+**end:e-a**　　〈訪う〉

時間的経過を含む「漸次，段々」の意味合いを持つものがある。
　+**kond:ean-a**〈痩せ細る〉＜+**kond-a**〈痩せる〉

相互動作のほか，可能の意味を表すこともある。
　+**sikiliz:an-a**〈聞き合う；聞こえる〉＜+**sikiliz-a**〈聞く〉

＊余談[54D]　聞き合う＝話し合う

　合意するために「話す・聞く」動作はスワヒリ語では+sikiliza〈聞く〉を使って+sikilizana で表現されている。日本語ではむしろ「話す」を使って「話し合う」となろうか。
　以下の動詞は，このような相互動作を一方の動詞の相互形で表す。日本語は複合動詞で表現される。
　　+endeana　〈行き来する〉　＜+endea　＜+enda　〈行く〉

第2部　文法　　　　　　　　　54.6

+uziana　〈売り買いする〉＜+uzia　＜+uza　〈売る〉

54.7 受動形

　単に派生辞 w を挿入する受動形は既に述べたが，ここでは主に，語幹末に母音連続があり形成辞を採る語形と採らない語形を対比しながら，例を挙げる。スワヒリ語では「自動詞」も受動形を造りうる。
　まず，単に w を入れる語形。すぐ下の+lelewa〈育てられる〉について，+lea の受動形は規則的には+lewa となるところである。ところが，+lewa はすでに〈酔う〉という意味を持った動詞があるため，+lelewa という語形が，+lea の受動形に当てられたのである。ただし，+lea の受動形として+lewa を使う人もいる。

-e-a]　+poke-a　〈受け取る〉　＞+poke:w-a
　　　 +le-a　　〈育てる〉　　＞+le:*lew-a*（/+le:w-a）
-i-a]　+ti-a　　〈入れる〉　　＞+ti:w-a
　　　 +paki-a　〈積む〉　　　＞+paki:w-a

　次に，形成辞 li, le を採る語形。+uawa は，例外の語形で，中立的な意味を持つ受動形であるが，+uliwa は，+ulia (mbali)〈ぶっ殺す〉から連想されるように〈惨殺される〉の意味となる。

-a-a]　+ka-a　　〈住む〉　　　＞+ka:liw-a
-u-a]　+u-a　　 〈殺す〉　　　＞+u:*aw-a*, +u:liw-a
　　　 +paku-a　〈降ろす〉　　＞+paku:liw-a
-o-a]　+ondo-a　〈除く〉　　　＞+ondo:lew-a
　　　 +o-a　　 〈結婚する〉　＞+o:lew-a

＊余談[54E]　結婚
　結婚に関係する語彙には次のようなものがあり，動詞は主語に対し性別を要求するものがある。

　　+oa　　〈(男が)結婚する〉　　{能動}

54.7　　　　　　　第2部　文法

+olewa	〈(女が)結婚する〉{受動}
+oana	〈(男女が)結婚する〉{相互}
+oza	〈(親が)結婚させる〉{使役}
ndoa	〈結婚〉

単音節語幹の動詞の受動形は，受動の派生辞 w の前に母音 i か e が付き 2 音節化する。

+l:iw-a ＜ **+l-a** 〈食べる〉
+nyw:ew-a ＜ **+nyw-a** 〈飲む〉
+p:ew-a ＜ **+p-a** 〈与える〉

すでに述べたが，「自動詞」も受動形を造る。

+end:w-a ＜ **+end-a** 〈行く〉
+to:k:w-a ＜ **+to:k-a** 〈出る〉 ＜ **+to-a** 〈出す〉

＊補説[54A]「自動詞」に客辞，受動形
　+toka〈出る〉は，いわゆる自動詞であるが，客辞を採ることができ，また受動形を造る。例えば，
　　Jasho　li-na———ni+toka (mimi).〈汗が私から出る.〉
　　ⓈＧ汗　Ｓ Ｔ現在　Ｏ Ｖ　　ＧＯ
　　(mimi) Ni-na+tokwa na　　jasho.〈私は汗に出られる.〉
　　ⓈＧ私　Ｓ Ｔ Ｖ　　　　によって
次もまた可能であるが，mimi は「主語」というより「主題」であり，jasho〈汗〉が事実上の「主語」であるとも考えられる。この例のような文を「全体部分構造」という。「95. 全体部分構造」を参照。
　　(mimi) Ni-na+toka jasho.〈私は汗が出る.〉
　　ⓈＧ私　Ｓ Ｔ Ｖ　　ＧＡ汗

54.8 その他

派生形は，以上のほか，いくつかを見い出すことができるが，それほど生産的ではない．

(1) ［静止形］派生辞 :am-
　　+**fung:am-a** 〈固着する〉 ＜ +**fung-a** 〈結ぶ〉

(2) ［固持形］派生辞 :at-
　　+**fumb:at-a** 〈つかむ〉　＜ +**fumb-a** 〈閉じる〉

55. 複合派生形

2個以上の派生辞を持つ動詞形を「複合派生形」と呼ぶ．
　　原形　　　　+**som-a**　　　〈学ぶ〉
　　使役　　　　+**som:esh-a**　〈教える〉

以下が複合派生形の例である．
　　使役適用　　+**som:esh:e-a**　　〈～で教える〉
　　使役適用受動+**som:esh:e:w-a**　〈～で教えられる〉

複合派生の受動形には，その原形の受動形と同形となることがある．その原形の語根は母音終わりである．

　　+**chuku-a** 〈取る〉（原形）＞ +**chuku:liw-a**　〈取られる〉{受動}
　　+**chuku-a** 〈取る〉（原形）＞ +**chuku:li-a**　〈取ってやる〉{適用}
　　　　　　　　　　　　　　　　＞ +**chuku:li:w-a**　〈取ってもらう〉
　　　　　　　　　　　　　　　　　　　　　　　　　　　　{適用受動}

受動形の 'li' と，適用・受動形の 'l' は，特に意味を担わない形成辞である．

　　　　　　　＊　＊　＊　＊　＊　＊　＊

56．反復形

これは，動詞語幹を繰り返してできた語幹で，今まで述べてきた派生形とは形成法が異なるが，動詞語幹の問題であり，ここに位置づけておく。
　この形は，動作の反復や軽度の動作のほか，したり止めたりのいい加減な動作を表すことがある。

   +**piga.piga**　〈何度も打つ，軽く打つ〉　＜　+**piga**　〈打つ〉
   +**soma.soma**　〈読み流す〉　　　　　　＜　+**soma**　〈読む〉
   +**cheza.cheza**　〈遊びがある，ぐらつく〉　＜　+**cheza**　〈遊ぶ〉

語尾変化はそれぞれの語幹ごとに起こる。
   U-si+**some.some.**　〈読み散らすな。〉｛接続法否定｝

57．再帰動詞

述語動詞では，客辞は常に動詞語幹の直前に置かれる。その客辞の位置に再帰辞 -ji- を採った動詞を「再帰動詞」または「再帰形」と呼ぶ。｛偶然にも，日本語の「自」に対応するような意味を持つので，少し驚かざるを得ない．｝

   -**ji**+**amini**　〈自信がある〉　＜　+**amini**　〈信じる〉
   -**ji**+**ua**　　〈自殺する〉　　＜　+**ua**　〈殺す〉
   -**ji**+**jua**　　〈己を知る〉　　＜　+**jua**　〈知る〉

上の例とは少し異なる意味が付け加わるものもある。
   -**ji**+**ona**　〈自分を見る，自惚れる〉　＜　+**ona**　〈見る〉
   -**ji**+**onea**　〈自分で見る〉　＜　+**onea**　＜　+**ona**〈〃〉

　-ji+ona は鏡で自分の姿をみて，うっとりしてしまったのであろうか？
　再帰形は，再帰辞をとることで全体としては自動詞化するが，再帰辞を持たない自動詞とは違って，他動詞の意味が効いている。つまり，自主性・自発性が明白である。

第2部 文法

    +**anguka**　〈倒れる〉
  -**ji**+**angusha**　〈自ら倒れる・伏せる〉＜　+**angusha**〈倒す〉

　また，再帰形には，自主性・自発性も過度になると，故意・作為性が生じる。
  -**ji**+**fanya**　　　〈振りをする・装う〉＜　+**fanya**　　〈する，作る〉
  -**ji**+**staajabia**　〈驚いた振りをする〉＜　+**staajabu**〈驚く〉

＊余談[57A]　テレビに出る
〈彼はテレビに出た〉は以下のように言われる。
　（yeye）Alitokea katika TV.
　（yeye）Alijitokeza katika TV.
前者は，ただ単に〈テレビに出た〉ということであり，一方，再帰辞を持つ後者は，自ら進んであるいは仕事として〈テレビに出演した〉ということである。再帰形には積極性・主体性がよく現れる。

＊余談[57B]　同じ同じ？
　　Unajionaje?　〈お加減はいかがですか？〉
このスワヒリ語が，時に日本人の小生には「オナジオナジ？」（＝同じ同じ？）に聞こえる。こんな時自らの母語の影響を，自分の音韻に引きつけて受容してしまう母語の強さを感じる。

60. 述語動詞の活用法

　ここでは，いわゆる典型的な動詞である本動詞の活用法を解説する。活用法とは，動詞語幹が表現に応じてさまざまな接辞（接辞ゼロも含む）を採り，時に語尾を変化させることである。その活用法には，次の6種がある。

　　　不定法，接続法，命令法，直説法，条件法，関係法

> ＊注記[60A]　法
> 　上記の活用法には，言語学的には「法」といえない形態も含まれる。しかし，ここでは，述語動詞の語形変化に留意した形式上の名前として使っていて，「法」に入らない語形でもここに含めて一括した。

60.1 述語動詞の接辞要素

　述語動詞は，動詞語幹と接辞要素からなる。
　述語動詞の基本構造は「A-B-C-D+V-E」である。接辞の入るA～Dは，固定した順に並んだ枠で，各活用法において必要に応じてその固定枠に接辞が置かれる。Vは動詞語幹の枠，Eは添辞の枠である。

> ＊補説[60A]　接辞の分類
> 　接辞をそれが付く位置と枠に従って分類する。
> (1)　動詞語幹(V)の前に付く接辞（=前接辞）
> 　　A枠
> 　　　K　不定法接頭辞 {ku-, kw-}
> 　　　S　主辞 {ni-, u-, a-, yu-, ...}
> 　　　NS　否定主辞 {ha-S-: *si-*, *hu-*, *ha-*, hayu-, ...}
> 　　AB枠
> 　　　ST　主時辞 {na-, wa-, a-, ...; hu-, ka-}
> 　　B枠
> 　　　N　否定辞 {-to-, -si-}

第2部　文法　　　　　　　　　　　　　　60.1

```
      T   時辞(相，条件などの接辞も含む) {-a-, -ka-, -li-, ...}
     BB枠 {以下の3対はB枠として扱う}
       NT  否定仮想辞 {-singali-, -singe-, -singeli-}
       TN  否定仮定辞 {-kito-}
       TT  過去進行辞 {-liki-}；重完了辞 {-mesha-}；完了仮定辞
              {-kisha-}
      C枠
       R   係辞 {-ye-, -o-, ...}
      D枠
       O   客辞 {-ni-, -kıı-, -m-, ...}；再帰辞 {-ji-}
       Ō   添加音 {-ku-, -kw-}
 (2)  動詞語幹(V)の後に付く接辞 (=後接辞)
      E枠
       E   添辞 {-je, -ni, -pi ; -po, -ko, -mo}
       R   係辞 {-ye-, -o-, ...}
```

＊注記[60B]　否定主辞 ＝ 否定辞-主辞

　否定辞には，否定主辞 (NSつまり ha-S-) の否定部分 ha- も入るが，ここでは，否定主辞の一部としておく。但し，hayu- を除く，1～3人称単数と第1部類の否定主辞は，「ha S-」という形にはなっていない。
```
    1 u    : si-    (＜*ha-ni-)
    2 u    : hu-    (＜*ha-u-)
    3 u/O1 : ha-    (＜*ha-a-), hayu-
```

＊注記[60C]　わたり音 w

　主辞(S)と客辞(O)である m(u) の後に母音で始まる接辞または動詞語幹が来ると，uが変化してその間にわたり音 w が生じる。
```
    mwaja   (m-w-a+ja, S-w-T+V)       〈あなた方は来る〉{直説法}
    mwambie (m-w+ambie, O-w+V)        〈彼(女)に話して〉{命令法}
```

60.1　　　　　　　　　第 2 部　文法

> ＊注記[60D]　D 枠の添加音 Ō
> この添加音(Ō)は，形は不定法接頭辞と同形であるが，単音節動詞と準単音節動詞のある種の条件下にのみ生じる音である。語形を整える以外にその機能はない。従って，述語動詞の必須の構成要素とは言いがたい。「67. 単音節動詞」を参照。

60.2 活用語幹

動詞語幹には，すでに述べたが，活用により次のように，語尾が e または i に変わる語幹と語尾不変化の語幹がある。

　　　V 語幹(広義)　：以下の 3 語幹の区別を特に必要としない際の代表語幹
　　　V'e 語幹　　　：a 動詞の接続法・接辞付き命令法語幹・2 人称複数添
　　　　　　　　　　　辞 -ni を付けられた語尾 e 語幹
　　　V'i 語幹　　　：a 動詞の現在否定語尾 i 語幹
　　　V 語幹(狭義)　：語尾不変化語幹 {a 動詞の上述を除く活用語幹と非 a
　　　　　　　　　　　動詞の全活用語幹}

> ＊余談[60A]　完了/過去語幹
> これは，現在スワヒリ語の散文では用いられないが，詩文に韻文に使われる語幹である。その形態法には次のようなものがある。
> (1)　語根 -ile
> 　　nijile 〈私は来た．〉（=nilikuja/nimekuja）
> (2)　語根 -iye
> 　　wasikiyewo 〈聞いた人々〉（=waliosikia）
> (3)　語根(-VC)-e ＞ 語根(-eC)-e {V：母音，C：子音}
> 　　nipete 〈私は得た．〉（=nilipata/nimepata）
> (4)　語尾母音を語根最終母音に合わせる。
> 　　ziruku 〈(それらが)飛んだ〉（=ziliruka/zimeruka）

60.3 活用上の必須接辞と必要接辞

接辞は，活用法により必ず付加される「必須接辞」と必要に応じて付加される「必要接辞」とに分けられる。以下，必要接辞にはかっこを付けて表す。

61. 不定法 ＝ K(N)(O)V(E)

不定法(＝不定詞)は，不定法接頭辞(K)を必須接辞とし，否定辞(N)，客辞(O)と添辞(E)を必要接辞とする法である。{ } 内はその具体的な形態である。

K ＝ {ku-, kw-}
N ＝ {-to(ku)-} ＝ {-to-, -toku-}
O ＝ {(1u) -ni-, (2u) -ku-, (3u/01) -m-, (1w) -tu-, ...}
E ＝ {(2w) -ni}

＊注記[61A]　略号説明
　　(1u), (2u), (3u)　　：1・2・3人称単数
　　(1w), (2w), (3w)　　：1・2・3人称複数
　　(01)～(11), (15)～(18)：第1～11, 第15～18部類

＊補説[61A]　裸の不定詞
　必須接辞とした接頭辞(K)を採らない不定詞が生じることがある。以下のように動詞+isha〈終わる〉，+ja〈～になる〉の後ではしばしばこの接頭辞を落とす。
　　Nilikw+isha　　soma kitabu.〈私は本を読んでしまった．〉
　　　　　　　　　　(K)V読む GA本
　　Nilikw+isha　　mw+ ambia (yeye).
　　　　　　　　　　(K)O　V言う　GO彼
　〈私は彼に話してしまった．〉

> Nitaku+ja　　sahau　wewe ni ndugu yangu.
>   　　(K)V忘れる　お前　妹　私の
> 〈今後お前が妹なんて思わん．〉
> 　それぞれ，接頭辞 ku を採って kusoma, kumwambia, kusahau とすることができる。

不定法の具体的な語形を見てみよう．

+**penda**　　　　　　　(+V)　　〈愛する〉

ku+**penda**　　　　　(K+V)　　〈愛すること〉
ku-to+**penda**　　　(K-N+V)　〈愛さないこと〉
ku-toku+**penda**　　(K-N+V)　〈 " 〉
ku-ku+**penda**　　　(K-O+V)　〈君を愛すること〉
ku-to-ku+**penda**　(K-N-O+V)〈君を愛さないこと〉
ku-ku+**pende-ni**　(K-O+V-E)〈君達を愛すること〉
　　　　　　　　　　　　V=V'e
ku-to-ku+**pende-ni**(K-N-O+V-E)〈君達を愛さないこと〉
　　　　　　　　　　　　V=V'e

＊　＊　＊　＊　＊　＊　＊

61.1　不定詞の用法

　不定詞は，既述した動名詞(「11.7」)を含めて以下のように使われる．

　(1)　動名詞として
　　Kusoma hakuishi.〈学ぶことに限りなし．〉
　　　学ぶこと　尽きない

　　Kula　　gizani ni ***kula*** na shetani.
　　　食べること　暗闇で　　　と　悪魔
　　〈暗闇での食事は悪魔との食事．〉{俗信}

— 168 —

第2部 文法

Kupendwa hakuji kwa maneno matupu.
愛されること 来ない で 言葉 空の
〈言葉だけでは愛されない.〉

(2) 形容詞句として
連合辞(=a)の後に不定法Bを置き,連合辞の前の名詞Aを修飾する.
1) AがBの主語
nguo ya *kubana* 〈きつい服〉
服 締める
2) AがBの目的語
dawa ya *kupaka* 〈塗り薬〉
薬 塗る
3) AがB(完了)の目的語
samaki wa *kuchoma* 〈焼き魚〉
魚 焼く
4) Bするために使うA
mkono wa *kulia* 〈食べる手,右手〉
手 ～で食べる
5) BがAの内容・目的
karamu ya *kuagana* 〈お別れパーティ〉
パーティ 辞しあう

(3) 副詞的に
Alikwenda msituni *kukata* kuni. 〈彼は薪取りに森に行った.〉
彼は行った 森に 切る 薪

(4) 分詞として
Hasan, *kusikia* hayo, moyo ulimdunda.
聞く それ 心 +dunda 〈どんどんと鳴る〉
〈ハサンは,それを聞くと,心が高鳴った.〉
Hasan は,動詞 ulimdunda の客語であるが,ここでは文頭に立ち主題化している.

(5) 繰り返しを避ける

— 169 —

61.1

Duka moja lilivunjwa na wezi na mali nyingi _kuibiwa_.
店　ある　入られた　に　泥棒　そして　財　多くの　盗まれる
〈ある店が泥棒に入られ、多くの金品が盗まれた。〉

ここでは、zi-li+ibiwa(S-T+V)〈(それらが)盗まれた〉の zili-(ST-)の部分を不定法接頭辞 ku- がかわりに担い ST- の繰り返しを避けている。

... kwani (huku) ndiko walikozaliwa na kukulia.
なぜなら　ここ　　　　生まれたところ　+kulia〈育つ〉
〈...というのはここが彼らの出生の地であり成長の地であったから。〉

この例では、ku+kulia の不定法接頭辞 ku- が wa-li-ko+kulia(S-T-R+V)の waliko+(STR+)の反復を代行している。

* * * * * * *

♯61 練習問題（解答は318ページ）

問題1　次の諺を和訳しよう。

dole〈指〉, harusi〈結婚式〉, heri〈まし〉, kazi〈(仕)事〉, +kopa〈(お金を)借りる〉, kuliko〈～より〉, -ji+kwaa〈つまずく〉, +la〈食べる〉, +lima〈耕す〉, +lipa〈返す〉, matanga〈葬式〉, mavune〈筋肉疲労〉, nguru〈キングフィッシュ〉, +osha〈洗う〉, -tamu〈おいしい〉, ulimi〈舌〉

(1) Heri kujikwaa dole kuliko kujikwaa ulimi.
(2) Kukopa harusi, kulipa matanga.
(3) Kula kutamu, kulima mavune.
(4) Kumla nguru si kazi, kazi kumwosha.

問題2　次の俗信を和訳しよう。

alama〈印し〉, baraka〈恵み〉, -bichi〈湿った〉, -eusi〈黒い〉, +fagia〈掃く〉, +fua〈(服を)洗う〉, jino(meno)〈歯〉, +kata〈切る〉, -kavu〈乾いた〉, kidole(vi-)〈指〉, +kimbiza〈逃がす〉, ku-na-〈S=15, T=現在〉, +kutana〈出会う〉, kwa〈～でもって〉, +leta〈もたらす〉, mabruki〈恵まれた〉, na〈～と〉, nuhusi〈凶〉, paka

〈猫〉, sita〈6〉, ufakiri〈貧困〉, ukucha(kucha)〈爪〉, umaskini
〈貧乏〉, usiku〈夜〉, +vaa〈着る〉, +zaliwa〈生まれる〉

(1) Kukutana na paka mweusi usiku ni nuhusi.
(2) Kuzaliwa na vidole sita ni mabruki.
(3) Kuvaa nguo mbichi ni alama ya umaskini.
(4) Kukata kucha kwa meno ni alama ya ufakiri.
(5) Kufagia usiku kunakimbiza baraka.
(6) Kufua nguo kavu kunaleta ufakiri.

* * * * * * *

62. 接続法 = S(N/T)(O)V(E)

接続法は，主辞(S)を必須接辞とし，否定辞(N)または行程辞(T)，客辞(O)と添辞(E)を必要接辞とする法である。{ } 内は人称 部類の略号と具体的な形態である。

$S = \{(1u)\ ni\text{-},\ (2u)\ u\text{-},\ (3u/01)\ a\text{-},\ (1w)\ tu\text{-},\ldots\}$
$N = \{-si\text{-}\}$ または $T = \{-ka\text{-}\}$
$O = \{(1u)\ \text{-}ni\text{-},\ (2u)\ \text{-}ku\text{-},\ (3u/01)\ \text{-}m\text{-},\ (1w)\ \text{-}tu\text{-},\ldots\}$
$V = V'e\ \{a\ 動詞語尾\ e\ 語幹\}$
$\ \ = V\ \{非a動詞語幹；語尾不変化\}$
$E = \{\text{-}je\ \langle なに, どう？\rangle,\ \text{-}ni\ (2人称複数),\ ni(nini\ \langle なに\rangle の縮小辞),\ \text{-}pi\ (wapi\ \langle どこ\rangle の縮小辞)；\text{-}po/\text{-}ko/\text{-}mo\ (場の添辞)\}$

具体的な語形を見てみよう。意向・要請や他表現への接続を表す。

+penda	(+V)	〈愛する〉
ni+pende	(S+V)	〈私が愛して〉
ni-si+pende	(S-N+V)	〈私が愛さないで〉
ni-ku+pende	(S-O+V)	〈私が君を愛して〉
ni-si-ku+pende	(S-N-O+V)	〈私が君を愛さないで〉
ni-ku+pende-ni	(S-O+V-E)	〈私が君達を愛して〉
ni-si-ku+pende-ni	(S-N-O+V-E)	〈私が君達を愛さないで〉

62.1 接続法行程

第2接辞として行程辞(T) ka を採った語形 ST(O)V(E) を見る。この接辞 ka には、〈行って〜〉という意味がある。肯定形のみである。

    +**tazama**   (+V) 〈見る，見舞う〉

   ni-ka+**tazame** (S-T+V) 〈行って見舞いたい〉
  ni-ka-ku+**tazame** (S-T-O+V) 〈行って君を見舞いたい〉
 ni-ka-ku+**tazame-ni** (S-T-O+V-E) 〈行って君達を見舞いたい〉

動詞+enda〈行く〉の述語形を伴うことがある。
 Ni+**ende ni—ka-m**+**tazame.**
 接続法 S1u
 〈(私は)行って彼(女)を見舞いたい．〉

 Nenda   **u—ka-m**+**tazame.**
 命令法〈行け〉 S2u
 〈(君は)行って彼(女)を見舞って．〉

62.2 接続法の用法

主な用法を次に示す。

(1) 自分の意向を表す
  ***Nikuulize* suala.** 〈あなたに質問したい．〉
  ***Nimwambie* !** 〈私が彼に言うって!〉{反語}

(2) 疑問の形で相手の意向を聞く
  A：***Niende* ?** 〈私が行きましょうか．〉
  B：***Twende* pamoja.**〈一緒に行きましょう．〉
       一緒

> *補説[62A]　tu+V'e = ～しよう
> 　1wの主辞tu-を採った接続法で「～しよう」を表す。
> 　　Tuseme　　　　Kiswahili.〈スワヒリ語を話そう.〉
> 　　　+sema〈話す〉スワヒリ語
> 　　Tusivute　　　　sigara.〈禁煙しよう.〉
> 　　　+vuta〈吸う〉タバコ
> 　また、1wのtu-を使った接続法は自分達の意向を表すか、疑問形で相手の意向を聞くことになる。
> 　　Tuseme Kiswahili.〈スワヒリ語を話したい.〉
> 　　Tusivute sigara?〈禁煙しようか.〉

(3)　第3者への命令・要請などを表す
　　A：**Niende ?** 　　〈私が行きましょうか.〉
　　B：**Usiende. Ali** *aje.*〈行かないで.アリに来させて.〉{〈アリが来るようにしなさい.〉}

(4)　他の表現との接続を表す
　　Nilimpa　　vitabu ili　　*asome*　　　zaidi.
　　私は彼に与えた　本　　するため +soma〈勉強する〉もっと
　　〈私はもっと勉強するよう彼に本をあげた.〉

　　Kaa　kule,　nikae hapa,　*tulenge*　mawe pangoni.
　　座れ　あっち　座る　ここ　投げ込もう　石　　洞穴に
　　〈お前はあっちに座れ、俺はここに座ろう、洞穴に石を投げ込もう.〉
　　(謎々；答は kula chakula kwa mikono〈手で食事すること〉)

(5)　結果を表す
　　Tulimtafuta　　muda mrefu, *tusimwone*.
　　私達は彼を捜した　間　　　長い　　　　　+ona〈見つける〉
　　〈私達はずっと彼を捜したが、見つからなかった.〉

Hujui kuwa hilo tawi unalolikata
君は知らない ということ その 枝 君が切るところの
likishakatika, utaanguka nalo *ufilie* **mbali？**
切れたら 君は落ちる それと +filia mbali《くたばる》
〈君が切っている枝が切れたら、一緒に落ちてくたばるってことがわからんのか。〉

62.3 lazima 類

以下の語はその後に不定法，接続法を採って文を作る。

(1) lazima, sharti/shuruti
 Lazima kwenda. 〈行かなければならない。〉
  +enda〈行く〉
 Si lazima kwenda. 〈必ずしも行くことはない。〉
 Lazima usiende. 〈行ってはならない。〉
 Si lazima usiende. 〈行ってならないことはない。〉
 Sharti nirudi mapema. 〈早めに戻らねばならない。〉
  +rudi〈戻る〉, mapema〈早く〉

(2) afadhali, bora, heri
 Afadhali tufanye haraka. 〈急いだ方がいい。〉
  +fanya haraka〈急ぐ〉
 Bora uende sasa hivi. 〈今すぐに行った方がいい。〉
  sasa hivi〈すぐに〉
 Heri kufa macho kuliko moyo.
  死ぬ 目 より 心
 〈心より目がつぶれる方がいい。〉{諺}

(3) nusura
 Nusura nianguke.〈もう少しで落ちるところだった。〉
  +anguka〈落ちる〉

＊余談[62A]　マイナス動詞
　次の動詞は動作を否定・禁止・制止する意味を持っていることから，これらを「マイナス動詞」と呼ぶ。これらに続く不定法と接続法では否定接辞の使い方が異なる。
　　+kataa〈拒否する〉, +kataza〈禁止する〉, +zuia〈制止する〉
　　Alinikataa/Alinikataza/Alinizuia kwenda.
　　Alinikataa/Alinikataza/Alinizuia nisiende.
　ともに，意味は〈彼は私が行くのを拒否/禁止/制止した．〉である。相違は(mimi) kwenda〈(私が)行くこと〉, (mimi) nisiende〈私が行かないように〉にある。更に，〈医者が私を飲酒禁止にした．〉は以下の通りである。
　　Daktari alinikataza kunywa ulevi.
　　Daktari alinikataza nisinywe ulevi.
　　daktari〈医者〉, +nywa〈飲む〉, ulevi〈酒〉
　+pinga〈反対する〉もこの類に入る。
　　kuipinga lugha fulani isikue na kuenea.
　　lugha〈言語〉, fulani〈ある～〉, +kua〈発展する〉, +enea〈普及する〉
　　〈ある言語の発展と普及に反対すること．〉
　　{不定法 kuenea の ku- は接続法 isienee の isi- の反復を代行している}

＊余談[62B]　スカラ動詞
　動作に「問題となりうる方向性」がない動詞を「スカラ動詞」と呼べば，以下の動詞が該当する。その方向性は文脈による。
　　+azima〈貸す，借りる〉
　　+rudi〈～へ・から戻る〉
　日本語にもスカラ動詞は存在する。曖昧性を好むせいか，敬語によく見られる。

> いらっしゃる，くれる，たまわる，まいる

63. 命令法 ＝ (T)(O)V(E)

命令法は，動詞語幹(V)単独か，それに行程辞(T)，客辞(O)と添辞(E)を必要接辞として付す法である。単音節動詞の ku-(添加音，Ō-)については注記 [63B] 参照。以下の { } 内は人称・部類の略号と具体的な形態である。

(1) 動詞語幹に接辞が付かない場合
V ＝ V {動詞語幹}

(2) 動詞語幹に接辞が付く場合
V ＝ V'e {a 動詞語尾 e 語幹}
　＝ V {非 a 動詞語幹；語尾不変化}

接辞
T ＝ {ka-}
O ＝ {(1u) -ni-, (2u) -ku-, (3u/01) -m-, (1w) -tu-, ... }
Ō ＝ {ku-}
E ＝ {(2w) -ni}

63.01 命令は 2 人称に

命令法は，2 人称に対する命令を表す。

(1)　2 人称単数(2 u)に対して
　　V　　：**Penda.**　　〈愛せ.〉
　　O+V　：**M+pende.**　〈彼(女)を愛せ.〉

(2)　2 人称複数(2 w)に対して
　　V-E　：**Pende-ni.**　　〈愛せ.〉
　　O+V-E ：**M+pende-ni.**　〈彼(女)を愛せ.〉

第2部　文法　　　　　　　　　　　　　63.01

> ＊注記[63A]　命令法と接続法
> 　この二つの活用法の相違は，命令法には主辞がなく，接続法には主辞が必須であることである。しかし，活用語形によっては文脈なしに命令法と接続法の区別がつかないものがある。
> 　　　M+pende.　〈彼を愛せ．〉　　　{O+V, 命令法}
> 　　　　　　　　〈君達は愛して．〉 {S+V, 接続法}

(3)　不規則命令形

以上の命令法の形成法に合わない不規則形が，以下の5形ある。

　　　　　　　　　　　　2 u　　　　　　　　　　2 w
　+enda　〈行く〉　　：**Nenda.**　〈行け．〉　　**Nende-ni.**
　+ja　　〈来る〉　　：**Njoo.**　 〈来い．〉　　**Njoo-ni.**
　+leta　〈持ってくる〉：**Lete.**　〈持ってこい．〉**Lete-ni.**

leteni は，規則にあった形態であり，不規則ではない。

63.02　否定命令

否定命令は，接続法否定でもって表される。斜体は接続法。

(1)　2人称単数（2 u）に対して
　　　S-N+V　：***Usipende.***　〈愛すな．〉
　　　（V　　：**Penda.**　　　〈愛せ．〉）

　　　S-N-O+V：***Usimpende.***　〈彼(女)を愛すな．〉
　　　（O+V　：**M+pende.**　　〈彼(女)を愛せ．〉）

(2)　2人称複数（2 w）に対して
　　　S-N+V　：***Msipende.***　〈愛すな．〉
　　　（V-E　：**Pende-ni.**　　〈愛せ．〉）

　　　S-N-O+V：***Msimpende.***　〈彼(女)を愛すな．〉
　　　（O+V-E：**M+pende-ni.**　〈彼(女)を愛せ．〉）

> ＊注記[63B]　単音節動詞の命令法
> 　単音節動詞の命令法は，常に不定詞接頭辞(K)と同形の添加音(Ō)を伴う。ただし，客辞(O)を採る時には，客辞がその位置を占める。
> 　　2u：Karibu, ku+la.　　〈どうぞ，食べてください．〉
> 　　　　　　　どうぞ　Ō　V
> 　　2w：Karibu-ni, ku+le-ni.　〈〃．〉
> 　　　　　　　　　　E　Ō　V E
> 　客辞を採った下の例を見よう。
> 　　2u：Karibu, m+le (samaki)　mzima.
> 　　　　　　　　　　O　V　魚　　　まるごと
> 　　　〈どうぞ，(魚)まるごと食べてください．〉

> ＊余談[63A]　命令法否定
> 　諺・詩などでは，次のような命令法肯定に対応する否定が見られる。ただし，現代の散文では使われない。
> 　　2u　：N+V　　：Si+seme.　〈話すな．〉(V　：Sema.　〈話せ．〉)
> 　　2w　：N+V-E　：Si+seme-ni.〈話すな．〉(V-E：Seme-ni.〈話せ．〉)

　　　　　＊　＊　＊　＊　＊　＊　＊

63.1　命令法行程

　命令法行程は，行程の接辞(T)を採り，「行って～しろ」を意味する複合命令である。肯定形のみで，対応する否定形はない。

　　　　　　T(-O)+V(-E)

　具体的な形式を見よう。

第2部 文法　　　　　　　　　　　　63.1

```
        +V   :       +tazama      〈見る，見舞う〉

      T+V   :   Ka+tazame.        〈行って見舞え．〉
    T-O+V   :   Ka-m+tazame.      〈行って彼(女)を見舞え．〉
    T-O+V-E :   Ka-m+tazame-ni.   〈行って彼(女)を見舞え．〉
```

動詞+enda〈行く〉の命令語形 Nenda，Nendeni を伴うことがある。
　　Nenda　ka-m+tazame. 〈(君は)行って彼(女)を見舞え．〉
2u 命令法〈行け〉
　　Nende-ni ka-m+tazame-ni. 〈(君達は)行って彼(女)を見舞え．〉
2w

＊余談[63B]　行程辞を持った接続法と命令法
　2人称単数の場合，接続法の主辞を除いた語形が命令法の語形で，よく似ている。しかし，2人称複数の場合，語形がもっと相違することに注意が必要である。
　　　　　　　接続法行程　　　　　　命令法行程
　　2 u ：U-ka+lale.〈行って寝て．〉　Ka+lale.　〈行って寝ろ．〉
　　2 w ：M-ka+lale.〈〃．〉　　　　 Ka+lale-ni.〈〃．〉

63.2　命令法の用例

以下の3文は命令法を使った謎々である。理解できるだろうか。
　　Tandika　kitanga tule　　　kunazi.
　　　敷く　　　むしろ　　+la〈食べる〉ナツメ
　　〈むしろを敷け，ナツメを一緒に食べよう．〉
　　（答）mbingu na nyota〈天と星〉

　　Kaa kule, nikae hapa tumvue　　　nguo mshenzi.
　　　座る あっち　ここ　　+vua〈脱がす〉服　蛮人

63.2

〈あっちに座れ，わしはここに座ろう，蛮人の服を一緒に脱がそう。〉
(答) mahindi na majani yake 〈とうもろこしとその皮〉

Mama nieleke. 〈おかあさん，おんぶ。〉
　　　+eleka 〈おぶう〉
(答) kitanda 〈ベッド〉

＊余談[63C] 命令形の使用範囲
　日本語の命令形はふつう，同輩・目下に使い，目上の人には使えない。だが，スワヒリ語では以下の例のように目上にも使われる。例は使用人が仕える奥方 (bibie)・主人 (bwana) に言っている言葉である。ただし bibie とか Bwana ～ が併用されている。
　Lakini wewe, bibie, *weka* wakati maalumu ...
　　しかし　あなた　奥様　置く　時間　　特別な
　〈でも，あの奥様，特に時間を作ってください…〉
　"*Sikiliza*, Bwana Mwinyi," Idi　a-li+nena huku a-na+keti.
　　聞く　　さん　人名　　人名　言う　一方　　座る
　〈「いいですか，旦那さん」とイディは座りながら言った。〉

---

* * * * * * *

♯62&63 練習問題 （解答は318ページ）

問題　次の諺を和訳しよう。
　　+acha〈捨てる〉, adui〈敵〉, +amba〈言う〉, asali〈蜜〉, +fika〈着く〉, +fuata〈追う〉, +gusa〈触る〉, ili maji〈湿ったまま〉, +kawia〈遅れる〉, kipofu〈目の見えない人〉, kwa〈～でもって〉, +la〈食べる〉, mbachao〈あなたの古ござ〉, mchi〈杵〉, mkono〈手〉, mkunga(wa-)〈産婆〉, moyo〈心〉, msala〈祈りござ〉, mwenzio〈あなたの連れ〉, ngozi〈皮〉, nguvu〈力〉, nyota〈星〉, nyuki〈蜜

第2部 文法

蜂〉, +penda〈愛する〉, +pisha〈通す〉, +safiria〈～で動く〉, +toa〈差し出す〉, +tukana〈罵る〉, +twanga〈搗く〉, unga〈粉〉, upitao〈＝u+pita-o, 通りすがりの〉, utajiri〈裕福〉, uzazi〈出産〉, +vuta〈引っ張る〉, +zuia〈抑える〉

(1) Adui mpende.
(2) Mwenye nguvu mpishe.
(3) Ngozi ivute ili maji.
(4) Kawia ufike.
(5) Fuata nyuki, ule asali.
(6) Usiache mbachao kwa msala upitao.
(7) Usisafirie nyota ya mwenzio.
(8) Usitukane wakunga na uzazi ungalipo.
(9) Kutoa ni moyo usambe ni utajiri. {usambe ＜ usiambe}
(a) Kutwanga nisile unga, nazuia mchi wangu.
(b) Usile na kipofu ukamgusa mkono.

＊注記[63C]　動詞連続の接続法否定
　上の問題(a)の接続法否定 nisile は kutwanga をうけて不成功・不首尾を表す。つまり、〈搗いて食えないこと〉。ここでは分詞構文で〈搗いて食えなければ〉となる。(b)の接続法否定 usile は ukamgusa と連動し、日本語とは否定する動詞が反対になる。つまり〈食べて(も)触るな〉。
　なお、上の(8)の na ～は〈～の状態で〉{付帯状況}を表す。

＊　＊　＊　＊　＊　＊　＊

64. 直説法 ＝ ST(O)V(E)

　直説法は、主辞(S)と時辞(T)を必須接辞とし、客辞(O)と添辞(E)を必要接辞とする法であり、事柄を事実として表現する形式である。
　それぞれ { } 内は、人称・部類の略号と具体的な形態である。

S ＝ 主辞{(1u) ni-, (2u) u-, (3u/01) a-, (1w) tu-, ...}
T ＝ 時辞{-li-　　：過去
　　　　　-a-　　：単純現在{「64.2主時辞」を参照}
　　　　　-na-　 ：現在
　　　　　-ta-　 ：未来
　　　　　-me-　 ：完了
　　　　　-sha-　：口語完了〈〜しちゃった〉
　　　　　-mesha-：複合完了〈〜しちまった〉
　　　　　-ka-　 ：継起〈(そして)〜した〉
　　　　　-ki-　 ：同起〈〜しながら〉
　　　　　-*liki*-：過去進行{方言・詩文}}
ST ＝ 主時辞{(1u) na-, (2u) wa-, (3u/01) a-, (1w) twa-, ...;
　　　　　　hu-, (3u/01) ka-}(「64.2主時辞」を参照)
O ＝ 客辞{(1u) -ni-, (2u) -ku-, (3u/01) -m-, (1w) -tu-, ...}
Ō ＝ 添加音{-ku-, -kw-}
V ＝ V{下記以外の a 動詞語幹}
　 ＝ V'e{2 w 添辞 -ni を採る a 動詞語幹；V は動詞語根, e は語尾}
　 ＝ V'i{a 動詞の直説法現在否定語幹；V は動詞語根, i は語尾}
　 ＝ V{非 a 動詞語幹；語尾不変化}
E ＝ 添辞{-je：〈なに、どう？〉
　　　　　-ni：2人称複数(2 w)
　　　　　-ni：nini〈なに〉の縮小辞
　　　　　-pi：wapi〈どこ〉の縮小辞
　　　　　-po/-ko/-mo：場の添辞}

＊補説[64A]　完了 -me-, 現在 -na-
　完了 -me- は動作が完了しその完了状態が続いている場合に，現在 -na- は動作が今も続いている進行の場合と習慣などに，それぞれ使われる。
　　　Umesimama. 〈立っている.〉{完了；立ってしまっている}
　　　Unasimama. 〈立っている.〉{現在進行；立ちつつある}
　　　Unasimama. 〈立つ.〉　　　{単純現在；習慣など}

第2部　文法　　　　　　　　　　　　　　　　　　　　64

＊補説[64B]　TT {=-mesha-, -liki-} > T
　-me- は現在は口語では使われていない動詞+maa〈終える〉の完了語幹におそらく由来し, -sha- は動詞+isha〈終わる〉に由来する。-mesha- は -me- と -sha- が合わさったとも -mekwisha > -meisha > -mesha- とも解せる。いずれにしても2個の時辞 (TT) と考えられるがスワヒリ語全体の動詞構造から見てこれを分析には単一の時辞(T)とする。
　過去進行を表す時辞 -liki- も同様に考え単一の時辞(T)とする。

＊余談[64A]　各種時辞の使用頻度
　小説6種に使われる時辞を無作為に調べたところ, 時制表現はその内容・文体によって変わるかも知れないにもかかわらず, 過去の -li- がどの小説でも圧倒的によく使われている。時辞の総使用度数の約半分を占めている。以下, 大ざっぱ言うと -na-, -ka-, -me-, -ki- の順である。一般的にものを語るときには過去形が多くなると言うことの証左なのであろう。そして, 未来はあまり語らないのだろう。

＊余談[64B]　そば屋の完了：バス郵便の -me-
　そば屋の出前が遅いので再度電話すると, まだ出前の準備をしている最中なのにもかかわらず,「いま出ました」という返事があるという。また, バスを待っていて, 遠くにバスが向かってくるのが見えると, まだ着いていないのに,「バスが来た」ということがある。このようないわば「見なし完了」を俗に「そば屋の完了」というらしい。{そば好きな小生がこのようなことを書くのはいささか心苦しい。そば屋さん御容赦のほど！}
　スワヒリ語においても, このような完了を -me- で表すことができる。ところで, 東アフリカでは郵便物の宅配はない。郵便物は, Sanduku la Posta (S.L.P.; P.O. Box; 私書箱) を使った郵便局留めで, 局に取りに行く。多くの人が同じ S.L.P. を使う。時間がかかる。そこで, ザンジバルではバスの乗客・運転手に配達を頼む方法がある。頼むとその時に, 次のような言葉が返ってくることがある。

— 183 —

```
       Barua yako hii   i-me+fika.
       09手紙 君の  この S T  V着く
       〈この君の手紙は着いた（も同然だよ）.〉
    この時辞 -me- が「見なし完了」である。
```

＊余談[64C]　二重目的語　≠　二重客語

　標準スワヒリ語の動詞は二重客辞を採らない。従って，二重客語はない。しかし，客辞を採らないもう一方の補足語を目的語と考えるならば，二重目的語はあることになる。

　東アフリカのバントゥ諸語の中には二重客辞を許容するものがあり，次のような例がスワヒリ語の中に持ち込まれることがある。

```
       (yeye) A-li-ki— ni-+pa       (kisu) (mimi).
              S T O07  O1u V 呉れる   GO07   GO1u
              〈彼はナイフを私に呉れた.〉
```

これは標準スワヒリ語では以下のとおり。

```
       (yeye) A-li-ni+pa (kisu) (mimi).
```

　ところで，alikinipa は a-liki-ni+pa (S-T-O+V) と方言や詩文で解釈できる。その意味は〈彼はわたしによく呉れていた.〉{-liki- は過去進行}

次に +sema〈話す〉を使って具体的な形態(S-T+V)を見てみよう。

　　ni-li+sema　　　〈(私は)話した〉
　　u-na+sema　　　〈(君は)話す〉
　　a-ta+sema　　　〈(彼は)話すだろう〉
　　tu-me+sema　　〈(私達は)話した〉
　　m-sha+sema　　〈(君達は)話しちゃった〉
　　wa-mesha+sema　〈(彼らは)話しちまった〉
　　a-*liki*+sema　　〈(彼は)話していた〉{方言・詩文}
　　　　　　　　　　　(＞ alikuwa akisema) {共通語}

時辞 -ta- は，未来のほか，推量や話者の意志を表す。
 A-li+jua kuwa, kwa wakati ule, Shekhe
 Ｓ Ｔ Ｖ ということ そのときには 導師
 a-*ta*-ku+wa ka+enda msikiti-ni.
 Ｓ Ｔ Ō Ｖ ＳＴ Ｖ行く モスクに
 〈導師がモスクに行っていただろうということはわかっていた．〉

 A-*ta*-zi+toa (pesa) leo au a-*ta*-ni+ona.
 Ｓ Ｔ Ｏ Ｖ出す お金 今日 または Ｓ Ｔ Ｏ Ｖ見る
 〈今日やつに金を出させてやる，でなければ目にも見せてやる．〉

時辞 -ka- は先行する動作を受けて次の動作を表す動詞に使われ，時辞 -ki- は他の動作との共起を表す。
 (**Ni-li-ku+ja**) **ni-ka+sema.**
 〈(私はやって来て)(そして私は)話した〉

 (**U-na+soma**) **u-ki+sikiliza redio.**
 〈(君は)ラジオを聞きながら(君は勉強する)〉

この時辞 -ki- は，同時間帯に行われる二つの動作の表現「～したり～したりする」にも使われる。
 A-na-kw+enda a-ki+rudi.
     行く 戻る
 〈行ったり来たりしている，往復している．〉

 A-na+lia a-ki+cheka. 〈泣いたり笑ったりしている．〉
   泣く 笑う

64.1 直説法否定 ＝ NST(O)V(E)

 直説法否定は，否定主辞(NS)と否定時辞(T)を必須接辞とし，動詞語幹(V)は a 動詞だけが現在時制のみ否定動詞語幹(V=V'i)を使う。
 それぞれ { } 内は，人称・部類の略号と具体的な形態である。

— 185 —

NS = {(1u)si-, (2u)hu-, (3u/01)ha-, 以降は ha-S-: (1w)hatu-, ...}
T = {-ku- ：過去否定
    -ϕ- ：現在否定
    -ta-/-to- ：未来否定
    -ja- ：完了否定，未完了}
V = V'i{a 動詞の現在否定語尾 i 語幹；V' は動詞語根}
  = V{a 動詞の現在否定語幹を除く語幹}
  = V{非 a 動詞語幹；語尾不変化}
その他の接辞は，直説法肯定と同形である。

次に +sema〈話す〉を使って，時辞(T)によって異なる具体的な否定方式 3 種を見てみよう。

(1) 主辞のみ交替：未来否定(-ta-)
    a-ta+sema > **ha-ta+sema** 〈(彼は)話さないだろう〉
    S T V   NS T V

(2) 主辞と時辞が交替：過去否定，未来否定(-to-)，完了否定/未完了
    ni-li+sema > **si-ku+sema** 〈(私は)話さなかった〉
    S T V   NS T V
    a-ta+sema   > **ha-to+sema** 〈(彼は)話さないだろう〉
    tu-me+sema > **hatu-ja+sema** 〈(私達は)まだ話さない〉

(3) 主辞が交替，時辞がゼロに，a 動詞語幹は語尾 a が i に変化：現在否定
    u-na+sema > **hu+semi** 〈(君は)話さない〉
    S T V   NS V'i

64.2 主時辞(ST)

主辞(S)と時辞(T)が，分かち難く結合した形式で，次のようなものがある。

(1) 主辞(S)＋時辞(T, -a-)の縮合形
    この時辞(T, -a-)は，標準文法では「単純現在」を表す，とされている。実態は，現在を表す 1 変種であり，基本的な意味は時辞 -na- とほとん

ど同じである。
　名詞部類に対するこの接辞形は，連合辞と同形となる。ただし，部類01では，wa- ではなく，a- である。

　　1u/1w　：**na-/　twa-**　＜　ni-a-/tu-a-
　　2u/2w　：**wa-/mwa-**　＜　u-a-/mu-a-
　　3u/3w　：**a-/　wa-**　＜　a-a-/wa-a-
　　01/02　：**a-/　wa-**　＜　a-a-/wa-a-
　　以下連合辞と同形

この主時辞に対応する否定形は上述の現在否定と同形である。

(2)　主辞と時辞の一体の主時辞
　　hu-：習慣，一般的な真理｛主語の人称・数・部類に関係なく常に hu-｝
　　ka-：3人称単数(3u)・第1部類(01)完了（＝ame-)

＊注記[64A]　ka-
　主時辞 ka- は，行程辞と同形であり，時に注意が必要である。
　　Ka+soma.〈彼(女)は読んだ.〉｛直説法完了｝（＝Amesoma)
　　ST　V
　　Ka+some.〈君は行って読め.〉｛命令法行程｝
　　T　V

＊余談[64D]　その他の主時辞(ST)
　上記の主時辞の他に，以下のような形態が文語などに見られる。
　　ha- ＝nika-, 'hawaita.' nikawaita.〈そして私は彼らを呼んだ.〉
　　hi- ＝niki-, 'hikwambia.' nikikwambia.〈私が君に言うならば.〉
　　　　｛-ki-〈～すれば〉，「65.1条件法Ⅰ」参照｝

次に ＋sema〈話す〉を使って主時辞の具体的な形態(ST＋V)を見てみよう。

64.2　　　　　第2部　文法

(1)　-a-
　　　na+**sema**　〈(私は)話す〉
　　　wa+**sema**　〈(君は)話す〉
　　　a+**sema**　〈(彼は)話す〉

(2)　hu-, ka-
　　　hu+**sema**　〈いつも・常に話す〉
　　　ka+**sema**　〈(彼は)話した〉（＝amesema）

　　　　　＊　＊　＊　＊　＊　＊　＊

64.3　継起 -ka-

継起の時辞 -ka- はある先行する動詞(先行動詞)の動作を継ぐ動詞に使われる時辞で(この -ka- を持った動詞を継起動詞と呼ぶ)，次のような機能を持つ。

(1)　先行する動作を受け継ぐ。したがって，動作未完了の現在(-na-)・未来(-ta-)の時制肯定の先行動詞には -ka- を持つ継起動詞は接続しない。これが最も典型的な用法である。(ただし，取り上げないが，-na-/-ta- をもつ先行動詞に，-ka- を持つ継起動詞を接続させる人もいないことはない。)

　　　　a-*li*+toka a-*ka*+enda ukumbi-ni ...
　　　　　　出る　　　行く　広間に
　　〈彼女はそこを出て広間に行った...〉

(2)　先行動詞と継起動詞を統合し一つのまとまって単位(動詞統合)を作る。下の例で +la〈食う〉と +isha〈尽くす〉，+elezwa〈説明される〉と +elewa〈わかる〉が動詞統合を作っている。

　　　　Huwezi wewe *ku*-ni+la　u-*ka*-ni+isha, ...
　　　　できない 君　　　食べる　　　尽くす
　　〈あなたには私を食い尽くすことはできない, ...〉

　　　　Katika hali hii alitaka mtu amueleze, mtu a-*taka*-ye+

elezwa a-*ka*+elewa ...
　　　katika〈～の中〉，hali〈状態〉，hii〈この〉，+taka〈欲する〉，mtu
　　〈人〉，+eleza〈説く〉，+elezwa〈説かれる〉，+elewa〈わかる〉
　　〈こうした中，彼は話し相手，説明してわかる相手が欲しかった...〉

　　次は先行動詞は否定形であるが，+kaa〈居る〉と +subiri〈待つ〉が
　動詞統合〈座して待つ〉をつくりそれに否定がかかる形式になっている。
　終わりの動詞を否定形にする日本語とは異なってはじめの動詞が否定形
　となる。
　　　Hukai　u-*ka*+subiri riziki yako ?
　　　居ない　　　　待つ　恵み　君の
　　〈お前はお恵みを(家に)いて待てないのかい．〉

(3)　先行動詞と継起動詞は同一文中にも，また別々の文中にも現れうる。
　時には別の段落の第一文の最初の動詞に継起動詞が現れることもある。
　下の例はそれである。
　　　Kila mtu alikuwa akingojea kwa hamu.　Ilikuwa siku
　　　muhimu kwa kila mtu ; hasa kwa Bwana Maksuudi.
　　　Saa tatu i-*ka*+ingia.　Watu ...
　　　kila〈各〉，mtu(wa-)〈人〉，+ngojea〈待つ〉，hamu〈意欲〉，siku
　　〈日〉，muhimu〈大切な〉，hasa〈特に〉，saa〈～時〉，+ingia〈入る〉
　　〈各人みな期待して待っていた．各人にとって大切な日であり，特に
　　マクスーディ氏にとって。
　　　9時になった。人々は...〉

(4)　文脈から明かな表現や慣用的な表現では先行動詞がなく，直に継起
　動詞が使われる。
　　　次の例は，慣用的な表現で，継起動詞 ukaonana の先行動詞が
　unasemaje ではない。先行動詞には，ここにはない，いわば unge-
　kwenda〈(あなたが)かりに行って～〉のような語形が考えられる。
　が，普通それは表現されない。
　　　Unasemaje u-*ka*+onana naye ?
　　　　　　　　　　　会う　彼と

— 189 —

〈あなたが彼に会ったらいかがですか．〉

64.4 直説法の用例

Mvuvi a-na+jua　pweza alipo.
漁師　ＳＴ Ｖ知る　タコ　いるところ
〈漁師はタコの居所を知っている．〉{諺；餅は餅屋}

Akiba hai+ozi.〈予備のものは腐らない．〉{諺；備えあれが憂いなし}
予備　ＮＳ +oza〈腐る〉

Kila　ndege hu+ruka　kwa bawa lake.
あらゆる 鳥　ＳＴ Ｖ飛ぶ　で　翼　その
〈あらゆる鳥は自身の翼で飛ぶ．〉{諺；鳥は翼に従って巣を作る}

Hiari ya+shinda utumwa.〈自由は隷属に勝る．〉{諺}
自由　ＳＴ Ｖ勝る　隷属

* 　* 　* 　* 　* 　* 　*

♯64 練習問題（解答は319ページ）

問題1　次の諺を和訳しよう．

asubuhi〈朝〉, -bivu〈熟した〉, -ema〈良い〉, +fuata〈従う〉, giza〈暗闇〉, haba〈少し〉, +ingia〈入る〉, +jaza〈満たす〉, jina〈名前〉, jino(meno)〈歯〉, +kamata〈つかむ〉, kibaba〈キババ（乾量の単位）〉, kisima〈井戸〉, +kosa〈欠く〉, kuliko〈～より〉, +la〈食べる〉, +lia〈泣く〉, maji〈潮, 水〉, mchelea〈～を恐れる人〉, mchimba〈～を掘る人〉, mfa maji〈溺れる人〉, mstahimilivu〈忍耐する人〉, mtaka〈～を欲する人〉, mwana〈子〉, +ng'aa〈輝く〉, +onekana〈見える〉, siku〈日〉, ulimi〈舌〉, +uma〈かむ〉, upepo〈風〉

(1) Maji hufuata upepo.

第 2 部　文法

(2) Haba na haba hujaza kibaba.
(3) Jina jema hung'aa gizani.
(4) Mchelea mwana kulia hulia yeye.
(5) Mchimba kisima huingia mwenyewe.
(6) Mfa maji hukamata maji.
(7) Mstahimilivu hula mbivu.
(8) Mtaka yote hukosa yote.
(9) Siku njema huonekana asubuhi.
(a) Ulimi unauma kuliko meno.

問題 2　次の諺も和訳しよう。

　　+acha〈止む〉, asali〈蜜〉, biashara〈商売〉, +chagua〈選ぶ〉, chawa〈シラミ〉, dawa〈薬〉, debe〈ブリキ缶〉, +fa〈死ぬ〉, +ganga〈治療する〉, +gomba〈喧嘩する〉, +isha〈尽くす〉, jino (meno)〈歯〉, kidole〈指〉, +kosa〈欠く〉, +la〈食べる〉, likujualo (=li-ku+jua-lo, 君を知るところの), mbwa〈犬〉, mfuata〈～に追従する人〉, mganga〈医者〉, -moja〈1〉, mshoni〈裁縫師〉, nyuki〈蜜蜂〉, +oza〈腐る〉, +sikia〈効く, 聞く〉, sikio〈耳〉, -tupu〈空の〉, +umana〈嚙み合う〉, +vuma〈唸る〉, +vunja〈潰す〉, wema〈親切〉, zimwi〈化け物〉

(1) Biashara haigombi.
(2) Debe tupu haliachi kuvuma.
(3) Kidole kimoja hakivunji chawa.
(4) Meno ya mbwa hayaumani.
(5) Mfuata nyuki hakosi asali.
(6) Mganga hajigangi.
(7) Mshoni hachagui nguo.
(8) Sikio la kufa halisikii dawa.
(9) Wema hauozi.
(a) Zimwi likujualo, halikuli likakwisha.

問題 3　次の謎々の答は何だろう。

　　baba〈父〉, +elea〈浮かぶ〉, -eupe〈白い〉, +fa〈死ぬ〉, huku -ki/na-〈～しながら〉, +jaa〈満ちる〉, +kamatika〈捕らえられる〉, kanzu

― 191 ―

〈カンズ(貫頭衣)〉, kilemba〈ターバン〉, kimgongomgongo〈仰向けに〉, kwa〈～でもって〉, +lia〈泣く〉, mguu〈足〉, -moja〈1〉, mwanangu〈わが子〉, Mwarabu〈アラブ人〉, mwitu〈森〉, +ning'inia〈ぶらさがる〉, samaki〈魚〉, +shikika〈つかめる〉, +simama〈立つ〉, +simika〈立てる〉, taa〈あかり〉, +taga〈産卵する〉, +tambaa〈這う〉, tobo (ma-)〈穴〉, ulimwengu〈世界〉, +vaa〈着る〉, wala〈も(ない)〉, +zagaa〈照らす〉, -zima〈全ての〉

(1) Anataga huku akitambaa.
(2) Haukamatiki wala haushikiki.
(3) Hausimiki hausimami.
(4) Kafa huku ananing'inia.
(5) Kanzu ya baba imejaa matobo.
(6) Mwanangu analia mwituni.
(7) Mwarabu kavaa kilemba.
(8) Mwarabu mweupe amesimama kwa mguu mmoja.
(9) Samaki wangu anaelea kimgongomgongo.
(a) Taa yangu yazagaa ulimwengu mzima.

* * * * * * *

65. 条件法 = ST(O)V(E)

条件法は，以下の2種に分けられる。

    条件法Ⅰ(仮定法)：現在・未来の不確かな前提を条件に，ある種の結論を導く。

    条件法Ⅱ(仮想法)：現在・過去の事実に反する前提または不可能を条件に，ある種の結論を導く。

条件法で使われる接辞は，条件辞(T)を除いて，既に直説法あるいは接続法において行われるものと同じである。

65.1 条件法 I = ST(O)V(E)

条件辞 (T) は以下の通りである。帰結の直説法時制には，多く場合未来が，時に現在などが用いられる。他の述語形もまた帰結に来る。

　　　条件辞 T ＝ {-ki-　　：肯定〈～すれば〉
　　　　　　　　　-kisha-　：肯定〈～したならば〉
　　　　　　　　　-sipo-　：否定〈～しなければ〉
　　　　　　　　　-kito-　：否定〈～しなければ〉{方言}}

＊補説[65A]　NR{＝-sipo-}, TT{＝-kisha-, -kito-} ＞ T
　条件辞 -kisha-, -sipo-, -kito- はそれぞれ，
　　-si-po-,　-ki-sha-,　-ki-to-
　　　N R　　T T　　　T T
と分析できるが，補説[64B] と同様に考え一体の条件辞(T)とする。

Maji ya-ki+mwagika, haya+zoleki.〈覆水盆に帰らず.〉{諺}
水　　S　T Vこぼれる　NS　　+zoleka〈集め(ら)れる〉

A-kisha+rejea kazi-ni, hu+wa　siku zote ni ku-ji+tengeneza
S T　　帰る　職場から　ST　なる　いつも　　　　　身繕いする
ili　　　　a+toke　　　tena usiku.
するために　+toka〈出る〉　再び　夜
〈仕事から帰ったら，いつも夜の外出に備えて化粧になる.〉

U-sipo+ziba ufa　u-ta+jenga ukuta.
　S T　　塞ぐ 亀裂 S T　造る　　壁
〈割れ目を塞がなければ，壁を造り直すことになるだろう.〉{諺}

しばしば hata〈たとえ〉を伴って，「譲歩」を表す。
Hata ni-ki-kw+ambia, hu-m-+jui.
　　　　　S T O　言う　　ST O +jua〈知る〉

〈たとえ君に言っても，その人を知らないよ.〉
Hata u-ki+fanya nini, ha-ta-ku-+samehe.
　　　 Ｓ Ｔ する 何 　ＮＳ Ｔ Ｏ2u 赦す
〈たとえ君が何をしても，彼は君を赦さない.〉

次の例は，接続法否定を伴って，「〜しても〜しなくても」を表す.
U-ki+ja　u-si+je ni mamoja kwangu.
　Ｓ Ｔ 来る Ｓ Ｎ　　同じ事　私にとって
〈君が来ても来なくても，同じ事だ.〉

仮定の接続詞〈もし〜ならば〉に kama, ikiwa, iwapo などがあり，これらを使う時条件辞を採らないことがある.
Je, *kama* ha-ku+toa, nini shauri ?
　　　　　　ＮＳ Ｔ 出す 　　考え
〈で，出さなかったら，どうする?〉

***Ikiwa* ku-me-ku+cha basi kumekucha.**
　　　　Ｓ　Ｔ　Ō +cha〈日が暮れる〉
〈日が暮れたんなら，暮れたんだ.〉
{注：Ｓの ku- は天然自然を主語としている}

65.2 条件法Ⅱ肯定 ＝ ST(O)V(E)

この条件法Ⅱには，条件にも帰結にも使う条件辞(T)が3種ある.
　　Ｔ ＝ {-nge- 　：現実の逆，不可能
　　　　　-ngali- ：過去・現実の逆，不可能
　　　　　-ngeli- ：過去・現実の逆，不可能}

これらの条件辞は，上記のように意味を記述したが，実際的にはみな区別せず同じ意味で用いられている.

　(1)　-nge- -nge-

Tu-nge₊soma sana, tu-nge₊faulu mtihani jana.
　S T　V　　　　S T　V
₊soma〈勉強する〉, ₊faulu〈合格する〉, mtihani〈試験〉, jana〈昨日〉
〈私達がよく勉強したならば，昨日試験に合格したろう。〉

(2) -nge- -ngeli-
Mtu a-nge₊tokea ghafla a-ngeli₊fikiri walikuwa katika mazungumzo ya kawaida.
mtu〈誰か〉, ₊tokea〈現れる〉, ghafla〈突然〉, ₊fikiri〈思う〉, ₊wa katika〈～の最中である〉, mazungumzo〈会話〉, kawaida〈普通〉
〈誰か急にそこにきたら，その人は彼らが普通の会話をしていたと思っただろう。〉

(3) -ngali- -nge-
A-ngali-ku₊fa mipango yake pia i-nge-ku₊fa.
₊fa〈死ぬ，台無しになる〉, mpango(mi-)〈計画〉, pia〈もまた〉
〈彼(A)が死ねば，彼(B)の計画も台無しになったろう。〉

(4) -ngeli-
Ni-ngeli₊weza kuwa kama yeye.〈彼のようになれたらなあ。〉
　　　　　できる　なる　ように　彼

仮想の接続詞 kama, kama/kuwa si, laiti を使った例は以下の通りである。
Kama **viumbe wa-ngali₊shauriwa　ku₊letwa duniani,**
　　　　人間　　　　　　相談される　　この世に生まれる
wengi wa-ngali₊kataa.
　多く　　　　　断る
〈もし人間がこの世への誕生を聞かれたならば，多くは断っただろう。〉
Kama **si wewe ku-singe-ku₊wa na　kipindi.**
　　　　　　　　　　　　　　存在する　時間

〈もし君がいなければ，この時間はなかった．〉

na *laiti* a-ngali+jua, a-singeli+chelewa hata kidogo ...
　　　　　　　　　　知る　　　　　遅れる　　すこしも
〈そしてもし彼が知っていたなら，少しも遅れなかったろう...〉

＊余談[65A]　英語の影響

　英語(E)の影響が以下の例文の中に見られる．スワヒリ語(S)では次のようになる．
(1) (E)に影響された -nge- (＜ u-nge-kw+enda)，(S)本来は -ki- (＜ u-ki+enda)
U-*nge*-kw+enda kuitazama (picha) Kaka K, unawahi bado.
+enda〈行く〉, +tazama〈見る〉, picha〈映画〉, +wahi〈間に合う〉, bado〈まだ〉
〈K兄さん，映画を見に行くのだったら，まだ間に合いますよ．〉
(2) (E)的な -nge- (＜ a-nge-ku+wa)，普通 (S) では -ta- (＜ a-ta-ku+wa)
Alimwandikia Ruth barua ... kwamba a-*nge*-ku+wa mgeni wake siku ya Jumamosi.
+andikia〈～に書く〉, barua〈手紙〉, kwamba〈～という〉, +wa mgeni〈お客になる〉, siku ya Jumamosi〈土曜日〉
〈彼は土曜日にお邪魔するという手紙をルースに書いた．〉

65.3　条件法II否定　＝　SNT(O)V(E)

　これと「65.4」の語形は，条件法II否定を表す否定の仕方が異なる．ここでは，否定は条件辞(T)の前に否定辞 si を付け合わせて一体の条件辞(T)を考える．

　　　　　N = {-si-}
　　　　　NT = {-singali-, -singe-, -singeli-} ＞ T

(1) -ngali- -singali-
   U-ngali-ku+wa   mwanamke, u-singali-ni+jali kiasi hicho.
   S T　Ō　である　女　　　　S NT　　O　かまう　それほど
   〈もし君が女であったなら，そんなに私にかまわなかったろう．〉

(2) -singali- -nge-
   Kama a-singali+ogopa kuambiwa mwoga, a-nge+hiari kwenda mbele.
   kama〈もし，～ならば〉，+ogopa〈恐れる〉，+ambiwa〈言われる〉，mwoga〈臆病〉，+hiari〈選ぶ〉，+enda mbele〈前進する〉
   〈もし彼が臆病呼ばわりされるのを恐れなかったら，すすんで前進したろう．〉

65.4　条件法II否定 = NST(O)V(E)

上の「65.3」と同じく条件法II否定であるが，否定は否定主辞を使って表される．

　　　N = {ha-}
　　　NS = {(1u) si-, (2u) hu-, (3u/01) ha-, 以降は ha-S-：(1w) hatu-, …}

「65.3」の条件法否定形は以下のように換えることが可能である．ただし，否定辞 -si- を使う方が簡単であり，使用頻度も高いようだ．

u-singali-ni+jali　(S-NT-O+V)　>　**hu-ngali-ni+jali**　(NS-T-O+V)
a-singali+ogopa　(S-NT+V)　>　**ha-ngali+ogopa**　(NS-T+V)

　　　　　　　* * * * * * *

65.5　譲歩表現 = ST(O)V(E)

次の条件法は，あまり用いられないが，諺の類に見られる．

T= {-nga-（現実の譲歩）; -japo-（想定の譲歩）}

この2形を区別することは，現実的にはないようだ．

Kipya kinyemi, ki-nga+wa kidonda.
新しき　快きもの　　　　　　傷
〈新しきものは快きもの，たとえ傷であっても．〉{諺}

Msafiri maskini a-japo-ku+wa mfalme.
旅人　　貧しい　　　　　　　　王
〈旅はたとえ王であろうとも憂いもの．〉{諺}

＊注記[65A]　接続詞化
　ikiwa, ingawa, ijapokuwa の類は本来動詞の活用語形であるが，接続詞として用いられている．詳細は「94.4接続詞化」参照．

＊　＊　＊　＊　＊　＊　＊

♯65 練習問題（解答は320ページ）

問題1　次の諺を和訳しよう．

　　　　ambari〈龍涎香〉，+ambiwa〈言われる〉，chongo〈片目〉，+fa〈死ぬ〉，fimbo〈棒〉，+iba〈盗む〉，+ita〈呼ぶ〉，+jua〈知る〉，kaburi〈墓〉，kengeza〈斜視〉，+lilia〈～のために泣く〉，maji〈水〉，maskini〈貧乏人〉，mkono〈手〉，-moja〈1〉，mtoto〈子〉，+mwagika〈こぼれる〉，neno〈事，言葉〉，nyoka〈蛇〉，nyuma〈後ろ〉，+okota〈拾う〉，+ona〈見る〉，+ondoka〈去る〉，+oza〈腐る〉，+pa〈与える〉，paka〈猫〉，panya〈ネズミ〉，+patikana〈とらわれる〉，+penda〈愛する〉，samaki〈魚〉，+sema〈言う〉，+shika〈つかむ〉，+taja〈述べる〉，+tawala〈支配する〉，+tazama〈見る〉，wembe〈剃刀〉，zinduna〈琥珀〉，+zoleka〈集まる〉

(1) Akipenda, chongo huita kengeza.

(2) Ukiona zinduna, ambari iko nyuma.
(3) Paka akiondoka, panya hutawala.
(4) Samaki mmoja akioza, huoza wote.
(5) Maji yakimwagika hayazoleki.
(6) Ukitaja nyoka, shika fimbo mkononi.
(7) Mtoto akililia wembe, mpe.
(8) Ikiwa hujui kufa, tazama kaburi.
(9) Maskini haokoti, akiokota huambiwa kaiba.
(a) Ukiona neno, usiposema neno, hutapatikana na neno.

問題2　次のスワヒリ語を訳そう。

　　alacho（= a+la-cho, 食べるもの）, anapokaa（= a-na-po+kaa,（彼女が）住んでいるところ）, asali〈蜜〉, +dhani〈思う〉, elfu〈千〉, +fanya〈する〉, +jua〈知る〉, juu ya〈～に対する〉, kitu〈何か〉, kofi〈平手〉, +la〈食べる〉, mapenzi〈愛〉, methali〈諺〉, nyuki〈蜜蜂〉, +ona〈見る〉, +onja〈味わう〉, +pa〈呉れる〉, +staajabu〈驚く〉, +taka〈欲する〉, +uliza〈尋ねる〉, +zaba〈殴る, 打つ〉

(1) Ungalijua alacho nyuki, usingalionja asali. {methali}
(2) Ningelitaka elfu angenipa.
(3) Ungepaona anapokaa ungestaajabu.
(4) Mimi ningalijua la kufanya, unadhani ningalikuuliza kitu wewe?
(5) Lau kuwa si mapenzi yangu juu yako, ningalikuzaba kofi.

＊　＊　＊　＊　＊　＊　＊

66. 関係法

　関係法は，語句や節を修飾・補足する活用法で，名詞句に関係する連体形と，動詞や節に関係する連用形とがある。
　連体形には次の形態がある。

　　　関係法Ⅰ　　　：　時辞を持つ関係法
　　　関係法Ⅰ否定　：　その否定形
　　　関係法Ⅱ　　　：　時辞を持たず係辞を後置

このほかに，常に関係法を作る専用の動詞（＝関係動詞）がある（「75.1関係動詞」参照）。

連体形に使用する係辞(R, =o-)の具体形は「35.係辞」参照。

連用形は，関係法連体形の係辞(R)の所に，以下の連用形係辞(R)を採って表現される。

様態をあらわす -vyo-

場所・場合・時を示す -po-, -ko-, -mo-

66.1 関係法 I ＝ STR(O)V(E)

必須接辞は，他と共通の主辞(S)と，3個に制限された時辞(T)に，関係法に特有の係辞(R)である。それに必要接辞として，他と共通の客辞(O)と，下のような添辞(E)がある。SとOは他の活用法参照。

T ＝ {-li- ：過去（完了を含む）

-na- ：現在

-ta(ka)- ：未来}

R ＝ {(1u～3u/01) -ye-, (1w～3w/02) -o-, (03) -o-, (04) -yo-, ...}

E ＝ {(2w) -ni, (+wa)-po/-ko/-mo)}

＊注記[66A]　-ta(ka)-R- ＞ -ta-R-, -taka-R-

未来の時辞 ta(ka) は，語源的には，動詞+taka＜～しようとする＞に由来するものである。そのことはここで taka という接辞が現れていることからもわかる。実際，関係法の未来時辞は -ta- でも -taka- でもよい。

Nani wa-taka-o──ku+ja　　kesho？〈明日来る人たちは誰か〉
02誰　S　T　　R02　Ō　V来る　明日

　(＝ wa-ta-o-ku+ja)

第2部　文法　　　　　　　　　　　　　　66.1

＊注記[66B]　-me-R- ＞ -li-R-
　原文の語形にある -me- は，関係法では，-li- に換えられる。方言や文語などではこの完了時辞 -me- の後にも係辞を付けられることもあるが，標準文法では許されない。-me- を残す場合は関係詞 amba=o を使う。
　　原文：A-me-ki-+nunua kitabu.〈彼は本を買っている。〉
　　　　　S T 007 V買う　07本
　　　＞kitabu a-li-cho-ki-+nunua〈彼が買った本〉
　　　　　07　　　S T R07 007 V
　方言など：mtu a-me-zo-+andika〈書いた人〉
　　　　　　　　　S T R V
　　　＞mtu amba-ye ameandika〈書いた人〉

＊注記[66C]　(+wa)-po/-ko/-mo
　これは本動詞+wa〈～である〉と所在の添辞 -po, -ko, -mo からなる「所在文」時制表現である。

＊補説[66A]　係辞の包括形・除外形
　ふつう係辞は先行詞と次のように呼応する。
　　yule tu-li-ye-+fuatana ngoma-ni
　　01　　S1w R01 同行する　踊りに
　〈私達が踊りに一緒に行ったあの人〉
　ところが，同じような構造にありながら係辞が先行詞と呼応しない下のような例がある。
　　mtu tu-li-o-+soma pamoja〈私達が一緒に学んだ人〉
　　01人 S1w R02 学ぶ　一緒に
　　Radhia wa-li-o-+agana〈約束を交わしあったラヅィア〉
　　人名　　S02　R02 約束する

> 最初の例では +fuatana の主語に先行詞で示される人が含まれていない。一方次の2例は +soma と +agana の主語に先行詞で表される人が含まれているのである。この違いが係辞に現れている。いわば，この場合係辞 -o- は先行詞の人物を主語に含むので「包括形」，係辞 -ye- はそれを主語に含まないので「除外形」ということができる。これは何らかの省略に原因すると思われる。例えば，
>
> 　　mtu tuli-o+soma pamoja ＜ mtu (katika sisi) tuliosoma pamoja 　　　　　　　　　　　　　私達のうちの
>
> このような形式に反対するものもいる。この場合単純に，「先行詞が単数ならば -ye- で，複数ならば -o- である」でしかありえないとするものである。例えば，
>
> 　　mtu tuli-ye+soma pamoja
>
> 　すると，これに従えば，はじめに上げた例，
>
> 　　yule̜ tuli-ye+fuatana ngomani
>
> でも，yule〈あの人〉が tu- で指示される主語〈私達〉に含まれうることにもなる。

　この関係法Ⅰの例を見よう。係辞(R)は先行詞(関係法が修飾する語)の部類に呼応する。-me- は関係法では -li- が代行する。

　　原文：**Wiki i——li+pita//i——me+pita.**〈一週が過ぎた．〉
　　　　　　09週　S09　T　V　　S09　T　V過ぎる

　　関係法＞**wiki i——li-yo-+pita**〈先週〉
　　　　　　09週　S09　T　R09　V過ぎる

　　原文：**Mimi ni−li−ki−+soma kitabu.**〈私はその本を読んだ．〉
　　　　　　1u私　S1u　　007　V読む 07本

　主語関係法＞**mimi ni-li-ye-ki+soma kitabu**〈その本を読んだ私〉
　　　　　　　1u　S1u　R1u

　客語関係法＞**kitabu ni-li-cho-ki-+soma mimi**
　　　　　　　07　　　　　R07　007

〈私が読んだその本〉
　原文：**Ali a－na-ni－⁺jua** （mimi）．〈アリは私を知っている．〉
　　　　01　S01 T　O1u　V知る　1u私

主語関係法＞**Ali a――na-ye――ni⁺jua**（mimi）
　　　　01　S01　　　R01　　V知る
　　　〈私を知っているアリ〉
客語関係法＞**mimi a-na-ye－ni－⁺jua Ali**
　　　　1u私　　　R1u O1u　V
　　　〈アリが知っている私〉

上の2例はともに関係法が anayenijua で同じ，前置される先行詞によって区別される．

66.2 関係法Ⅰ否定 ＝ SNR(O)V(E)

否定は，関係法Ⅰの時辞(T)の替わりに否定辞(N)を使って表される．
　N ＝ {-si-}

＊注記⌊66D⌋　時制中和 -si=o-
　関係法Ⅰ肯定が3時制を有するのに対して，否定は1形のみである．肯定での区別がこの関係法Ⅰ否定を使うと，中和され区別がなくなり曖昧化する．区別を必要とする場合には「66.4」で述べる関係詞 amba=o を使う．

例を見てみよう．2例目は先行詞 mtu〈人〉が略されている．
　　kitabu ki－si-cho⁺faa　〈役立たない本〉
　　07本　　S07　N　R07　V役立つ

　　Λ-si-ye――ku⁺wa-po na lake ha-li⁺po.
　　S　N　R01　Ō　V　　E

(そこに)いない者　　その消息はない
〈去るもの日々に疎し．〉{諺}

66.3 関係法II＝ S(O)VR

この関係法は，時辞(T)がなく不定時制を表す，係辞(R)を語末に付けた形態である。
　　　wiki i-⁺ja――yo　〈来週〉
　　　09週　S V 来る R09
　　　jambo u――li-⁺fanya-lo　（wewe）　〈君がする事〉
　　　05事　S2u O Vする R05　2u 君

66.4 関係詞 amba=o

「66.3」までの関係法では，係辞(R)が述語動詞の中に置かれる。ここでは，独立した関係詞について述べる。具体的な形態は「36.1関係詞 amba=o」を参照。例えば，
　　　(mimi) Si――ja――ki-⁺soma　kitabu.
　　　1u 私　NS1u　T未完了　O07 V読む　07本
　　　〈私はその本をまだ読んでいない．〉

これについて，〈私がまだ読んでないその本〉を表現するには，関係法I否定を使って，
　　　kitabu ni――si-cho-ki-⁺soma　(mimi)
　　　07本　S1u N R　O07 V　1u

とすると，時制が中和し時制の区別が曖昧になり，〈私がまだ読んでいない・読まなかった・今読まない・これから読まない本〉のどれか不明である。
　これを避けるのには，関係詞 amba=o を使う。係辞(R)は，元の述語動詞の中に付けず，関係詞 amba=o，つまり amba- の語末に付けて，述語動詞の前に置く。
　　　kitabu amba-cho sijakisoma　〈私がまだ読んでいない本〉
　　　07　　　　R07

この関係詞を使えば，元の文の時制をそのまま表すこがができる。ただし，語にして1語，音節にして2音節増えるので，若干間延びした文体となる。

この関係詞には次のような機能もある。
  noti za mia mia amba-zo idadi yake ni shilingi elfu saba.
  百シリング札   額   シリング
  〈金額7千シリングになる百シリング札.〉

＊余談[66A] 所謂
 関係詞 amba=o は，+amba〈謂う〉から来ている。恐らく，amba=o に前置された主辞が消失した形なのだろう。その意味は〈いうところの，いわゆる〉(所謂) であり，そう読めばスワヒリ語の例もよく理解できよう。
 また，amba=o は時に非限定的な na=o〈そしてそれは...〉としても解せる。

66.5 共詞 na の関係法

共詞 na の後に来る名詞・代名詞を先行詞とした場合には，係辞(R, =o-)が動詞活用形中と共詞 na の後の2カ所に付けて置かれる。
 原文：(**wewe**) **U-li+kutana na mtu.** 〈(君は)人に出会った.〉
        S T V出会う O1人
   (**wewe**) **U-me+kaa karibu na mtoto.**
        S T V座る の近くに O1子供
               〈(君は)子供の近くに座っている.〉

 関係法＞**mtu u-li-ye-+kutana na-ye** 〈(君が)出会った人〉
     O1人 RO1   RO1
 関係法＞**mtoto u-li-ye-+kaa karibu na-ye**
     O1子供 RO1   RO1
    〈(君が)近くに座っている子供〉

66.6 連用形

既に述べたが、これは動詞を修飾するかまたは節にかかる関係法で、下記の係辞(R)がかかわる。

-vyo-｛様態｝; -po-, -ko-, -mo-｛場所・場合・時｝

(1) -vyo- 〈～(する)ように〉

Fanya kama u-na-vyo+penda. 〈好きなようにしなさい。〉
Vする　ように S T R　V好む

Ni-ta+jitahidi　　kadiri i+wezekana-vyo.
S T　V努力する　　限り　S V可能だ　　R
〈できるだけ頑張ります。〉

(2) -po(-) 〈～(する)ところ・時〉

U+shikwa——po shikamana.
S　Vつかまる　R　V固持する
〈つかまったらしっかりつかめ。〉｛諺｝

Mtoto mchanga a-taka-po+tumbukiza kidole chake gumba
　　　　　　　　　　　　S T　R　V
cha mguu kinywa-ni basi mamaye ha-ta+zaa tena.
　　　　　　　　　　　　　　　　　NS T　V

mtoto mchanga〈赤ちゃん〉, +tumbukiza〈突っ込む〉, kidole gumba〈親指〉, mguu〈足〉, kinywa-ni〈口に〉, basi〈そしたら〉, mamaye〈その母〉(＜ mama yake), +zaa〈生む〉, tena〈再び〉

〈赤ちゃんが自分の足の親指を口に突っ込んだら、その母親はもう子供を生まない。〉｛俗信｝

* * * * * * * *

66.7 動詞連続の関係法

連続したふたつの動作が一つの先行詞にかかる場合，第一動詞に係辞が来る。第二動詞に，肯定には -ka- が，否定には -si- を伴った接続法が来る。

(1) $=o+V_1$ -ka+V_2 〈V_1 して V_2 するところの〉
 Nini ali-cho-ku+nywa a-ka-ki+saza kiumbe huyu ... ?
 何   飲む   残す 生き物 この
 〈...このものが飲んで残したのは何か?〉

(2) $=o+V_1$ -si+V_2 〈V_1 して V_2 しないところの〉
 Hakuna una-cho-ki+taka   u-si-ki+pate.
 ない   欲する   +pata 得る
 〈求めて手に入らないものはない.〉

66.8 場呼応化・還元化の関係法

場名詞でない先行詞に対して，関係法が場の係辞を採って呼応していることを「場呼応化」という。逆に，場名詞の先行詞に対して，場名詞から添辞 -ni を取り去った部類に関係法が呼応していることを「還元化」という。例文中では先行詞を斜体字にしてある。

まず，場呼応化の例を見よう。

Kabore a-ka+peperukia   *chumba* chengine amba-*ko*
人名   ふわっと入る   07部屋   R17
migongo ya taipu ... i-li+penya masikio-ni mwa watu.
打撃   タイプ   貫く   耳に   人々
〈カボレは別の部屋にすうっと入った。そこではタイプを打つ轟音が人々の耳をつんざいた.〉

a-ka-li+kuta   lile *fumba* a-li-*mo*-+tiwa   Hemed ...
   見つける   05箕   R18 入れられる
〈彼はヘメドがぐるぐる巻きにされている箕を見つけた.〉

次に還元化の例を見る。

66.8　　　　　　　　　第2部　文法

　　　njia ya kw+enda huko *kisima-ni* ki-li-*cho*-ku+wa
　　　道　　　　行く　　井戸に　　　　　R07　　　である
　　　haki+ko　mbali na pale stesheni.
　　　　　ある　遠く　　　　　警察署
　　　〈その警察署から遠くないところにあった井戸へ行く道.〉

　　　Salim a-li+rejea *ofisi-ni* kwake, amba-*yo* i-li-ku+wa
　　　人名　戻る　　事務所に　　　　　　　　R09　　　　ある
　　　katika ghorofa ya kwanza ...
　　　～に　　階　　　　はじめ
　　　〈サリムは事務所に戻った。そこは二階にあった。〉｛階はイギリス式で
　　　日本の一階が (ghorofa ya) chini；二階が ghorofa ya kwanza｝

　　　　　　　＊　＊　＊　＊　＊　＊　＊

♯66 練習問題（解答は321ページ）

問題1　次の諺を和訳しよう。

　　　dhahabu〈金〉, +dhani〈思う〉, +dumu〈続く〉, -ji+funza〈学ぶ〉, +funzwa〈教えられる〉, +ganga〈治療する〉, guu〈足〉, +ja〈来る〉, +jua〈知る〉, mamaye〈その母〉, mkuu〈上の人〉, ndwele〈病気〉, +ng'aa〈輝く〉, +pita〈起こる〉, +sikia〈聞く〉, +thamini〈評価する〉, +tota〈沈む〉, ulimwengu〈世間〉, +uliza〈尋ねる〉, +vuma〈唸る〉, +vunjika〈折る〉, yaliyomo (＝ya+li-yo-mo, 中にあるもの)

(1) Aliyetota, hajui kutota.
(2) Ivumayo haidumu.
(3) Yaliyopita si ndwele, tugange yaliyomo na yajayo.
(4) Yote yang'aayo usidhani ni dhahabu.
(5) Asiyefunzwa na mamaye, hufunzwa na ulimwengu.
(6) Asiyekujua hakuthamini.
(7) Asiyesikia la mkuu huvunjika guu.

(8)　Asiyeuliza, hanalo ajifunzalo.

問題2　次の諺または謎々(kitendawili, vi-)を和訳しよう。謎々には答えよう。

　　+cheza〈踊る〉, +enda〈行く〉, +fuata〈ついて行く〉, +gema〈(酒を)造る〉, +kua〈成長する〉, +lea〈育てる〉, mtoto〈子供〉, mwanangu〈わが子〉, nia〈意志〉, njia〈道〉, nyasi〈草〉, +nywa〈飲む〉, +patikana〈手に入る〉, +piga〈叩く〉, +pigana〈喧嘩する〉, tembo〈象〉, +umia〈傷つく〉, +wa〈〜ある〉

(1)　Iwapo nia njia hupatikana.
(2)　Ninapompiga mwanangu watu huchcza. {kitendawili}
(3)　Popote niendapo anifuata. {kitendawili}
(4)　Wapiganapo tembo, nyasi huumia.
(5)　Ulivyoligema utalinywa.
(6)　Mtoto umleavyo ndivyo akuavyo.

＊　＊　＊　＊　＊　＊　＊

67．単音節動詞

　単音節動詞とは，語尾を除く全ての活用接辞を取り去った形態が1音節から成る動詞である。このような単音節動詞は，
　　A群：B群を除く動詞
　　B群：常に客辞(0, 再帰辞jiを含む)を要求する動詞
に分類される。それに，
　　C群：2音節動詞であるが，ある種の活用において単音節動詞のような語形変化をする動詞，準単音節動詞

　このA・C群の動詞は，以下で述べる特定の活用の際に特に意味を担わない添加音ku(C群の動詞はkw)を必要とし，また別の活用の時にはその添加音が不要となる。
　この添加音は，客辞の位置に生じ，かつ客辞とは共存しないので，記号としては「0̄」を使用する。しかし，活用の一次的要素ではなく，限られた動詞

群のことであり，時には語幹の一部とされるか，あるいは説明が無視されることもある。

A群

  (-ku)+cha　　〈(夜が)明ける〉
  (-ku)+chwa　〈(日が)暮れる〉
  (-ku)+fa　　　〈死ぬ〉
  (-ku)+ja　　　〈来る〉
  (-ku)+la　　　〈食べる〉
  (-ku)+nya　　〈排泄する〉
  (-ku)+nywa　〈飲む〉
  (-ku)+pwa　　〈(潮が)引く〉

B群

  (-m)+cha　(Mungu)　〈(神を)畏れる〉
  (-0)+pa　　(X)　　　〈(Xに)与える〉

C群

  (-kw)+enda　〈行く〉
  (-kw)+isha　〈終わる，終える〉

67.1 添加音 ku/kw(ō)

客辞(O)を採らない時に，次のような場合に ku/kw(ō) を採る。

     +la〈食べる〉を使った例

不定法否定　**ku-to-ku+la**　〈食べないこと〉
    K　N　Ō　V

命令法 2u　**Ku+la.**　〈食べろ。〉
    Ō　V

 〃　　2w　**Ku+le-ni.**　〈食べろ。〉
    Ō　V　E

直説法肯定　**u-li/me/na/sha/ta-ku+la**
    S　T/T　/T　/T　/T　Ō　V

第2部 文法　　　　　　　　　　　　　　　　67.1

　　　　　　〈君は食べた/食べた/食べる/食べちゃった/食べるだろう〉

　"　否定　**hu-ta/to-ku+la**
　　　　　　NS T /T 　Ō　V
　　　　　　〈君は食べないだろう〉{ta と to はともに未来否定時辞である}

　条件法 I　**u-sipo-ku+la**　〈君が食べなければ〉
　　　　　　S T 　Ō　V
　"　　　II　**u-ngali/nge/ngeli-ku+la**　〈君が食べたならば〉
　　　　　　S T /T /T 　　Ō V

　関係法肯定　**u-li/na/ta(ka)-cho-ku+la**
　　　　　　S T/T /T 　　R 　Ō V
　　　　　　〈君が食べた/食べる/食べるだろう物〉

　"　否定　**u-si-cho-ku+la**
　　　　　　S N R 　Ō V
　　　　　　〈君が食べなかった・食べない・食べないだろう物〉

＊余談[67A]　高鳴りすぃ
　以下ワープロ支援でできたŌを必要とする接辞の記憶法である。参考までに。
　　関係法＞**高鳴りすぃアール**　　(-ta(ka)-na-li-si-R)；
　　条件法＞**すぃ本が倫言下利**　　(-sipo-ngali-nge-ngeli)
　　直説・不定・命令法＞**成りためと命令者**　　(-na-li-ta-me-to-MEIREI-sha-)

＊余談[67B]　彼は人喰い？
　Anakula という語形は，厳密には以下の二つの意味を持つ。

— 211 —

67.1　　　　　　　第2部　文法

>　　　(yeye)　A——na-*ku*+la.　　　〈彼は食べる．〉
>　　　　3u 彼　S3u　T Ō V
>　　　(yeye)　A——na-*ku*-+la（wewe）．〈彼はお前を食べる．〉
>　　　　3u 彼　S　　T O2u V　2u
>　　つまり，接辞 ku は，添加音(Ō)かまたは2人称単数(2u)客辞(O)かを表す．
>　　さらに客辞 -ku- の例を次に挙げる．
>　　　A-ta-*ku*-+la kivuli.　U-ta-m-+la kivuli.　M-ta+lana kivuli.
>　　　　　O2u　　　　　　　　O3u
>　　+la kivuli〈裏切る〉, +lana kivuli〈互いに裏切る〉
>　　〈彼は君を裏切る．君は彼を裏切る．君達は裏切り合う．〉

＊案内＞初級・入門者は以下をとばして「70. 複合時制とその関係法」に進んで下さい．

　　　　　　＊　　＊　　＊　　＊　　＊　　＊　　＊

67.2 語幹の一部となった k(w)

　動詞語幹の中には，この添加音が，以下のように語幹の一部となった形態を持つものがある．

　　　+**epa**　＞　ku+epa　＞+**kwepa**　　　　　　〈避ける〉
　　　+**oga**　＞　ku+oga　＞+**kwoga**　＞+**koga**　〈水浴する〉
　　　+**osha**　＞　ku+osha　＞+**kwosha**　＞+**kosha**　〈(物を)洗う〉

　上の左右両端の動詞が例えば，次のように共存している．

　　　ku-ni+**epa** //**ku-ni**+**kwepa**（mimi）〈(私)を避けること〉
　　　K O V　　　K O V　　　1u 私
　　　ku+**oga**　　// **ku**+**koga**〈水浴すること〉
　　　K V　　　　　K V
　　　ku-vi+**osha**//**ku-vi**+**kosha**（vyombo）〈(器)を洗うこと〉
　　　K O V　　　　K O V　　　　　O8 器

68. 非人称構文

ある種の動詞は，非人称の主辞 i- を採って文を作る。この文を「非人称構文」という。そのような動詞を以下にいくつか挙げる。

(1) +pasa 〈～に義務・当然である〉
   Ni-ki+umwa i-ta-ni+pasa ni+ende hospitali.
   +umwa〈病む〉, +enda〈行く〉, hospitali〈病院〉
   〈私は病気になったら，病院に行かねばならない。〉

(2) +bidi〈課す〉
   I-li-ku+bidi u-ni+ambie   kabla.
                  +ambia〈言う〉 前に
   〈君は私に前もって言わねばならなかった。〉

(3) +faa 〈～するのがいい〉
   I-na+faa u-li+tamke   u-li+zungumze.
             +tamka〈述べる〉 +zungumza〈話す〉
   〈それを述べ，話題にするのがいい。〉

   Hai+fai kunivunjia   heshima yangu namna hii.
              +vunjia〈壊す〉 面子   このように
   〈このように私の面子を潰してはよろしくない。〉

(4) +wezekana〈可能だ〉
   Hai+wezekani kushiba wakati jirani au ndugu yangu ana njaa.
   +shiba〈満腹する〉, wakati〈時〉, jirani〈隣人〉, ndugu〈きょうだい〉, +na njaa〈空腹だ〉
   〈周囲の人やきょうだいが腹を空かしているとき，腹一杯食べるのはできない。〉

＊注記[68A] 非人称の i- から超部類の i-

> この非人称の i- は超部類主辞の i- (「94.」を参照) の一部である。

68.1 汎人称の u-

以下で述べる主辞 u- は，2人称単数 (2 u) としてではなく，主語を特定しない一般人称として使われる。これを汎人称の u- という。また，汎人称の客辞 -ku-，さらに，特定の2人称動詞接辞ではなく一般人称の接辞もここで汎人称として扱う。

下の例で u-kakosa, u-kaichukia, u-zijuazo の u- は特定の人を指さず汎人称である。

Mapenzi ni ku+taka *u*-ka+kosa, ni ku+penda nafsi hata *u*-ka-i+chukia.

mapenzi〈愛〉, +taka〈求める〉, +kosa〈欠く〉, +penda〈愛する〉, nafsi〈己〉, hata〈そして〉, +chukia〈憎む〉
〈愛は，求めて得られず，自分を愛してやがて嫌悪する。〉

Jumba hilo li-li+rembwa kwa taa za rangi zote *u*-zi+jua-zo.

jumba〈屋敷〉, +rembwa〈飾られる〉, taa〈灯〉, rangi〈色〉, =ote〈全ての〉, +jua〈知る〉
〈その屋敷は知っている限りの色の灯で飾り付けられていた。〉

下の例は客辞と主辞(否定形)とも汎人称である。

Moyo wa mwanamme sawa sawa na ndege mwitu, a-ki-*ku*+toka *hu*-mw+oni tena.

moyo〈心〉, mwanamme〈男〉, sawa sawa〈等しい〉, ndege mwitu〈野鳥〉, +toka〈出る〉, +ona〈見る〉, tena〈再び〉
〈男の心は野鳥に同じ，発てばもう姿を見せない。〉

次の例は，主辞ではないが，汎人称の客辞と所有辞である。

第2部　文法

baba ＝ mwanamume a-li-ye-*ku*-⁺zaa
父　　　　男　　　　　　　　O2u　なす
〈父 ＝ （あなたを）なした男〉

shemegi ＝ nduguye mume-*o* au mke-*o*
mume-o〈mume wako, あなたの夫〉, mke-o〈mke wako, あなたの妻〉
〈義兄・弟 ＝ （あなたの）夫または妻の兄・弟〉

＊余談[68A]　ni-か u-か？
　ところで，語学学習者には，「～といえますか？」という文型はなじみのものだが，スワヒリ語ではどうなるだろうか。
　　日本語的な発想で，
　　　Ni-na⁺weza kusema …?〈…といえますか.〉
　　　S1u
というと，下のような答えが返ってくることがある。
　　　Unaweza kusema unavyotaka, lakini hatusemi hivyo.
　　〈君が好きなようにいえます，が，我々はそういいません.〉
　　質問の主辞の立て方が悪いのである。以下のように言うとよい。
　　　U-na⁺weza kusema …?〈…といえますか.〉{汎人称}
　　　S2u
　自分の問題ではなく，相手（その言葉の話し手）の問題にしてしまうことである。もっと気を楽に言葉が使えるようになる。
　スワヒリ語は，これを母語とする人々の30倍以上の人々の使用言語となっている。このことから，日本語と違っていろいろなレベルのスワヒリ語がある。間違っても，それほどの問題とすることはないし，笑いもしない。気を楽に使おう。
　ところで，上のUnaweza kusema …?に対して，いえれば，
　　　U-naweza kusema.
と答が返ってくる。汎人称では主辞が質問と返答で不変である。

69.「場所主語倒置」

　場所を表す語が述語動詞の前に置かれ，述語動詞の主辞がそれに呼応し，実際の主語が述語動詞の後にまわされることを「場所主語倒置」と呼ぶ．

Ukuta-ni pa— me+tundikwa　upinde.
16壁に　　S16　T　V掛けられる　11弓
〈壁には弓が掛けられている．〉

Kule　　ku—na-ku+ja　　gari.　〈あっちからは車が来る．〉
17あっち　S17　T　O　V来る　09車

Nyumba-ni humu ham—+kai　　mtu.
18家の中　　この　NS18　+kaa〈居る〉 01人
〈この家の中には人が居ない．〉

＊注記[69A]　「場所主語倒置」から「全体部分構造」へ
　この倒置はもっと大きな「全体部分構造」（「95.」を参照）と呼ぶ構造の一部である．

70. 複合時制とその関係法

　複合時制とはここでは，ある時点で問題とする動作が進行しているのか完了していたのかを表す形式，すなわち「時制＋相」の連続形式である。
　複合時制を形成するのは本動詞のみであるが，連辞・準動詞の時制表現は，本動詞の複合時制と同様に助動詞 +wa〈である〉を使い構造的に相似する事から，連辞・準動詞の時制表現も一種の複合時制としてここで扱う。
　後半にそれら複合時制の関係法を記述する。

＊補説[70A]　現在までの継続
　ここでの複合時制は「ある時点での動作の進行・完了」を表す形式であるが，上の複合時制に入らない「現在までの継続」を表すのに
　　S-me-ku+wa　S-ki〈-O〉+V
がある。例えば，以下のようなものである。
　　A-me-ku+wa a-ki-ki+soma kitabu.
　　〈彼は今までずっとその本を読んできた．〉
しかし，この形式は，定着しつつあるようであるが，英語の影響と考えられ，ここでは特に扱わない。ただし，応用編の読み物にこの例が出ている。
　一般的に現代スワヒリ語はこのような助動詞 +wa と本動詞の組み合わせを沢山生み出しているが，本書では「時制＋相」にとどめる
　上の例「現在までの継続」は例えば，次のように表現する。
　　A-na-ki+soma kitabu mpaka sasa. または，
　　A-na+endelea kukisoma kitabu.
　　mpaka〈～まで〉，sasa〈今〉，+endelea〈続ける〉

70.1 複合時制：助動詞＋主動詞（＝本動詞）

　複合時制は，助動詞 +wa と（本動詞の活用形である）主動詞でもって表される。既に述べたが，助動詞が時制を，主動詞が相を表し，主辞を S，否定主辞を NS，主動詞語幹を V，（客辞を O，添辞を E），主動詞の直説法を GV とす

70.1　　　　　　　第2部　文法

　　　ると，以下のような図式となる．
　　　　　GV={S-na/ki/me(-0)+V(-E), NS-φ/ja(-0)+V(-E)}

	助動詞	主動詞(＝本動詞)
現在	φ(ゼロ)	GV
過去	S-li-ku+wa	GV
未来	S-ta-ku+wa	GV

　本動詞(GV)の時制辞(T)が，-ki- ならば「ある時間における継続・習慣」，-na- ならば「語彙または文脈が特定する時間における継続」，-me- ならば「完了」，否定主辞(NS)とともに時制辞がφ(ゼロ)又は -ja- ならば「非進行」又は「未完了」を表す．このうち，-ki- と -na- は，しばしば同義的に使われ，ここでは「進行」としてひとつにまとめた．

　これらが助動詞の表す時制「現在(ゼロ形式)・過去・未来」と組み合わされる．例えば，

現在進行　　：φ(ゼロ)　　　**Ni-na+soma.**
　　　　　　　　　　　　　〈(私はいま)読んでいる．〉
現在非進行：φ(ゼロ)　　　**Si+somi.**
　　　　　　　　　　　　　〈(私はいま)読んでいない．〉
現在完了　　：φ(ゼロ)　　　**Ni-me+soma.**
　　　　　　　　　　　　　〈(私は既に)読んでいる．〉
現在未完了：φ(ゼロ)　　　**Si-ja+soma.**
　　　　　　　　　　　　　〈(私はまだ)読んでいない．〉
過去進行　　：**Ni-li-ku+wa　ni-ki+soma**
　　　　　　　　　　　　　〈(私は)読みつつあった．〉
過去完了　　：**Ni-li-ku+wa　ni-me+soma.**
　　　　　　　　　　　　　〈(私は)読んでしまっていた．〉
未来進行　　：**Ni-ta-ku+wa　ni-na+soma.**
　　　　　　　　　　　　　〈(私は)読みつつあるだろう．〉
未来未完了：**Ni-ta-ku+wa　si-ja+soma.**
　　　　　　　　　　　　　〈(私はまだ)読んでいないだろう．〉

70.2 複合時制：助動詞＋連辞・準動詞

連辞・準動詞の時制表現は，助動詞 +wa を伴って表される。

主辞を S, 否定主辞を NS, 連辞語根を W, その活用語形を GW, そして準動詞語根を U, その活用語形 GU とすると，以下のような図式となる。

(1) **連辞**

GW = {ϕ ; ni, si ; S ; ndi=o, si=o}

	助動詞	連辞
現在	ϕ(ゼロ)	(GW)
過去	S-li-ku+wa	(GW)
未来	S-ta-ku+wa	(GW)

現在：**Mimi ni　mwanafunzi.** 〈私は学生である．〉
　　　　私　　GW　学生
＞過去：**Mimi ni-li-ku+wa (ni) mwanafunzi.**
　　〈私は学生であった．〉

(2) **準動詞：所有・存在**

GU ={⟨(S/NS+U(-R)⟩} ; +U = +na

	助動詞	準動詞：所有・存在
現在	ϕ(ゼロ)	GU
過去	S-li-ku+wa	GU/na
	NS-ku---+wa	GU/na
未来	S-ta-ku+wa	GU/na
	NS-ta-ku+wa	GU/na

現在：**Mimi ni+na gari.** 〈私は車を持っている．〉
　　　　　S　U　車

70.2　　　　　　　　　　第2部　文法

>未来：**Mimi ni-ta-ku+wa (ni+)na gari.**
〈私は車を持っているだろう．〉

(3)　準動詞：所在
GU ={S/NS+U}； +U = {+po, +ko, +mo}
　　　　　　　　 -E = {-po, -ko, -mo}
　　　　　　　　　{Uが動詞末に付くと添辞Eになる}

	助動詞	準動詞：所在
現在	φ(ゼロ)	GU
過去	S-li-ku+wa	GU
	S-li-ku+wa(-E)	
	NS-ku—+wa	GU
	NS-ku—+wa(-E)	
未来	S-ta-ku+wa	GU
	S-ta-ku+wa(-E)	
	NS-ta-ku+wa	GU
	NS-ta-ku+wa(-E)	

現在：**Mimi ni+po hapa.**　〈私はここにいる．〉
　　　　　　 S　U
>過去：**Mimi ni-li-ku+wa ni+po hapa.**　〈私はここにいた．〉
　　　　　　　　S　T　　V　S　U　ここ
　　　　Mimi ni-li-ku+wa(-po) hapa.　〈私はここにいた．〉
　　　　　　　　S　T　　V　E

＊**案内**＞次の「71.」から「74.」までは複合時制を少し詳しく解説しますから，初級・入門者はとばして，「75. 複合時制の関係法」へ進んで下さい．

　　　　　＊　　＊　　＊　　＊　　＊　　＊

71. 本動詞

主辞を S, 否定主辞を NS, 本動詞語根を V, (客辞を O, 添辞を E) とすると, 以下のようになる。

71.1 現在

	助動詞	本動詞
現在進行	φ(ゼロ)	S-na(-O)+V(-E)
		Ni-na+soma. 〈私は読んでいる.〉
現在非進行	φ(ゼロ)	NS(-O)+V(-E)
		Si+somi. 〈私は読んでいない.〉
現在完了	φ(ゼロ)	S-me(-O)+V(-E)
		Ni-me+soma. 〈私は読んでいる.〉
現在未完了	φ(ゼロ)	NS-ja(-O)+V(-E)
		Si-ja+soma. 〈私はまだ読んでいない.〉

*注記[71A] 読んでいる
　日本語の「読んでいる」は, 現在進行の〈いま読みつつある〉(ninasoma) と現在完了の〈読んでしまっている〉(nimesoma) との意味がある。さらに,〈(未来のその時までに) 読んでいる〉(nitakuwa nimesoma) の未来完了や, あるいは〈(未来のその時に) 読みつつある〉(nitakuwa ninasoma) の未来進行すら表せる。

71.2 過去

	助動詞	本動詞
過去進行	S-li-ku+wa	S-ki(-O)+V(-E)
		-na-
	Ni-li-ku+wa	**ni-ki+soma.** 〈私は読んでいた.〉
	Ni-li-ku+wa	**ni-na+soma.** 〈 " .〉

71.2

過去非進行	S-li-ku+wa	NS(-O)+V(-E)
	Ni-li-ku+wa si+somi. 〈私は読んでいなかった.〉	
過去完了	S-li-ku+wa	S-me(-O)+V(-E)
	Ni-li-ku+wa ni-me+soma. 〈私は読んでいた.〉	
過去未完了	S-li-ku+wa	NS-ja(-O)+V(-E)
	Ni-li-ku+wa si-ja+soma.	
	〈私はまだ読んでいなかった.〉	

71.3 未来

	助動詞	本動詞
未来進行	S-ta-ku+wa	S-ki(-O)+V(-E)
		-na-
	Ni-ta-ku+wa ni-ki+soma.	
	〈私は読んでいるだろう.〉	
	Ni-ta-ku+wa ni-na+soma.	
	〈私は読んでいるだろう.〉	
未来非進行	S-ta-ku+wa	NS(-O)+V(-E)
	Ni-ta-ku+wa si+somi.	
	〈私は読んでいないだろう.〉	
未来完了	S-ta-ku+wa	S-me(-O)+V(-E)
	Ni-ta-ku+wa ni-me+soma.	
	〈私は読んでいるだろう.〉	
未来未完了	S-ta-ku+wa	NS-ja(-O)+V(-E)
	Ni-ta-ku+wa si-ja+soma.	
	〈私はまだ読んでいないだろう.〉	

72. 連辞

連辞の代表として ni/si をとりあげる。X を補足語とする。

72.1 現在

助動詞　　　連辞
φ (ゼロ)　 ni/si X
Yeye ni/si mwanafunzi. 〈彼は学生である/でない.〉

72.2 過去

(助)動詞　　　連辞
S-li-ku+wa　(ni)/si X
A-li-ku+wa　**(ni)/si mwanafunzi.**
　　　　　　　　　〈(彼は)学生であった/でなかった.〉

72.3 未来

(助) 動詞　　　連辞
S-ta-ku+wa　(ni)/si
A-ta-ku+wa　**(ni)/si mwanafunzi.**
　　　　　　　　　〈(彼は)学生であるだろう/でないだろう.〉

> ＊注記[72A]　連辞表現の本動詞文化
> 　「72.2」と「72.3」の例文の連辞 ni を取り去ると,
> 　　Alikuwa mwanafunzi. 〈(彼は)学生であった.〉
> 　　Atakuwa mwanafunzi. 〈(彼は)学生であるだろう.〉
> となり, 本動詞文となる. もちろん, この文は動詞 +wa〈～である・になる〉から〈(彼は)学生になった/になるだろう.〉という意味でもある.

73　準動詞：所有・存在

準動詞の時制表現として, 所有・存在をここ「73.」で, 所在を「74.」で述

べる。その他の準動詞の時制表現は，これに準ずる。

以下で主辞を S，準動詞語根を U（添辞化すると E），補足語を X とする。

73.1 現在

  助動詞   準動詞：所有・存在
  φ(ゼロ)   S+U X
    (**yeye**) **A**+**na gari.** 〈(彼は)車を持っている.〉

73.2 過去

  (助)動詞   準動詞：所有・存在
  S-li-ku+wa (S+)U X
  A-li-ku+**wa** (**a**+)**na gari.** 〈(彼は)車を持っていた.〉

73.3 未来

  (助)動詞   準動詞：所有・存在
  S-ta-ku+wa (S+)U X
  A-ta-ku+**wa** (**a**+)**na gari.** 〈(彼は)車を持っているだろう.〉

＊注記[73A] 準動詞所有・存在の本動詞化
「73.2」と「73.3」の例文は，準動詞形の主辞は省略でき，本動詞文となる。
  Alikuwa na gari. 〈(彼は)車を持っていた.〉
  Atakuwa na gari. 〈(彼は)車を持っているだろう.〉

74．準動詞：所在

準動詞所在の時制表現について述べる。

第2部 文法

主辞を S，準動詞語根を U，補足語を X とする。

74.1 現在

　　助動詞　　　準動詞：所在
　　φ(ゼロ)　　S+U　X
　　(yeye)　Yu+po hapa.　〈彼はここにいる。〉

74.2 過去

　　(助)動詞　　　準動詞：所在
　　S-li-ku+wa　S+U　X
　　A-li-ku+wa　yu+po　hapa.　〈(彼は)ここにいた。〉

74.3 未来

　　(助)動詞　　　準動詞：所在
　　S-ta-ku+wa　S+U　X
　　A-ta-ku+wa　yu+po hapa.　〈(彼は)ここにいるだろう。〉

＊注記[74A]　準動詞所在の本動詞文化
　「74.2」と「74.3」の例文は，準動詞形の主辞は省略でき，かつ準動詞語根が動詞 +wa の添辞として語末に付き，本動詞文になる。
　　Alikuwapo hapa.　〈(彼は)ここにいた。〉
　　Atakuwapo hapa.　〈(彼は)ここにいるだろう。〉
　なお，この文は，語幹の音変化が起き，次の形式も可能である。
　　Alikuwepo hapa.　〈(彼は)ここにいた。〉
　　Atakuwepo hapa.　〈(彼は)ここにいるだろう。〉
　さらにまた，その添辞部分を取り，以下のようにもなる。
　　Alikuwa hapa.　〈(彼は)ここにいた。〉
　　Atakuwa hapa.　〈(彼は)ここにいるだろう。〉

* * * * * * *

75. 複合時制の関係法

本動詞複合時制および連辞・準動詞時制表現の関係法について以下に述べる。これらの場合，関係法を表す係辞(R)は助動詞 +wa に付けられる。

また，ここで関係動詞を使う連辞・準動詞現在の関係法も扱う。そこでは，係辞は関係動詞に付される。

(1) 　本動詞複合時制
　　　kitabu nili-cho-kuwa ninakisoma 〈(私が)読んでいた本〉
　　　07本　　　　R07
　　　原文：Ni-li-ku+wa ni-na-ki-+soma kitabu.
　　　　　　　　　　　　　　　　 007　　　07本
　　〈私はその本を読んでいた．〉

(2) 　準動詞の過去
　　　mtoto ali-ye-kuwapo hapa 〈ここにいた子〉
　　　01子　　R01　　　 ここ
　　　原文：Mtoto a-li-ku+wa-po hapa. 〈子はここにいた．〉
　　　　　　01子　　S01　　　いる　ここ

(3) 　準動詞の現在
　　次の例の +li が以下で述べる関係動詞(V)である。主辞 yu- は a- に換える。
　　　mtoto a+li-ye pale 〈あそこにいる子〉
　　　　　　S V R01 あそこ
　　　原文：Mtoto yu-+po pale. 〈子はあそこにいる．〉
　　　　　　01子　S01 いる あそこ

75.1 関係動詞

関係動詞は，常に係辞を採って連辞・準動詞の関係法のみに使われる特殊な動詞である。肯定と否定の2形がある。関係法IIと同様の活用法を採る。以下で，Sは主辞，Rは係辞，Eは場添辞{=-po/-ko/-mo}である。

関係動詞肯定　S+**li**-R(-E)　〈～である(/～にある)ところの〉
関係動詞否定　S+**si**-R(-E)　〈～でない(/～にない)ところの〉

75.11　連辞
原文：**Mtu ni/si mkubwa.**　〈(その)人は年上である/でない．〉

> mtu　a—+**li**-ye　mkubwa　〈年上である人〉
　01人　S01　V R01　年上
> mtu　a—+**si**-ye　mkubwa　〈年上でない人〉

75.12　準動詞所有・存在
原文：**Mtu a+na mkoba.**　〈(その)人はカバンを持っている．〉

> mtu　a—+**li**-ye na mkoba　〈カバンを持っている人〉
　01人　S01　V　R01　　カバン
> mtu　a—+**si**-ye na mkoba　〈カバンを持っていない人〉

75.13　準動詞所在
原文：**Mtu yu+ko kule.**　〈(その)人はあっちにいる．〉

> mtu　a—+**li**-ye(-ko)　kule　〈あっちにいる人〉
　01人　S01　V R01　E　あっち
> mtu　a—+**si**-ye(-ko)　kule　〈あっちにいない人〉

＊注記[75A]　関係動詞否定から本動詞関係法否定へ
　上述の連辞・準動詞の関係動詞否定は，以下のように本動詞を使った関係法否定の形で表されることがある。また，この方をより好む人がいる。

75.13　　　　　　　　　第2部　文法

> さらに，この方しかいわないという人もいる．
> 　　mtu asiyekuwa mkubwa　　：mtu asiye mkubwa
> 　〈年上でない人〉
> 　　mtu asiyekuwa na mkoba：mtu asiye na mkoba
> 　〈カバンを持っていない人〉
> 　　mtu asiyekuwa(ko) kule　：mtu asiye(ko) kule
> 　〈あっちにいない人〉
> しかし，これは時制の区別がない中和した形式である．

＊案内＞関係法を更に詳しく以下の「75.2」～「79.25」で記述しますが，初級・入門者は「80．その他の品詞」に進んで下さい．

　　　　　　＊　＊　＊　＊　＊　＊　＊

75.2　関係法にかかる記号

関係法を記述するにあたって以下の記号を使う．

(1)　**原文の直説法での文法関係**
　　　GS　主語；GO　客語；GA　補足語

(2)　**関係法での文法関係**
　　　GSR　主格先行詞（原文で主語の先行詞）
　　　GOR　客格先行詞（原文で客語の先行詞）
　　　GAR　補足先行詞（原文で補足語の先行詞）

(3)　**接辞関係**
　　　S　主辞；T　時辞；R　係辞；O　客辞；Ō　添加音
　　　1u～3u　　1～3人称単数
　　　01～18　　第1～18部類（12～14は欠番）

76. 本動詞複合時制の関係法

以下では，次の例文を使って，本動詞複合時制の関係法を記述していく。

(1) 過去

(1 a) 過去進行

(yeye) **A-li-ku+wa a-na(-li)+soma gazeti.**
　GS　　ST Ō V ST　O V　　GO新聞

〈(彼は)(その)新聞を読みつつあった．〉

(1 b) 過去完了

(yeye) **A-li-ku+wa a-me(-li)+soma gazeti.**
　GS　　ST Ō V ST　O V　　GO新聞

〈(彼は)(その)新聞を読んでしまっていた．〉

(2) 未来

(2 a) 未来進行

(yeye) **A-ta-ku+wa a-na(-ki)+soma kitabu.**
　　　　　　　　　　　　　　0　　GO本

〈(彼は)(その)本を読みつつあるだろう．〉

(2 b) 未来完了

(yeye) **A-ta-ku+wa a-me(-ki)+soma kitabu.**

〈(彼は)(その)本を読んでしまっているだろう．〉

76.1 複合時制関係法：過去

76.11 複合時制関係法：過去進行

係辞(R)は，助動詞 +wa の活用形に付く。原文の客語・目的語が先行詞になると本動詞の活用形に多くの場合客辞(O)を採る。

76.(1 a) から，

(yeye) **a—li-ye-ku+wa ana(-li)+soma gazeti.**
　GSR3u S3u R3u　　　　　005　　G005

〈(その)新聞を読みつつあった(彼)．〉

76.11

  gazeti a—li-lo-ku+wa ana-li-+soma（yeye）.
  GOR05 S3u R05   005   GS3u
  〈（彼が）読みつつあったその新聞．〉

76.12 複合時制関係法：過去完了
 相を別にすれば，「76.11」と同様に表される。
  76.（1 b）から，
  （yeye）a—li-ye-ku+wa ame(-li)+soma gazeti.
  GSR3u S3u R3u   005   G005
  〈（その）新聞を読んでしまっていた（彼）．〉

  gazeti a—li-lo-ku+wa ame-li-+soma（yeye）.
  GOR05 S3u R05   005   GS3u
  〈（彼が）読んでしまっていたその新聞．〉

76.2 複合時制関係法：未来

76.21 複合時制関係法：未来進行
 関係法の未来時辞は -ta- でも -taka- でもよい．以下同様．
  76.（2 a）から，
  （yeye）a——ta(ka)-ye-ku+wa a-na(-ki)+soma kitabu.
  GSR3u S3u T   R3u   007   G007 本
  〈（その）本を読みつつあるだろう（彼）．〉

  kitabu a——ta(ka)-cho-ku+wa a-na-ki+soma（yeye）.
  GOR07 S3u T   R07   007   GS3u
  〈（彼が）読みつつあるだろうその本．〉

76.22 複合時制関係法：未来完了
  76.（2 b）から，
  （yeye）a——ta(ka)-ye-ku+wa a-me(-ki)+soma kitabu.
  GSR3u S3u T   R3u   007   G007
  〈（その）本を読んでしまっているだろう（彼）．〉

kitabu　a──ta(ka)-cho-ku+wa a-me-ki+soma　(yeye).
GOR07　S3u　T　　R07　　　　　　O07　　GS3u
〈(彼が)読んでしまっているだろうその本.〉

77. 連辞関係法

連辞の代表として ni, si をとりあげる。

この関係法は，時制表示がないときは関係動詞を使って，+wa による時制表現がある場合はその +wa の関係法で表される。

以下の例文を使って，連辞の関係法を記述する。

(1) 肯定

(1a)　現在：**Yeye ni mkubwa.**　〈彼は大きい.〉
　　　　　　　GS3u　　GA
(1b)　過去：**Yeye alikuwa (ni) mkubwa.**　〈彼は大きかった.〉
(1c)　未来：**Yeye atakuwa (ni) mkubwa.**　〈彼は大きいだろう.〉

(2) 否定

(2a)　現在：**Wewe si mdogo.**　〈君は小さくない.〉
　　　　　　　GS2u　　GA
(2b)　過去：**Wewe ulikuwa si mdogo.**　〈君は小さくなかった.〉
(2c)　未来：**Wewe utakuwa si mdogo.**
　　　　　　　　　　　　　　　　　　〈君は小さくないだろう.〉

77.1 連辞関係法：肯定

以下，77.(1a)～(1c)の例文を使って関係節を記述する。

77.11 現在

関係動詞肯定 +li を使って作る。

　　yeye　a-+li-ye　mkubwa　〈人きな彼〉
　　GSR3u　S3u　R3u

77.12 過去

動詞 +wa の関係法に係辞(R)が付く。連辞 ni は省略されうる。

　　yeye a-li-ye-ku+wa（ni）mkubwa.　〈大きかった彼。〉
　　GSR　S　　　　R

77.13 未来

上述の過去と同様に，動詞 +wa に係辞(R)が付き，また連辞 ni は省略されうる。

　　yeye a-ta(ka)-ye-ku+wa（ni）mkubwa.　〈大きかろう彼。〉
　　GSR　S　T　　　R

77.2 連辞関係法：否定

以下，77.(2 a)～(2 c)の例文を使って関係節を記述する。

77.21 現在

関係動詞否定 +si を使って作る。

　　wewe u-+si-ye mdogo.　〈小さくない君。〉
　　GSR2u　S2u　R2u　GA

＊注記[77A]　この関係動詞否定との関連で，注記[75A] と次の「77.24時制中和」参照。

77.22 過去

肯定と同様に，動詞 +wa に係辞(R)が付く。

　　wewe u-li-ye-ku+wa si mdogo.　〈小さくなかった君。〉
　　GSR　S　　　R

第2部 文法

77.23 未来

上述の過去と同様に，動詞+wa に係辞(R)が付く。

wewe u-ta(ka)-ye-ku+wa si mdogo. 〈小さくないだろう君.〉
GSR   S   R

77.24 時制中和

時辞(T)の位置に否定辞(N)-si- を，その後に係辞(R)を挿入し関係法否定にすると時制の区別がなくなる。つまり時制が中和される。

wewe u-si-ye-ku+wa (ni) mdogo.
GSR   S N R
〈小さくない・小さくなかった・小さくないだろう君.〉

78 準動詞所有・存在の関係法

以下の「78.」と「79.」における準動詞関係法にはあまり実際に使われない表現もあるが，ここでは形式の理解を目的に配置してみた。

準動詞所有・存在の関係法はここ「78.」で，所在については次の「79.」で記述する。

これらを記述するのにも次のような記号を使う。

　GS　主語　　　；GA　補足語
　GSR　主格先行詞；GAR　補足先行詞

次の例文を使って，その関係法を記述する。

(1) 肯定
　(1a) 現在：**Mimi nina gari.**　　〈私は車を持っている.〉
　(1b) 過去：**Mimi nilikuwa na gari.**　〈私は車を持っていた.〉
　(1c) 未来：**Mimi nitakuwa na gari.**
　　　　　　　　　　　　　〈私は車を持っているだろう.〉

(2) 否定
　(2a) 現在：**Mimi sina gari.**　　〈私は車を持っていない.〉

(2 b)　過去：**Mimi nilikuwa sina gari.**
　　　　　　　　　〈私は車を持っていなかった．〉
(2 c)　未来：**Mimi nitakuwa sina gari.**
　　　　　　　　　〈私は車を持っていないだろう．〉

78.1　準動詞所有・存在：肯定

以下，78.(1 a)～(1 c)の例文を使って関係節を記述する．

78.11　現在
関係動詞肯定 +li を使って作る．
まず，原文の主語を先行詞とする関係法は，以下の通りである．
　　　mimi　ni-+li-ye　na gari.　〈車を持っている私．〉
　　　GSR1u　S1u　R1u　　GA

次に，原文の補足語を先行詞とする関係法は，以下の通りである．補足語の gari〈車〉は，所有(+)na の補足語であることから，関係動詞に加えて，これにも係辞(R)がつく．
　　　gari　ni+li-lo　na-lo　mimi.　〈私が持っている車．〉
　　　GAR05　S　R05　R05 GS

78.12　過去
係辞(R)は動詞 +wa に付く．更に補足先行詞の場合 na にも付く．
先行詞を原文の主語と補足語にする下記の2形ができる．
　　　mimi　ni-li-ye-ku+wa na gari.　〈車を持っていた私．〉
　　　GSR1u　S1u R1u　　　GA

　　　gari　ni-li-lo-ku+wa na-lo　mimi.　〈私が持っていた車．〉
　　　GAR05　S　R05　　　R05 GS

78.13　未来
上述の過去と同様に，係辞(R)は動詞 +wa に付く．更に補足先行詞の場

第2部　文法　　　　　　　　　78.13

合 na にも付く。
　　先行詞を原文の主語と補足語にする下記の2形ができる。
　　　mimi　ni――ta(ka)-ye-ku+wa na gari.
　　　GSR1u　S1u　T　　R1u　　　GA
　　　　　　　　　　　　　　　〈車を持っているだろう私．〉

　　　gari　ni-ta(ka)-lo-ku+wa na-lo　mimi.
　　　GAR05　S　T　　R05　　　R05 GS
　　　　　　　　　　　　　　　〈私が持っているだろう車．〉

78.2　準動詞所有・存在：否定

以下，78.(2 a)～(2 c)の例文を使って関係節を記述する。

78.21　現在

関係動詞否定 +si を使って作る。
まず，原文の主語を先行詞とする関係法は，以下の通りである。
　　　mimi　ni-+si-ye　na gari.　〈車を持っていない私．〉
　　　GSR1u　S1u　R1u　　GA

> ＊補説[78A]　na なし
> 　上記のような場合，しばしば na が，下記のように省略されることがある。
> 　　mtu asiye elimu　〈無学な人〉（＜ mtu asiye *na* elimu）

次に，原文の補足語を先行詞とする関係法では，係辞(R)は2カ所に付く。以下の通りである。
　　　gari　ni+si-lo　na-lo　mimi.　〈私が持っていない車．〉
　　　GSR05　S　R05　　R05 GS

> ＊注記[78A]　この関係動詞否定との関連で，注記[75A]と，次の「78.24時制中和」と「78.25関係詞 amba=o」参照。

78.22 過去

動詞 +wa の方に係辞(R)が付く。
先行詞を原文の主語とする関係法は以下の通りである。

  mimi ni──li-ye-ku+wa sina gari.
  GSR1u S1u T R1u   GA
          〈車を持っていなかった私.〉

原文の補足語を先行詞とする関係法は，時制中和「78.24」を使うか，関係詞 amba=o「78.25」を使って形成する。

78.23 未来

上述の過去と同様に，動詞 +wa に係辞(R)が付く。
先行詞を原文の主語とする下記の関係法ができる。

  mimi ni-ta(ka)-ye-ku+wa sina gari.
  GSR1u S1u R1u   GA
          〈車を持っていないだろう私.〉

原文の補足語を先行詞とする関係法は，時制中和「78.24」か，関係詞 amba=o「78.25」を使って形成する。

78.24 時制中和

時辞(T)の位置に否定辞(N)-si- を，その後に係辞(R)を挿入し関係法否定にすると時制の区別がなくなる。つまり時制が中和される。

  mimi ni──si-ye-ku+wa na gari.
  GSR1u S1u N R1u
 〈車を持っていない・持っていなかった・持っていないだろう私.〉

  gari ni-si-lo-ku+wa na-lo mimi.
  GAR05 S N R05   R05 GS
 〈私が持っていない・持っていなかった・持っていないだろう車.〉

78.25 関係詞 amba=o/amba-R

過去否定・未来否定は，78.(2 b)と78.(2 c)でも記した次の文がある。
 Mimi nilikuwa sina gari.　〈私は車を持っていなかった．〉
 Mimi nitakuwa sina gari.　〈私は車を持っていないだろう．〉

これらの他に，+wa の活用形を否定にした次のような形態がある。
 Mimi sikuwa na gari.　〈私は車を持っていなかった．〉
 Mimi sitakuwa na gari.　〈私は車を持っていないだろう．〉

これら動詞 +wa の否定活用形を持つものは上述の方法で関係節表現はできない。そこで，原文の活用形をそのまま使える関係詞 amba=o を利用して表現する。

 mimi amba-ye sikuwa na gari.　　〈車を持っていなかった私．〉
 GSR　　　　R

 gari amba-lo sikuwa na-lo mimi.　〈私が持っていなかった車．〉
 GAR　　　　R　　　　　R

 mimi amba-ye sitakuwa na gari.
 GSR　　　　R
      　　〈車を持っていないだろう私．〉
 gari amba-lo sitakuwa na-lo mimi.
 GAR　　　　R　　　　　R
      　　〈私が持っていないだろう車．〉

更に，この関係詞 amba=o を使った例をいくつか挙げる。
 gari amba-lo sina　　　　　〈(私が)持っていない車〉
 gari amba-lo nilikuwa sina　〈(私が)持っていなかった車〉
 gari amba-lo nitakuwa sina　〈(私が)持っていないだろう車〉

79. 準動詞所在の関係法

次の例文を使って，準動詞所在の関係法を記述する。

(1) 肯定
- (1 a) 現在：**Yeye yupo hapa.** 〈彼はここにいる．〉
- (1 b) 過去：**Yeye alikuwapo hapa.** 〈彼はここにいた．〉
- (1 c) 未来：**Yeye atakuwapo hapa.** 〈彼はここにいるだろう．〉

(2) 否定
- (2 a) 現在：**Yeye hayupo hapa.** 〈彼はここにいない．〉
- (2 b) 過去：**Yeye alikuwa hayupo hapa.**
  〈彼はここにいなかった．〉
- (2 c) 未来：**Yeye atakuwa hayupo hapa.**
  〈彼はここにいないだろう．〉

79.1 準動詞所在：肯定

以下，79.(1 a)～(1 c)の例文を使って関係節を記述する．

79.11 現在

関係動詞肯定 +li を使って作る．準動詞所在の語根(U)は，関係動詞中で係辞(R)の後に付き添辞(E)となる．この添辞はしばしば略される．

まず，原文の主語を先行詞とする関係法は，以下の通りである．

    yeye a-+li-ye(-po) hapa. 〈ここにいる彼．〉
    GSR3u S3u R3u E   GA

＊余談[79A]　yaliyomo〈目次〉

目次の意味で使われる yaliyomo は，関係動詞 +li の活用形である．

    mambo ya+li-yo—mo（ndani）〈中にある事柄〉
    GSR06   S   R06 E   中

もとの準動詞所在文は，次の通りである．

    Mambo ya-+mo ndani.〈事柄は中にある．〉
    GS06   S06 U   GA

> **＊余談[79B]　係辞の中和**
> 　準動詞所在の関係動詞形は，しばしば係辞が先行詞の部類にかかわらず，-o- または -yo- となる。これが部類の区別がなくなる係辞の中和である。
> 　　　a-ka+anza　ku+ondoa　zile karatasi zi+li-o-po juu.
> 　　　　　　始める　　片付ける　　紙　　　　　R　上に
> 　〈彼は上にあった書類を片付け始めた。〉
> 　この関係動詞形は，zi+li-o-po のほか，中和していない，先行詞 karatasi{複数}に呼応する zi+li-zo-po もまた可能である。

　次に，原文の補足語を先行詞とする関係法は，以下の通りである。下の例中の -po は，hapa〈ここ〉に係り限定する係辞(R)であって，所在の準動詞語根ではない。もちろん，この二つの形態はもとは同じである。
　　　hapa　a+li-po　yeye.　〈彼がいるここ。〉
　　　GAR16　S　R16　GS

79.12　過去
動詞 +wa の方に係辞(R)が付く。
先行詞を原文の主語と補足語にする下記の2形ができる。
　　　yeye　a—li-ye-ku+wa(-po)　hapa.　〈ここにいた彼。〉
　　　GSR3u　S3u　R3u　　　　　　E　GA

　　　hapa　a-li-po-ku+wa(-po)　yeye.　〈彼がいたここ。〉
　　　GAR16　S　R16　　　　　　E　GS

79.13　未来
上述の過去と同様に，動詞 +wa に係辞(R)が付く。
先行詞を原文の主語と補足語にする下記の2形ができる。
　　　yeye　a——ta(ka)-ye--ku+wa(-po)　hapa.
　　　GSR3u　S3u　T　　R3u　　　　　E　GA
　　　　　　　　　　　　　〈ここにいるだろう彼。〉

79.13

> hapa　a-ta(ka)-po-ku+wa(-po)　yeye.
> GAR16　S T　R16　　　E　GS
> 〈彼がいるだろうここ.〉

79.2 準動詞所在：否定

以下，79.(2 a)～(2 c)の例文を使って関係節を記述する。

79.21 現在

関係動詞否定 +si を使って作る。準動詞所在の語根(U)は，肯定の場合と同様添辞(E)となる。この添辞はしばしば略される。

まず，原文の主語を先行詞とする関係法は，以下の通りである。

> yeye　a-+si-ye(-po)　hapa.　〈ここにいない彼.〉
> GSR3u　S3u　R3u E　GA

次に，原文の補足語を先行詞とする関係法は，以下の通りである。

> hapa　a+si-po　yeye.　〈彼がいないここ.〉
> GSR16　S　R16 GS

＊注記[79A]　この関係動詞否定との関連で，注記[75A]と，次の「79.24時制中和」と「79.25 関係詞 amba=o」参照。

79.22 過去

動詞 +wa に係辞(R)が付く。

先行詞を原文の主語とする関係法は以下の通りである。

> yeye　a――li-ye-ku+wa hayu+po hapa.　〈ここにいなかった彼.〉
> GSR3u S3u　R3u　　　　U　GA

原文の補足語を先行詞とする関係法は，下記の通りである。その他，時制中和「79.24」か，関係詞 amba=o「79.25」を使って形成する。

― 240 ―

hapa　　a-li-po-ku+wa hayu+po yeye.　〈彼がいなかったここ.〉
　　　GAR16　　S　　R16　　　　U　GS

79.23 未来
上述の過去と同様に，動詞 +wa に係辞(R)が付く。
先行詞を原文の主語とする下記の関係法ができる。
　　　yeye　　a-ta(ka)-ye-ku+wa hayu+po hapa.
　　　GSR3u　S3u　　R3u　　　　　　　　GA
　　　　　　　　　　　　　　　　〈ここにいないだろう彼.〉

原文の補足語を先行詞とする関係法は，下記の通りである。その他，上述の過去と同様，時制中和「79.24」か，関係詞 amba=o「79.25」を使って形成する。
　　　hapa　　a-ta(ka)-po-ku+wa hayu+po yeye
　　　GAR16　　S　　　R16　　　　U　GS
　　　　　　　　　　　　　　　　〈彼がいないだろうここ〉

79.24 時制中和
時辞(T)の位置に否定辞(N)-si- を，その後に係辞(R)を挿入し関係法否定にすると時制の区別がなくなる。つまり時制が中和される。
　　　yeye　　a──si-ye-ku+wa(-po) hapa
　　　GSR3u　S3u N R3u
　　　〈ここにいない・いなかった・いないだろう彼〉

　　　hapa　　a-si-po-ku+wa(-po) yeye
　　　GAR16　　S N R16　　　　E　GS
　　　〈彼がいない・いなかった・いないだろうここ〉

79.25 関係詞 amba=o/amba-R
過去否定・未来否定は，79.(2 b)と79.(2 c)でも記した次の文がある。
　　　Yeye alikuwa hayupo hapa.　〈彼はここにいなかった.〉
　　　Yeye atakuwa hayupo hapa.　〈彼はここにいないだろう.〉

これらの他に，+wa の活用形を否定にした次のような形態がある。
  Yeye hakuwa(po) hapa.　〈彼はここにいなかった．〉
  Yeye hatakuwa(po) hapa.　〈彼はここにいないだろう．〉

これら動詞 +wa の否定活用形を持つものは上述の方法で関係節表現はできない。そこで，原文の活用形をそのまま使える関係詞 amba=o を利用して表現する。

  yeye amba-ye hakuwa(po) hapa.　〈ここにいなかった彼．〉
  GSR3u   R3u
  hapa amba-po hakuwa(po) yeye.　〈彼がいなかったここ．〉
  GAR16   R16

  yeye amba-ye hatakuwa(po) hapa.　〈ここにいないだろう彼．〉
  GSR   R
  hapa amba-po hatakuwa(po) yeye.　〈彼がいないだろうここ．〉
  GAR   R   E

更に，この関係詞 amba=o を使った例をいくつか挙げる。
  hapa ambapo hayupo   〈(彼が)いないここ〉
  hapa ambapo alikuwa hayupo 〈(彼が)いなかったここ〉
  hapa ambapo atakuwa hayupo 〈(彼が)いないだろうここ〉

80. その他の品詞

ここでは副詞，接続詞，前置詞と間投詞を一覧する。更にいくつかの品詞にまたがる疑問詞をも一覧する。

81. 副詞

副詞は動詞・形容詞・副詞を修飾する。本来の副詞には，次のようなものがある。

  karibu 〈近く〉
  kweli 〈本当〉
  mbali 〈遠く〉
  sana 〈非常に，たいへん〉

> ＊注記[81A]　rafiki yangu sana〈私の親友〉
> sana は，上のように形容詞〈大の〉にも，副詞〈大いに〉にもとれる。しかし，副詞として使われる方が圧倒的に多いことから，本来の副詞に分類しておく。

81.1 派生副詞

他の品詞から派生したもの，または共通の語形のものをここに挙げる。

81.11 名副詞

これは名詞と共通の語形をしている副詞である。

  hakika 〈確かに〉　（＜ hakika，確実）
  haraka 〈急いで〉　（＜ haraka，急ぎ）
  kiasi 〈適当に〉　（＜ kiasi，程度）
  leo 〈今日〉　（＜ leo，今日）
  uzuri 〈よく〉　（＜ uzuri，良さ）

maji maji 〈おぼろげに〉（< maji, 水）

81.12 ki 名副詞

既に「13.4」で述べた「ki 副名詞」と同形の語種である。語幹または語根に接頭辞 ki- を採る。中には名詞として用いられないもの(ki 副詞)もある。

kidemokrasia 〈民主的に〉（< demokrasia, 民主主義）{ki 副詞}
Kizungu 〈欧州風に；ヨーロッパ語, 英語〉（< Mzungu, 白人）{ki 名副詞}

81.13 形容詞由来の副詞

pengine(po) 〈おそらく〉（< -ingine(=o), (その)他の）
polepole 〈ゆっくり〉（< -pole, やさしい）
wazi wazi 〈はっきり〉（< =wazi, 開いた）

81.14 vi 副詞

形容詞語根に接頭辞 vi- を付して形成した副詞である。

vibaya 〈ひどく〉（< -baya, 悪い）
vizuri 〈よく〉　（< -zuri, 良い）

81.15 場副詞

名詞に添辞 -ni を採った場名詞（「14.場名詞」を参照）と同形で，副詞として用いられるものである。

nyumbani 〈家に〉　　（< nyumba, 家）
utotoni 〈幼少期に〉（< utoto, 幼少）

81.16 kwa 副詞句

前置詞 kwa に名詞または副詞を加えた「副詞句」である。

kwa haraka 〈急いで〉（< haraka, 急行）
kwa hakika 〈確実に〉（< hakika, 確実）
kwa mbali 〈遠くで, かすかに〉（< mbali, 遠く）
kwa uchangamfu 〈明るく〉（< uchangamfu, 陽気）

82. 前置詞

前置詞は名詞などの前に置かれ，他の語との関係を示す。

典型的な前置詞は，後述の 2 語 na, katika ぐらいしかない。それとても，語源的には，主辞系の連合辞由来と解せる na と，名詞 kati と連合辞 ka からなる katika であって，本来の前置詞とは言いがたい。その他もそれぞれ他の品詞に由来する。

ここでは機能から前置詞を立て，出自と句に分けて一覧する。

> ＊余談[82A]　前置詞不在？
> 　スワヒリ語に見られる「前置詞」はその殆どが他品詞に由来する。従ってこの品詞を立てない解釈も可能であろう。ここでは，その機能を考慮し，文法の理解の容易さから前置詞を立てた。

82.1 名詞由来

　　mpaka　〈～まで〉（＜ mpaka，境界）

82.2 名詞・副詞由来

　　katika　〈～に・で・から〉（＜ kati ka，の中に・で・から）

82.3 動詞由来

多くの場合，不定詞が使われる。
　　kuanzia　〈～から〉（＜ +anzia，～から始まる）
　　kuhusu　〈～について〉（＜ +husu，関係する）
　　kutoka　〈～から〉（＜ +toka，～から来る）
　　toka　〈～から〉（＜ +toka，～から来る）
　　tokea　〈～から〉（＜ +tokea，～から来る）

82.3

(kwa) **kutegemea** 〈～に従って〉（＜ +tegemea, 依る）｛次の注記
［82A］参照｝

> ＊注記［82A］　動詞由来の前置詞は動詞？
> 　動詞由来の前置詞には，不定詞の分詞的用法や kwa を採った動名詞と
> 解釈した方がいいように考えられる語が多い。ここでは理解の容易さから
> 一応「前置詞」としておく。

82.4 関係動詞・準動詞由来

関係動詞 +li=o，準動詞所有・存在 +na に由来するものである。
　　kuliko　〈～より〉（＜ +li=o, であるところの）
　　kunako　〈～（のところ）に・で〉（＜ +na, 持っている）
　　mnamo　〈～（のところ）に・で〉（＜ +na, 持っている）
　　panapo　〈～（のところ）に・で〉（＜ +na, 持っている）

82.5 主辞系の詞辞

連合辞(=a)のほかに，以下の語は独立の前置詞とも考えられる。
　　kwa　　〈～にとって・について・でもって〉（＜連合辞=a, の）
　　na　　　〈～と（ともに）・に（よって）〉（＜連合辞=a；連合辞の「中
　　　　　　　　立形」と考えられる）
　　kwenye　〈～（のあるところ）に・で〉（＜所持辞=enye, を持ってい
　　　　　　　　る（ところ））

82.6 前置詞句

前置詞句を形成する前置詞によって分類すると，以下のようなものがある。

— 246 —

第2部　文法　　　　　　　　　　　　　　　　82.6

(1)　kwa
　　　kutoka kwa　〈～から〉

(2)　mwa
　　　miongoni mwa　〈～のなかに〉
　　　pembeni mwa　〈～の縁に(沿って)〉

(3)　na
　　　karibu na　〈～の近く〉
　　　kutokana na　〈～から〉
　　　mbali na　〈～から遠く〉

(4)　ya
　　　chini ya　〈～の下〉
　　　juu ya　〈～の上〉
　　　mbele ya　〈～の前〉{空間}　　kabla ya　〈～の前〉{時間}
　　　nyuma ya　〈～の後〉{ 〃 }　　baada ya　〈～の後〉{ 〃 }

(5)　za
　　この前置詞を採る例は，次の1例のみである。
　　　mbele za (watu)　〈((人々)の前〉

(6)　**名詞・動詞サンドイッチ**
　　前置詞で名詞や動詞を囲んだ句である。動詞の場合にはよく kwa が落ちる。
　　　kwa ajili ya　〈～のために〉
　　　kwa mujibu wa　〈～に従って〉
　　　kwa sababu ya　〈～の理由で〉
　　　(kwa) kulingana na　〈～に応じて〉{注記[82A] 参照}

＊注記[82B] =a の後は名詞；代名詞は？

> 前置詞句の =a の後には名詞が，人称代名詞は =a を所有詞にかえる．
>   kwa ajili ya watu 〈人々のために〉
>   kwa ajili yao   〈彼(女)らのために〉
> 人称代名詞は所有詞の後なら置ける．ただし wao (3w) はあまり置かないようだ．
>   kwa ajili yake (yeye) 〈彼(女)のために〉
>   mbele yangu (mimi)   〈私の前に〉

83．接続詞

単独形か複合形かで分けると以下の通りになる．

(1) 単独形
 na 〈と，および〉
 lakini 〈しかし〉
 ingawa 〈～けれども〉

(2) 複合形
 kwa hivyo 〈したがって〉
 kwa kuwa 〈～であるので〉

84．間投詞

 ah 〈あっ〉
 loo 〈えぇっ〉
 Mtume! 〈助けて！〉{< Mtume Muhammad〈使徒ムハンマド〉}

85．疑問詞

疑問詞には語末の形から -ni 型，-pi 型の疑問詞と -je などの疑問添辞がある．以下，疑問の代名詞・形容詞・副詞・添辞について述べる．

85.1 疑問代名詞

    nani 〈何，誰〉{人・動物に対して}
    nini 〈何〉{もの・ことに対して}
  =pi 〈どれ〉{「31.1選定詞」を参照}

85.2 疑問形容詞

   gani 〈どんな〉
  -ngapi 〈いくつの〉
  =pi 〈どの〉{「31.1選定詞」を参照}

85.21 連合辞=a を伴った疑問形容詞句
  =a namna gani 〈どのような〉
  =a nani 〈誰の〉

85.3 疑問副詞

    lini 〈いつ〉
    vipi 〈どうして〉
    wapi 〈どこ〉

85.31 疑問副詞句
  jinsi gani 〈どうして〉
  kiasi gani 〈いくら，どのくらい〉
  kwa nini 〈なんで，なぜ〉
  namna gani 〈どうして〉

85.4 疑問添辞

動詞の添辞として用いられる疑問辞である。
  -je 〈どう，なに〉

85.4

-**ni** 〈なに〉（＜ nini，なに）
-**pi** 〈どこ〉（＜ wapi，どこ）

第2部　文法　　　　　　　　　　90

90．呼応，構文・構造

　ここでは，呼応型とその変更，複主語(複客語)の問題を取り上げる。さらに，超部類主辞 i- と全体部分構造についても述べる。

＊案内＞初級・入門者は「92.1 ヒト化」を読んでください。それを終えれば初級・入門レベルのスワヒリ語の広がりは理解できたことと思います。第3部から第4部に進んでください。そこで不明なことがありましたら，第2部に戻って来て下さい。その時は余裕に応じて，小さい字の中級解説や注記・補説・余談にも目をやってみて下さい。

　　　　　　　＊　＊　＊　＊　＊　＊　＊

91．呼応型

　呼応は，部類に一致した呼応か否かで「一致」又は「不一致」に，更に，その時もたらされる意味でもって「普通」か「特殊」に分けられる。呼応型は，その組合せからなり，以下の4種と，更にそれらが複合した「ねじれ」がある。

91.1　一致普通

　部類に一致した呼応の型である。意味も特殊化せず，普通の意味である。
　　　Mtoto w=angu m-zuri a-nakuja.　〈私の良い子が来る．〉
　　　01子　　01　　　01　　　01

91.2　一致特殊

　「人間・動物」名詞が，所属部類の呼応をした(一致した)とき，意味が特殊化する呼応型である。
　　　Karani l=angu li-nakuja.　〈俺んとこの事務屋が来やがる．〉
　　　05　　　05　　　05

― 251 ―

これは中傷した表現で，通常の意味は次の「91.3不一致普通」で表す。

91.3 不一致普通

「91.2」とは逆に，呼応が所属部類の呼応をせず不一致であるが，もたらされる意味が普通である呼応型である。

  Karani w=angu　a-nakuja.　〈私の所の事務員がやって来る．〉
   05 01   01

91.4 不一致特殊

呼応が不一致で，それによってもたらされる意味も特殊化する呼応型である。

  Mratibu i+mo ndani（ya kamusi）.
   01 09

       〈調整員(という語)は(辞典の)中にある．〉
参考　**Mratibu yu+mo ndani（ya nyumba）.**
   01 01

      〈調整員は(家の)中にいる．〉{一致普通}

91.5 ねじれ

一つの名詞に二つ以上の呼応型が共存している呼応型を「ねじれ」と呼ぶ。意味は普通と特殊がありうる。

  Rafiki y=angu m-zuri a-nakuja.　〈私のいい友がやって来る．〉
   09 09   01   01   {ねじれ；一致普通，不一致普通}

＊余談[91A]　不婚名詞？

「91.5」の例のような呼応型を示す名詞には以下のようなものがる。babu〈祖父〉，bibi〈祖母〉，baba〈父〉，mama〈母〉，ndugu〈きょうだい(兄弟姉妹)〉，kaka〈兄(弟)〉，dada〈姉(妹)〉，shemegi

> /shemeji〈妻の兄弟姉妹，夫の兄弟〉, wifi〈夫の姉妹〉, shangazi 〈おば，ただし父の姉妹〉
>
> これらは，ごく近い親族名詞であり，当然，結婚関係を結べない。いわば「不婚名詞」とも言えようか。
>
> だが，そのほか，これと同じ呼応型を示すものに，以下がある。
> rafiki〈友，味方〉, adui〈敵〉

　　　　＊　＊　＊　＊　＊　＊　＊

92. 呼応型の変更

呼応型を変更することによって，以下のような意味の変更をもたらすことができる。

92.1 ヒト化

第1・第2部類以外の，「人間・動物」の属性をもつ名詞は，単数名詞なら第1の，複数名詞なら第2の部類の呼応（「不一致普通」）に変更することで，その名詞は普通の意味を持ちうる。これが通常の「ヒト化」（ドウブツ化を含む）である。このことについては，既に「15.「人間・動物」名詞の呼応」で説明した。

なお，その名詞がその所属部類に対応した呼応をすると，次に述べる「一致特殊」の呼応型を持つ「モト化」の効果を表すことがある。

ある名詞が「人間・動物」以外の属性を持ち，第1あるいは第2部類の呼応を採る「不一致特殊」の変更にするならば，その名詞は「人間・動物」の意味を帯びる。これが特別な「ヒト化」（ドウブツ化を含む）である。なお，これは例えば，教室内では「間違い」とされてしまうことがある。

Pikipiki a-melala. 〈バイクが眠っている。〉｛ヒト化｝
05バイク　S01

参考　**Pikipiki li-melala.** 〈バイクが横になっている。〉｛一致普通｝
　　　05　　　　S05

92.1　　　　　　　　　　第2部　文法

　次の2例は，日本語の「ある・いる」の区別を思わせる。第1部類の呼応を使うことによって，つまり「ヒト化」することによって，主語の属性に「人間・動物」というのが加わる。

Kinoo yu-+po　hapa.　　　〈トイシはここにいる。〉｛ヒト化｝
　トイシ　S01　いる　ここ　　　　　　　　｛トイシは飼い牛の名前｝
参考 **Kinoo　ki-+po　hapa.**　〈砥石はここにある。〉
　07砥石　　S07　ある

＊注記[92A]　ある・いる
　日本語の所在・存在の表現では，所在・存在する名詞の属性によって「ある・いる」の区別がある。上記のスワヒリ語はそれを想起せしめる表現である。ただし，スワヒリ語では，存在文にはこの区別がなく，所在文のみにかかわることである。
　　存在文(準動詞所有・存在 +na)
　　　ここに砥石がある。　Hapa pa+na kinoo.
　　　ここに牛がいる。　　Hapa pa+na ng'ombe.
　　所在文(準動詞所在 +po/+ko/+mo)
　　　牛はここにいる。　　Ng'ombe yu+po hapa.

＊余談[92A]　夏将軍の水浴
　東アフリカの「期節」は masika〈大雨期〉，vuli〈小雨期〉を除いて「水浴」する。本格的な雨期ではない，つまり時ならぬ雨に対して次のような表現がある。「期節」を第1部類呼応の主辞で受け「ヒト化」している。
　　kiangazi/kaskazi/kipupwe a——na+koga.
　　07大乾期　09大乾期　07冷涼期　S01　T　V水浴する
　　〈大乾期/大乾期(つまり夏)/冷涼期さんが水浴びしている。〉

　次の例は，第1・第2部類の名詞と同様の呼応に変更することでもって，

第2部　文法　　　　　　　　　　　　　92.1

通常「非ヒト名詞」をヒト化したものである。
　nyota w=a sinema　〈映画スター〉
　09星　　01　　映画

　huyu　mwamba　〈こちら岩(頑丈)さん〉
　01これ　03岩

　hawa　miamba　〈こちら岩(頑丈)さんたち〉
　02これら　04岩

下の例はヒト化することで敬意・丁寧さを含意している。
　Maiti a-melazwa.　　〈遺体は安置されている．〉
　09　　01
　参考 **Maiti i-melazwa.**　〈死体は寝かされている．〉
　　　09　　　09

下の初めの2例は，Sikujua を述語動詞〈私は知らなかった〉とするか，又は固有名詞〈スィクジュア〉とするかで意味が大きく変わる。また，第3例は〈Sikujua という語〉ということを示している。
　Sikujua alikuwa nyumbani.
　述語動詞　彼がいた　家に
　〈私は彼が家にいたことを知らなかった．〉

　Sikujua a-likuwa nyumbani.
　人名　　　いた　　家に
　〈スィクジュアは家にいた．〉{ヒト化}

　Sikujua　　i-likuwa jina la mtu.
　スィクジュア であった 名前 の 人
　〈スィクジュアは人名であった．〉{ソト化，後述}

最後の例の ilikuwa のかわりに，jina に呼応した lilikuwa も可能である。これは「背景呼応」の例となる（補説[92A]参照）。

　　　　　＊　＊　＊　＊　＊　＊

92.2 モト化

これは、第1・第2部類以外に属する「人間・動物」名詞が所属部類に対応する呼応に変更する「一致特殊」型を採ることで、属性に「大小・親疎・愛憎」などの意味が付加される。

Kijana ki=le ki-nakuja. 〈あの若(わけ)えのがやって来やがる。〉
07　　 07　　 07

92.3 フト化

これは、主に、特異的な名詞接頭辞を持たない第9部類の名詞が第5部類の呼応をとる「不一致特殊」型に採ることで、「大・すごさ」などを含意する。なお、下の例で05に呼応する zito の接頭辞(K)はゼロ(ϕ)である。

sauti l-ake zito 〈彼の野太い声〉
09　 05　 05
参考 **sauti y-ake n-zito** 〈彼の太い声〉
09　 09　 09

＊注記[92B]　クラスは？

gari〈車〉は、よく以下のような2様の呼応を示す。

Gari l=ake li-likwenda zake. 〈彼の車は行ってしまった。〉
?　 05　　 05

Gari y=ake i-likwenda zake. 〈彼の車は行ってしまった。〉
?　 09　　 09

ある小説で、同一の車に対して、以上のような2種の呼応があった。このような例から、この gari は、第5部類あるいは第9部類のどちらに属する名詞なのか不明である。両属しているとしかいいようがない。しかし、第5部類呼応している方が、第9部類呼応している方に比べて、「大きい・すごい」などの意味をもつならば、それは「フト化」によるものだとも考えることができる。

> ＊余談[92B]　めし・ごはん
> 　以下の呼応は，一般的に言わないし言えば間違いとされうるが，「フト化」の例とすることもできる。
> 　　　chakula l=ake　　　　　〈きゃつのめし〉
> 　　参考 chakula ch=ake　　　〈彼のごはん〉

92.4　ソト化

　これは，呼応を第9・第10部類のものに変更することで，本来のその名詞が意味するものとは別次元の「～という言葉・概念」などを意味する。
　次例は第3部類の名詞 moyo が呼応を変更されソト化している。
　　Moyo y=a Sooseki　　　〈漱石の作品・こころ〉
　　　03　　09
　　参考 **Moyo w=a Sooseki**　〈漱石の心・心臓・心情〉
　　　　　03　　03

　次のジャハヅミは人名であるが，ソト化され「作品」の意味になる。
　　Jahadhmy ny-ingine　　〈ほかのジャハヅミ作品〉
　　人名　　　 09　　　　　　　　　{本来 Jahadhmy は人名}
　　参考 **Jahadhmy mw-ingine**　〈もうひとりのジャハヅミ〉
　　　　　01　　　　 01

　mwanangu〈わが子〉は後続する連合辞 ya と主辞 i によってソト化され「～という言葉」の意味に変わっている。
　　　Mwanangu y=a Zuberi ha-i-kuwa na maana ya ...
　　　01わが子　　 09　　　　　　 09
　　〈ズベリのわが子という言葉は...の意味をなしていなかった.〉

　次の例で，キ語は，Tamima ではなく，第10部類の呼応（主辞 zi- と形容詞接頭辞 ny-）でもってソト化された mtume〈使徒〉である。

Tamima zi-limtoka mtume ny-ingi.
　人名　　　10　　　　　03使徒　10　多い
〈使徒よ！という声が何度もタミマの口をついて出た．〉

92.5 ねじれ

「ねじれ」型の呼応で，「ヒト化」・「ソト化」した例を以下で見る．

92.51 ヒト化
次の例で，kofia nyeusi までは，〈黒帽〉という物であるが，動詞活用形の主辞が第1部類の a- で受けることでヒト化して黒帽という〈牢名主〉を表している．

Kofia ny-eusi a-mefanya hivi.
　09帽子　09黒い　01
〈黒帽はこうした．〉{黒帽は'牢名主'}

92.52 ソト化
この下の例は，上のヒト化の例とは逆に，第9部類の呼応に変更することでソト化している．mke wangu まではヒトであるが，つぎの連合辞 ya でソト化されて，「作品名」となっている．

Mke w=angu y=a M. S. Abdulla
　01妻　01私の　　09
〈M・S・アブドゥラの作品・我が妻〉

92.6 まとめに

以上の呼応型の変更を kiongozi〈ガイド〉を例に一括してみる．

(1) モノ
　Kiongozi ch=a safari ki-metiwa ndani (ya mkoba).
　　07ガイド　07　　旅行　07　　　中　　　　かばん
〈旅行ガイドは（かばんの）中に入れてある．〉

第2部　文法

(2)　ヒト化
　　　Kiongozi w=a safari a-metiwa ndani (ya jela).
　　　　07　　　　01　　　　01　　　　　　　　刑務所
　　　〈旅行ガイドは(刑務所の)中に入れられている.〉

(3)　モト化
　　これは上のヒト化したものを，更にモト化した例である。語形ははじめの「モノ」と同じになる。
　　　Kiongozi ch=a safari　ki-metiwa ndani (ya jela).
　　　　07　　　　07　　　　07
　　　〈旅行ガイドのやつぁ(刑務所の)中にぶちこまれている.〉

(4)　ソト化
　　　Kiongozi l-metiwa ndani (ya kamusi).
　　　　07　　　　09　　　　　　　辞書
　　　〈ガイドという語は(辞書の)中には入れてある.〉

＊余談[92C]　太(ふ)てぇやつ
　以下の表現は，人によって成立に賛否があるが，フト化の例としえるものである。その意味はモノ(ガイドブック)とヒト(旅行ガイド)の2通りが考えられる。余談[92B]参照。
　フト化
　　Kiongozi l=a safari　li-metiwa ndani.
　　　07　　　05　　　　05
　　〈旅行ゲードぁ中にぶちこんである.〉｛モノとヒト｝

＊補説[92A]　背景呼応
　以上，呼応型の変更としてヒト化・モト化・フト化・ソト化・ねじれを記述した。これらは型による呼応の変更である。

そのほかに特定の名詞を背景にした呼応があり，背景となった名詞の呼応を示す。これを「背景呼応」と呼ぶ。

以下の3例は，大文字・小文字の区別を無視すれば，同じ語からなっている。第1例はいわば，(gazeti la) Zanzibar Kila Siku〈日刊ザンジバル(紙)〉の新聞 (gazeti) に背景呼応している。

Zanzibar Kila Siku li-namshukuru　Spekta Seif.
　　　　　　　　　　　　　感謝する　セイフ警部
〈日刊ザンジバルはセイフ警部に感謝している。〉

第2例は，ソト化または超語統合(「94.31」参照)で，上の例と同義となる。

Zanzibar Kila Siku　i-namshukuru Spekta Seif.
〈日刊ザンジバルはセイフ警部に感謝している。〉

ちなみに，もう一つの解釈は文字どおりの呼応によるものである。

Zanzibar kila siku　i-namshukuru Spekta Seif.
〈ザンジバルはいつもセイフ警部に感謝している。〉

次の例は常識を背景にした呼応ともいえよう。moja〈ひとつの〉はここにない暗黙の常識 kabila〈民族〉に呼応してゼロ接辞の moja となっている。{勿論，moja を部類09名詞としても解釈できる}。

Wangindo ni *moja* katika watu walioathiri sana.
〈ンギンド人は大いに影響を与えた民族のひとつである。〉

93. 複主語（複客語）

複数個の名詞が主語となった場合，それに対応する主格接辞(主辞)は，おおむね以下のような基準によって選ばれる。

対応する動詞活用形の近くにある名詞の主辞を「近い主辞」，遠くにある名詞の主辞を「遠い主辞」と呼ぶ。また以下で，複数個の名詞が単複の対をなす二つの部類の一方又は両方に属す場合「同種部類」に属すといい，その他の場合「異種部類」に属すという。

(1) 複数個の名詞がともに同種部類に属す場合，おおむね以下の順で主

第2部 文法

辞が選定される。
    1) 近い主辞
    2) 複主語の所属複数部類の主辞
    3) 第八部類の vi-：複主語が具体名詞か，時に全般の名詞
    4) 第十部類の zi-：複主語が抽象名詞
これらに加えて，稀に次の主辞が使われる。
    5) 遠い主辞｛後の名詞が前の名詞に付随するとも考えられる｝

(2) 複数個の名詞が異種部類に属す場合も同様で，上の2)を除いた順で主辞選定がなされる。

なお，複客語についても，以上の複主語の基準に準ずる。
次に複主語を所属部類に分けて（同種部類か異種部類か）考える。さらに，複主語の一方に人間・動物がある場合を見てみる。

＊注記[93A]　複主語を解説する情報源
　以下は，複主語と主辞との呼応について，スワヒリ語の小説とタンザニア・ザンジバル出身者からの情報を基に記述した。従って，偏りはあるかも知れない。

93.1 同種部類

以下，同種部類に属する複数個の名詞が主語になっている文例である。主辞の採り方に留意してみよう。

Kikombe kimoja na kijiko kimoja ki-meibiwa/
07コップ　　　　07さじ　　　　07
　　　　　　　　　　　　　　　vi-meibiwa.
　　　　　　　　　　　　　　　08
〈コップ1個とスプーン1本が盗まれている。〉

― 261 ―

上の例で主辞 ki- はおそらく近い主辞であろう。主辞 vi- は kikombe と kijiko が属する部類に対応する複数部類の主辞である。

Nywele zake za kipilipili na pua yake nene zi-lionyesha/
10髪　　　　　　　　09鼻　　　10

　　　　　　　　　　　　　　　　i-lionyesha/
　　　　　　　　　　　　　　　　09

　　　　　　　　　　　　　　　　vi-lionyesha
　　　　　　　　　　　　　　　　08

waziwazi ya kuwa yeye ni suriama.
〈彼女のちりちり髪と横にはった鼻は彼女が混血であると明示していた．〉

この例では，主辞 zi- は nywele のと pua の対応する複数部類の主辞であり，i- は近い主辞である。vi- は nywele と pua が具体物であることからきた部類08の主辞である。

93.2 異種部類

次の例は，複数個の名詞が異種部類に属し主語となっているものである。

Mdomo wake na kidevu chake vi-lionyesha/
03口　　　　　　　07顎　　08

　　　　　　　　　　　　　ki-lionyesha/
　　　　　　　　　　　　　07

　　　　　　　　　　　　　u-lionyesha
　　　　　　　　　　　　　03

utayari wa kusema yote.
〈彼女の口と彼女の顎は，今にも全てを語りだしそうに見えた．〉

vi- は主語の名詞がともに具体物であり，ki- は近い主辞であることから選定されている。u- はたまたま遠い主辞が選ばれている。

Mapenzi na starehe ha-zi+patikani/
　06　　　　09　　　10
　　　　　　　　　ha-i-+patikani/
　　　　　　　　　09
　　　　　　　　　ha-vi+patikani/
　　　　　　　　　08
　　　　　　　　　ha-ya+patikani kwa mikono mitupu.
　　　　　　　　　06
　　〈愛と幸せは，素手では得られない．〉

　ここでは，抽象名詞の zi-，近い主辞 i-，全般の vi-，そして遠い主辞 ya- も使われている．

93.3 一方に「人間・動物」

　複数個の名詞が主語として機能する時，まれに主語の一方に「もの・こと」が，もう一方の主語に「人間・動物」が含まれる場合がある．この時の主辞の採り方を次に見る．
　この場合「人間」と「動物」では扱いに違いがあるので以下分けて考える．

93.31 一方に「人間」

　一方の主語に「人間」を含む例には，次の基準が適用される．

(1) 「人間」が単数形であるときには，主辞は次のどちらかが使われる．
　　　三人称単数代名詞・第1部類名詞に呼応する主辞　a-
　　　三人称複数代名詞・第2部類名詞に呼応する主辞　wa-

　　　Yeye na shati h—a——+patani/
　　　3u　　　09　　3u/01
　　　　　　　　　ha-wa——+patani.
　　　　　　　　　3w/02
　　〈彼とシャツは合わない．〉

93.31　　　　　　　　　第2部　文法

　　　　Shati na yeye h—a——+patani/
　　　　09　　　3u　　3u/01
　　　　　　　ha-wa——+patani.
　　　　　　　　3w/02
〈シャツと彼は合わない。〉

上の2例ともに，述語動詞形
　　　hapatani, hawapatani
に代えて，下の形にすることはできない。
　　　＊**haipatani**

＊注記[93B]　＊印
　この印を語頭に付けられた形は現実に使われないことを表す。

＊余談[93A]　複主語のヒト化
　「人間」名詞が単数であるが主辞に wa- を採るのはもう一方の「もの・こと」名詞をヒト化しているためと考えられる。
　　　Birth na kamati yake wa-li+ pewa　　madaraka ya
　　　人名　　委員会　彼の　02 T　付与される　責務
　　　kuchungua elimu.
　　　調べる　　教育
　〈バースとその委員会は教育調査の職務を付託された．〉
　この例では主辞に wa- が採られていることから kamati のヒト化がわかる。なお「機関・組織」などはしばしばヒト化することは既に述べた。
　これは，「ヒト」と「モノ・コト」は通常，平等な位置を占めることが不可能なことから来るのであろう。このことに関して次の補説[93A]を参照。

第2部　文法　　　　　　　　　　　　　　93.31

(2) 「人間」が複数形であるときには，以下の主辞が使われる。
三人称複数代名詞・第2部類名詞に呼応する主辞 wa-

Watu wale na shati ha-wa+patani.
　02　　　　09　　02
〈あの人達とシャツは合わない.〉

上の述語動詞形
hawapatani
に代えて，以下の形にすることはできない。
＊**haipatani**,　＊**hazipatani**

＊補説[93A]　名詞部類間の深い溝
　上のように人と物が並列し主語となっている例はなかなか見つからない。
名詞部類は大きく四分される。すなわち[人間・動物]，[物・事]，[動名詞]，[場所]である。そこには，既に述べた名詞間の派生関係や，呼応型の変更という架け橋はあるが，この間には深い溝があるようだ。
　それは，上のような例が，ふつう並列共存をせず，次のような形を採って現れるところに見て取れるだろう。
　　Yeye h-a+patani na shati. 〈彼はそのシャツと合わない.〉
　　3u　　　3u
「彼」は，ここで「シャツ」より主体性において優位性を有し単独の主語性を確立している。

93.32 一方に「動物」

一方に「動物」を含む例には，その主辞には以下のどれかが使われる。
　1)　第八部類主辞 vi-
　2)　「動物」が，
　　　単数形なら第1部類主辞　a-
　　　複数形なら第2部類主辞　wa-
　3)　第10部類主辞 zi-

— 265 —

Jinsi gani Bwana, nguo zako na farasi vi+ko/
どうして　旦那　　10服　　　　09馬　08
　　　　　　　　　　　　　　　　　　　yu+ko/
　　　　　　　　　　　　　　　　　　　01
　　　　　　　　　　　　　　　　　　　zi+ko wapi ?
　　　　　　　　　　　　　　　　　　　10　　　どこ

〈どうしたんです旦那，服と馬はどこですか.〉

　ここでは，「人間」の扱いとは異なり，yuko 以外では主辞の vi- や zi- からすると，〈馬〉はモノ扱いもされるようだ。

94. 超部類主辞 i-

　主辞の i- は，今まで述べてきた部類対応の主辞では表しきれない，名詞部類を超越した以下のような事象に対して使われている。そこでこれを「超部類主辞」と呼ぶ。なお，複数に対しては i- のかわりに zi- が用いられる。
　(1)定着化　(2)脱類化　(3)表象化 {1.超語統合　2.状況　3.非人称}
　(4)接続詞化

＊注記[94A]　非人称構文
　既に「68.」で述べた「非人称構文」は，上記の(3)の3.非人称のことである。

94.1 定着化

　外国語の語句を主語として使用する場合に，スワヒリ語の文法に従って，ふつう超部類主辞 i- が呼応する。これを定着化と呼ぶ。
　　　Aikidoo i-na+taka maarifa.
　　　　　　S　　要る　技
〈合気道には技が要る.〉

— 266 —

第2部　文法

"Good riddance" *i*-li-m+toka Seif.
　　　　　　　　　S　　　出る
〈「いなくてせいせいする」という言葉がセイフの口をついて出た。〉

＊余談[94A]　語形反応の複数形
　外来語・外国語は，ふつう単数・複数同形であたかも第9・10部類名詞のように扱われる。しかし，余談[11J] 外国語の所属部類で述べたように，中には第7・8部類名詞となる，次のような語がある。
　　　U+na　　vimono vingapi？〈着物を何着持っているか。〉
　　　S　U持つ　08着物　いくつの
例の vimono は，kimono の複数形である。
　このような語に，kitabu (vi-)〈本〉，kilabu (vi-)〈クラブ〉などがある。但し，kilabu は klabu の形でも使われ，これは単複同形である。

94.2　脱類化

　脱類化とは，ある名詞がその所属部類の属性を捨象することである。この際に呼応する主辞は元の部類のものではなく，超部類主辞 i- が使われる。この主辞はまた，ソト化の主辞でもある。「92.4 ソト化」参照。
　次の例では，jamaa は〈親戚〉などという意味ではなく，〈jamaa というコトバ〉として扱われている。
　　'Jamaa' *i*+na　　maana nyingi.
　　　　　　　S　持つ　意味　　多くの
　　〈jamaa にはいくつもの意味がある。〉

　また，名詞以外の品詞などがその属性を捨象し名詞としての処理を受けることも脱類化と称する。次の kali は形容詞である。
　　'Kali' kwa matunda *i*-ta-ku+wa　*suppai*.
　　　　　　　果物　　　　　S　　なる
　　〈kali は果物についてすっぱい（という意味）になる。〉

'P' hii ya hapo *i*-na+onyesha nini ?
　　この　　　　S　　見せる　何
〈hapo の中のこの p は何を表すか.〉

ここでは，文字 p が主語となって主辞 i- と呼応している。

94.3 表象化

語より大きな統語単位である句・節・文(章)について構成する個々の要素を問題とするのではなく，全体を一つの統合されたものとしてみる場合，その単位は「表象化」され主辞 i- と呼応する。また，主辞 i- と呼応する句以上の統語単位は表象化されているという。このような表象化された句以上の統語単位を「超語統合」とする。

また，主辞 i- に具体的に対応するものが明示されていない「状況」や「非人称」も表象化されたものが前提となっていると考えここに含める。

94.31 超語統合

ここでは，語を越えたまとまりである「超語統合」に対して超部類主辞が使われる例を見ていく。

下の例では，不定詞句 Idi kubadili fikira ... が ingemkini の主辞 i- の呼応する超語統合である。

***I*-nge+mkini Idi ku+badili fikira zake za ku+pata**
S　　　　　できる　　　　変える　考え　　　　　　得る
utajiri kwa yeye ?
富　　　彼
〈イディが彼から財産を取るという考えを変えるなんてありえるかしら?〉

次の例において，raia ... mfalme wao が表象化された超語統合で，それに超部類主辞 i- が呼応している。この i- を wa- にかえ walikuwa とすることも可能であるが，それは民と王との関係を述べるのではなく，単に

第2部 文法

〈民と王は〜子供と父親と同じであった〉と表現しているに過ぎない。
Raia katika nchi hiyo na mfalme wao　*i*-li-ku+wa
民　の中に　国　その　と　王　　彼らの　　S　　である
ni sawasawa na watoto na baba yao　katika nyumba.
等しい　と　子供　と　父　彼らの　　　　家
〈その国の民と王というものは，一家の中での子供と父親に等しいものであった。〉

次例では，inasemekana の主辞 i- は，接続詞 kuwa 以下を受けていると見なせる。
***I*-na+semekana kuwa hapo zama za zama, a-li-ku+we-po**
S　いわれる　と　　その昔　の昔　　　　　いる
mfalme mmoja aliyekuwa　　na　nguvu sana.
王　　ひとり　であるところの　持つ　力　たいそう
〈昔々のその昔，たいそう強い王様がいたそうだ。〉

94.32 状況

状況が主辞 i- と呼応するもので，以下のような例が見られる。
***I*-li-ku+wa-je　hata a-ka+pigwa teke na punda?**
　S T O　V　どうまで　S T　V蹴られる　に　ロバ
〈どういうことがあってロバに蹴られたか。〉

この i- は「ロバに蹴られるに至った経緯」つまり状況に対応している。

Mimi *i*-ka+wa si-+wezi　　ku-ji+zuia　tena.
　　　　S T　V　NS +weza〈できる〉K　自制する　再び
〈私は自制することができない事態になった。〉

i- を ni- にかえ nikawa ともできるが，それでは状況を記述するのではなく単に陳述者の言を述べているに過ぎない。すなわち〈私は自制することができなくなった〉。

94.33 非人称

これは既に「68.」でも述べたが，上述の状況と同様に具体的に対応するものがない主辞i-を採る一群の動詞「非人称動詞」がある。+bidi, +lazimu, +pasa（3動詞とも〈～しなければならない〉を意味する）などである。これらの動詞の主辞として使われるのが超部類主辞である。

I-li-m+bidi yule mtu a+shinde ndani ya maji kama kiboko.
　S T O V　　その人　S V居る　中に　の水　ように　カバ
〈その人はカバのように水に浸かっていなければならなかった。〉

常時ではないが，以下の動詞はこの非人称の主辞を採ることがある。
I-ta+chukua dakika ngapi kwa miguu kutoka hapa
　S T V かかる　分　何　歩いて　から　ここ
mpaka dukani?
まで　店に
〈ここから店まで歩いて何分かかるか。〉

94.4 接続詞化

動詞 +wa〈～である・になる〉などが状況の主辞 i- を採り活用した形の中にはそのまま接続詞として用いられるものがある。これを接続詞化という。以下のような語形がある。

　　ijapokuwa〈～だけれども〉, ikiwa〈もし～ならば〉, ilivyokuwa〈～なので〉, ingawa〈～だけれども〉, ingelikuwa〈もし～であったら〉, endapo〈もし～ならば〉（< i+enda-po)

Ikiwa ni hivyo, basi hayo tu-ya+ache　 mpaka kesho.
　もし　そう　では　それ　S O V やめる　まで　明日
〈もしそうならば，そのことは明日まで保留にしよう。〉

Ingelikuwa wewe u-na+jua　 a+enda—ko, ...,
　もし　きみ S T V知る　S V行く R
ya-li-yo+tokea　 ya-singe+tokea.
　S T R V起こる　S N T　V

第 2 部　文法

〈もし君が彼の行く先を知っていたならば，起きたことは起きはしなかったろうに.〉

95．全体部分構造

　スワヒリ語には，主語の立て方にかかわる重要な「全体部分構造」がある。それはまた客語の採り方にもかかわるものでもある。ここでは，主辞と呼応する語を「主語」，客辞と呼応する語を「客語」と呼ぶ。
　「全体部分構造」とは，一つの文の中に，述語動詞の前にふつう置かれその主辞に呼応する「主語」と，その述語動詞の後にふつう置かれ呼応する接辞を持たない語とが共存し，この2語の間に「全体」と「部分」の関係が存在する構造である。また，客辞と呼応する「客語」と補足語とに「全体・部分」の関係が存在する構造も同様に呼ぶ。ここでは，前者を「主語の全体部分構造」，後者を「客語の全体部分構造」とする。

> ＊注記[95A]　「全体」と「部分」の位置
> 　上述では，主語の全体部分構造において，ふつう「全体」を述語動詞の前に，「部分」を後にとした。次の例は，「全体」の hapo〈そこ〉と，そこにいることからそこに含まれるので hapo の「部分」になる wewe〈お前〉とからなる全体部分構造である。そして全体と部分は述語動詞のそれぞれ前後に位置している。
> 　　　Hapo pa+ondoke wewe.〈そこは退け，お前.〉
> このような語順の例が確かに多い。しかし，この例は次のようにも語順を換えることができる。下の1例目は主辞と呼応しない wewe が文頭に，「主語」の hapo が文末に来ている。2例目は部分にあたる wewe が省略されている。
> 　　　Wewe pa+ondoke hapo.　〈お前，そこ退け.〉
> 　　　Pa+ondoke hapo.　　　　〈そこ退け.〉
> なお，全体部分構造ではないが，wewe を主語とする次の文も可能である。
> 　　　(wewe) U+ondoke hapo.　〈(お前)そこ退け.〉

> **＊余談[95A]　〜は〜が〜**
>
> 　日本語では，例えば，「水が漏る」，「バケツが漏る」，さらに一つにして，「バケツは水が漏る」とも言える。
> 　スワヒリ語でも，これらを次のように表現する。
>   Maji ya-navuja.　　　〈水は漏る／水が漏る．〉
>   Ndoo i-navuja.　　　〈バケツは漏る／バケツが漏る．〉
>   *Ndoo i-navuja maji.*　〈バケツは水が漏る．〉
> 　ここで問題とする「全体部分構造」の文は第3例である。この文は，ndoo〈バケツ〉が全体，その中にある maji〈水〉が部分という，全体の ndoo を主語とする全体部分構造である。日本語の「主題主語構文」に対応する構造を持っているように見える。日本語には主題と主語に対応する助詞「は」と「が」があるが，一方スワヒリ語では全体に対して主辞が対応するのみで，部分は何の接辞も対応せず，ふつう後置されるのみである。

全体部分関係をなすものにはどんなものがあるのか，その範囲はおおむね以下のようである。
(1)　人とその身体部分・所属物
　(1a)　人とその身体部分
　(1b)　人とその所属物
(2)　物とその所属物
(3)　場とそこの存在物

このうち，客語の全体部分構造には(2), (3)に該当する例はない。これは後でも述べるように「ヒト」以外は，〈〜から・において・へ〉などの意味を持つ「場客辞」が採れないことによると思われる。そのかわりに「ヒト」と「場所名詞」以外の名詞は，場名詞や前置詞句の形で表される。補説[96B]参照。
　「全体」に対する「部分」の関係について，人に対する身体部分及び場に対する存在物はその部分性が比較的明かであるが，人又は物に対する所属

第 2 部　文法

物には具体的にどのような範囲の語彙があるのかはっきりしない。

　全体部分構造の部分にあたる語を主語とすると，その文構造が上述の関係(1)から(3)で，相違する。この相違は名詞部類の場をめぐる性質から来る。後述の補説[96B]と同[96C]を参照。

96．主語の全体部分構造

　これは，主辞と呼応した主語を「全体」とし，その「部分」とがなす構造である。

96.1　人を全体とする構造

　上述したが，「人とその身体部分」と「人とその所属物」からなるの2種の構造に分けられる。

96.11 [全体＝人：部分＝身体部分]の構造
　これは全体に人が，部分にその身体部分が該当し，それらがなす構造である。部分には血，汗あるいは心なども含まれる。全体を斜体字に，部分を普通字にした。以下同様。

　　　(*mimi*)　**Ni-na**+**toka** damu/jasho.　〈(私は)血/汗が出ている．〉
　　　　1u私　S1u　　出る　血　　汗

　　　(*mimi*)　**Ni-me**+**vunjika** moyo.
　　　　　　　　　　　　　壊れる　心
　　　　　　　　　　　　　　　　〈(私は)落胆した．〉（＜心が壊れた）

96.12 [全体＝人：部分＝所属物]の構造
　これは，全体に人が，部分にその人に所属する物があたり，それらからなる構造である。なお，所属物には抽象物も含まれる。

　　　(*yeye*)　**A—ta**+**bakia vile vile** maisha **yake**.
　　　　3u彼　S3u　　残る　　同じく　　　生活　　彼の
　　　〈(彼は)生活が変わらないだろう．〉

96.2 ［全体＝物：部分＝所属物］の構造

物を全体，それに所属する物を部分とする構造である。なお，所属物には人・動物なども入り，また抽象物も含む。

 ***Mikono* yake i—me+simama mishipa.**
04手　　　　S04　　立つ　　04血管
       〈彼の手は血管が浮きでている。〉

 ***Mto* u—me+kauka maji.**　〈川は水が干上がった。〉
03川 S03　　乾く　　水

 ***Vitu* vi—me+panda bei.**　〈物は値が上がった。〉
08物 S08　　上がる　値

 ***Anga* li—likw+isha badilika rangi.**
05空 S05　　終わる　変わる　色
      〈空は色が変わってしまった。〉

 ***Kiko* ki—na+toka moshi taratibu.**
07パイプ S07　出る　煙　　ゆっくり
      〈パイプは煙がゆっくり出る。〉

次の例には部分(所属物)として人，牛が入っている。

 ***Hema* hii i—na+lala watano.**　〈このテントは5人用です。〉
09テント この S09　寝る 02 5人

 ***Zizi* moja ha-li--+kai fahali wawili.**
05囲い 同じ　　S05+kaa〈居る〉 雄牛　2頭の
  〈同じ一つの囲いには2頭の雄牛は居られない。〉｛諺｝

次例は，関係法を使った関係節で，少し理解がしにくいが，これも kimeza〈小机〉が全体，その上に載る kihanshe〈トレイ〉が部分である構造と考えられる。なお，kimeza が関係法動詞 kilichowekwa の主辞 ki- に呼応している。

kile *kimeza* ki-li-cho+wekwa　juu yake kile kihanshe.
　　その 07　　　S07　　　置かれる 上に
〈そのトレイが上に置かれているその小机.〉

96.3 ［全体＝場：部分＝存在物］の構造

以下は既に「69.場所主語倒置」で述べた構造であり，場とその場に含まれる存在物がそれぞれ全体と部分としてなす構造である．

　　Kulee　ku-naku+ja　mtu.　〈あっちからは人が来る．〉
　　17あっち S17　　　来る 人

　　Pale mtaani　pa-ka+pita　wizi.　〈あの地区では泥棒が入った．〉
　　16地区で　S16　　起こる 盗み

＊注記［96A］　場名詞・前置詞句の「全体」化

場名詞は一種の前置詞句であるが，述語動詞の主辞と呼応した場合に，特に主語化し「全体」になりうる．例えば，すぐ上の mtaani の例参照．

また，「96.2」にある全体 mto と部分 maji からなる構造も，主語を場名詞化して mtoni にすると次のようになり，場と存在物の全体部分構造になる．

　　Mto-ni　m—me+ kauka　maji.　〈川では水が干上がった．〉
　　18川に　S18　　乾く　水

同様に，前置詞句も主辞と呼応して，主語化し，そして「全体」化する．下の例では ndani ya maji が主語化し，全体化している．

　　Ndani ya mto　m—me+ jaa　samaki.
　　中に　の 川　S18　　満ちる 魚
　　　　　　　　　　　〈川の中には魚がいっぱいいる．〉

＊注記［96B］　「場所主語倒置」

> 「96.3」は「場所主語倒置」(locative inversion) と呼ばれる現象であるが，それは倒置でもなく例外的表現でも「慣用表現」でもない。全体と部分に関してどれを主語にし，どれを補足語とするかの問題なのである。

> *補説[96A]　時間を全体とする構造
> 　時間を全体とする構造は，場を時間に拡大した構造と考えることができる。次の例は，siku〈09；日〉が全体に，mpwago〈03；白米〉が部分になり，それらがなす構造である。
> 　　　Siku ya karamu ndiyo ***siku*** i—na-yo+pikwa mpwago
> 　　　　　　　　　　　　　　　　　09日　　S09
> 　　　mwingi wa bure.
> 　　　karamu〈宴〉，+pikwa〈炊かれる〉，mw-ingi〈多い〉，bure〈只〉
> 　　〈宴の日こそただ飯がたくさん炊かれる日だ。〉

> *補説[96B]　名詞部類の3大再編部類
> 　名詞部類は，場名詞（「14.」参照）化の成否および場の客辞の採否によって次の3大別ができる。「ヒト」には第1・第2部類名詞とそのほかの部類に属す「人間・動物」名詞とこれに準ずる名詞が含まれる。「モノ」には第3部類から第11部類と第15部類に属す非「ヒト」名詞が入る。「バ」には第16～第18部類の場所名詞とそれに準ずる名詞が含まれる。以下，+は成立・採用，—は不成立・不採用を表す。
> 　　　　　　場名詞化の成否　場客辞の採否
> 　　　ヒト：　　　—　　　　　　+
> 　　　モノ：　　　+　　　　　　—
> 　　　バ　：　　　—　　　　　　—
> 　既述の「主語の全体部分構造」が大きく3群に分かれるのはこれに由来すると考えられる。

＊補説[96C] 主語交替による変化

部分を述語動詞の前に置き主語を交替すると，上述の構造が変化し，その文は三つのの型に分かれる。それは，上の補説[96B]で記したように，名詞部類が3大別されることによる。なお，以下の(1)～(3)はそれぞれ上述の96.1～96.3におおむね対応する。

(1) 主語交替により全体が場客辞を採って客語化する型。

　　Damu i-na-ni+toka (mimi).
　　〈血が私から出る。〉
　　Moyo u-me-ni+vunjika (mimi).
　　〈私の心はがっかりした。〉{〈心が私において壊れた。〉}
　　Maisha (yake) ya-ta-m+bakia (yeye) vile vile.
　　〈(彼の)生活は変わらないだろう。〉

(2) 主語交替により全体が場名詞・前置詞句となる型。

　　Maji ya-me+kauka mto-ni.
　　〈水は川で干上がった。〉
　　Mishipa i-me+simama kwenye mikono yake.
　　〈血管が手に浮きでている。〉

(3) 主語交替によっても全体は無変化の型。

　　Mtu a-na-ku+ja kulee.
　　〈人があっちから来る。〉
　　Fahali wawili ha-wa+kai zizi moja.
　　〈2頭の雄牛は一つの囲いに居られない。〉
　　Maji ya-me+kauka mto-ni.
　　〈水は川で干上がった。〉

Maji yamekauka mtoni. は(2)にも(3)にもあるが対応する全体部分構造が異なるのである。つまり，対応する全体部分構造(muu)は次の通りである。

(2) Maji yamekauka mtoni.：(muu) *Mto* umekauka maji.

(3) Maji yamekauka mtoni.：(muu) *Mtoni* mmekauka maji.

97．客語の全体部分構造

これは客辞と呼応した客語を全体とし，補足語を部分とする構造である。全体には「人」しか例がない。

97.11 ［全体＝人：部分＝身体部分］の構造

この構造は，主語の全体部分構造に似て，全体が人の客語であり，部分が身体部分の補足語である。部分をなす身体部分には手などの他，影なども入る。

日本語ではふつう全体と部分が共存する場合には全体に助詞「の」が付き［「全体」の「部分」］という形しか採り得ない。

  A-li-ni-+shika（*mimi*）**mkono.**　〈彼は私の手をつかんだ.〉
    O1u つかむ　1u私　手

  A-li-ni-+ng'oa（*mimi*）**jino.**　〈彼は私の歯を抜いた.〉
    O1u 抜く　　　　歯

  a-ka-m-+funua（*yeye*）**kinywa na kummiminia**（**dawa**）
    O3u 開ける　3u彼　口
yote.
〈彼の口を開け，(薬を)全部つぎ込んだ.〉

  A-ta-ni-+la　　（*mimi*）**kivuli.**
    O1u 食べる　1u私　影
〈彼は私を裏切る.〉（＜私の影を食う）

＊注記[97A]　場名詞と「部分」
次のような例の場合，客辞に呼応する yeye が「全体」に，場名詞 moyoni が「部分」に想定できる。
  Sura yake i-li- m-w+ingia（**yeye**）　**moyo-ni.**
     O3u 入る　3u彼女　心に
  〈彼の面影が彼女の心に浮かんだ.〉

第2部　文法　　　　　　　　　　　　　　　　97.11

> しかし，場名詞は，一種の前置詞句であるから，ここで述べる「全体
> 部分構造」の「部分」に含めない。ただし，主辞を採る主語化した場
> 名詞は除く。注記[96A] 参照。

97.12 [全体＝人：部分＝所属物] の構造

　この構造は，上の「97.11」同様に全体が人の客語であるが，部分が所属物の補足語である。所属物には名前，体と心が作り出すもの，お金などがある。

　ここでも，日本語ではふつう，全体と部分が共存する場合には全体に助詞が付き [「全体」の/から「部分」] という形を採る。

Na-m-+ jua (*yeye*) **jina lake.** ⟨(私は)彼の名前を知っている。⟩
　　　　O3u 知る　3u 彼　名前

Jaribu ku-ni-+iga (*mimi*) **matamshi yangu.**
試す　　O1u まねる　1u 私　発音
⟨私の発音をまねてみて。⟩

Ile kalamu ilitaka ku-m-+ rudisha (*yeye*)　**mawazo**
ペン　　　　　　　　　O3u 戻す　　3u 彼女　想い

juu ya Idi.
イディに対する
⟨そのペンはイディに対する彼女の想いを引き戻そうとした。⟩

Fikira kama hizo zi-li-m-+ rusha usingizi *Hasan*.
考え　そのような　OO1 飛ばす 眠り　　O1 ハサン
⟨そんな思い付きがハサンの眠気を吹き飛ばした。⟩

Una elimu ya ku-m-+ soma *mtu* (mambo) **aliyo nayo**
　　　　　　　　　　　OO1 読む　O1 人　事柄　　持っている
moyoni mwake.
心に
⟨あなたには人が心に抱くものを読み取る学問があるのね。⟩

— 279 —

次は所属物としてのお金・給料の例である。

 A-me-ni-+nyang'anya (*mimi*) **pesa.**
  O1u 奪う 1u 私 お金
〈(彼は)私からお金を奪った。〉

 Wa-ta-ku-+kata (*wewe*) **mshahara wako.**
  O2u 切る 2u 君 給料
〈(彼らは)君の給料をカットする。〉

98．全体と部分

　全体部分構造はいわば，「広角描写」である。ある事象を表現するのに，何を主語(客語)とするのか。この構造は，部分を見て焦点を絞り主語(客語)にするのでなく，全体・場面を主語としてそこからから描出するものである。

 ***Yeye* anaumwa kichwa.** : **Kichwa kinamwuma** (*yeye*).
 彼は頭が痛い。   彼の頭は痛い。

 ***Anga* lilibadilika rangi.** : **Rangi ilibadilika angani.**
 空は色が変わった。   空の色は変わった。

 ***Ukutani* palitundikwa upinde.** : **Upinde ulitundikwa ukutani.**
 壁には弓が掛けられていた。   弓は壁に掛けられていた。

 Namjua (*yeye*) **jina lake.** : **Nalijua jina lake.**
 彼の名前(も人柄)も知っている。 彼の名前(だけ)を知っている。

＊余談[98A]　恐い話
全体部分構造にかかわって，ちょっと「恐い話」を紹介しよう。
  Wewe u—ta+katwa ...
   2u 君 S2u 切られる
ここまで聞くと恐くなる。が，次が続くと少しは安心できる。でも

生計には響く。
　　　... mshahara wako.
　　　　　給料
つまり,
　　Wewe utakatwa mshahara (wako).
　〈君は給料がカットされる.〉
　次の例は,誰のかわからぬ指に焦点があたりクローズアップされ,鬼気迫る表現となる。
　　　A-li-ki-+kata kidole. 〈彼は指を切った.〉
　　　　　彼 切る の 指
もし誤って自分の指を切ってしまったら,再帰辞(0)-ji-を入れて次のように言う。
　　　A-li-ji+kata kidole. 〈彼は自分の指を切った.〉
　　　　　0
　これらはいずれにしても余りよい話題の例文ではないが,言葉の学習上のことと寛容に容赦を。(でも刺激的で記憶するのにいい例かもしれない)。

第3部　語彙

　以下に，時間，時刻，日付・曜日・月名等，親族名称，方位，主要地名・国名，星の各語群を挙げる。なお，数詞については，「24．数詞」参照。

1．時間

  nukta(-), **sekunde**(-) 〈秒〉
  dakika(-)　〈分〉
   dakika moja 〈1分；ちょっと〉
  saa(-, **ma-**) 〈時間〉
  siku(-) 〈日〉
   siku moja　　　　〈1日；ある日〉
   siku ya pili（**yake**）　〈(その)翌日〉
   siku zote　　　　〈全日；年中，いつも〉
   kila siku　　　　〈毎日；いつも〉
  wiki(-), **juma**(**ma-**) 〈週〉
   wiki iliyopita, juma lililopita　〈先週〉
   wiki hii,　　**juma hili**　　　〈今週〉
   wiki ijayo,　**juma lijalo**　　〈来週〉
  mwezi(**mi-**) 〈月〉
   mwezi uliopita 〈先月〉
   mwezi huu　　〈今月〉
   mwezi ujao　　〈来月〉
  mwaka(**mi-**) 〈年〉
   mwaka uliopita, mwaka jana　　　〈去年〉
   mwaka huu　　　　　　　　　　〈今年〉
   mwaka ujao, mwakani, mwaka kesho　〈来年〉
   mwaka（**wa**）**elfu moja mia tisa na tisini na tisa**　〈1999年〉

第3部　語彙

　　　miaka tisini　　　　　〈90年〉
　　　muda wa miaka tisini　〈90年間〉
　　　miaka ya tisini　　　　〈90年代〉
　　　miaka tisini nyuma/iliyopita, kabla ya miaka tisini　〈90年前〉
　　　miaka tisini mbele/ijayo,　baada ya miaka tisini　〈90年後〉
　　muongo(mi-)　〈10年間〉
　　karne(-)　　　〈世紀〉
　　　karne iliyopita　〈前世紀〉
　　　karne hii　　　　〈今世紀〉
　　　karne hii ya ishirini　　〈この20世紀〉
　　　karne ijayo　　　〈来世紀〉
　　　karne ya ishirini na moja　〈21世紀〉

　juzi juzi, majuzi　〈先日〉
　juzi　　　　〈一昨日〉
　jana　　　　〈昨日〉
　leo　　　　　〈今日〉
　kesho　　　　〈明日〉
　kesho kutwa　〈明後日〉
(mtondoo　　〈明明後日〉{使わない人がいる。その場合，次の
　　　　　　　　　　　　mtondogoo が繰り上がる}
　mtondogoo　〈明明(明)後日〉

　asubuhi　〈朝〉
　mchana　〈昼〉
　jioni　　〈夕方〉
　usiku　　〈夜，晩〉
　　usiku wa manane　〈真夜中〉

　jana usiku　　　　〈昨夜〉
　usiku wa kuamkia leo　〈昨夜〉
　leo asubuhi　　　〈今朝〉

  kesho mchana　〈明日の昼〉
  (mchana) kutwa　〈昼一日中〉
  (usiku) kucha　〈一晩中〉
  kutwa kucha　〈昼夜一日〉
  siku nzima　〈丸一日〉

次の語群はイスラム教の1日5回の礼拝名に由来するが，礼拝とは別に単にその礼拝が行われる時間帯を指す時がある。

  alfajiri　　〈未明，かわたれ時〉
  adhuhuri　〈12時から2時の間〉
  alasiri　　〈2時から magharibi の間〉
  magharibi　〈たそがれ時〉
  esha/isha　〈magharibi の後〉

2. 時刻

時刻の表現に6時間のズレがあることに注意しなければならない。saa〈時〉は部類09/10の名詞であり，これにかかる数形容詞は基数詞と同形である。

時刻表現には次のような語も必要になる。

  dakika(-)〈分〉, na または u〈〜と，過ぎ〉, robo〈四半分, 15分〉, nusu〈半分, 30分〉, kasoro〈前，マイナス〉, kasorobo〈15分前〉(< kasoro robo), ngapi〈何〜〉

  Saa ngapi ?　　　　　　〈何時?〉

  -Saa moja.　　　　　　〈7時.〉
  -Saa mbili na/u nusu.　　〈8時半.〉
  -Saa tatu na/u robo.　　〈9時15分.〉
  -Saa nne kasoro robo.　〈10時15分前.〉
  -Saa nne kasorobo.　　〈10時15分前.〉

第3部　語彙

午前・午後にあたる語はなく，そのかわりに asubuhi〈朝〉, mchana〈昼〉, jioni〈夕方〉, usiku〈夜〉などを使う。

  -Saa sita na dakika sita.　　　　　　〈12時6分.〉
  -Saa kumi na mbili kasoro dakika sita.　〈6時6分前.〉
  -Saa kumi na mbili asubuhi.　　　　　〈午前(朝)6時.〉
  -Saa kumi na mbili jioni.　　　　　　〈午後(夕)6時.〉
  -Saa nane mchana.　　　　　　　　〈午後(昼)2時.〉
  -Saa nane usiku.　　　　　　　　　〈午前(夜)2時.〉

同様に6時間のズレに気をつけて，次の時間を言ってみよう。
  (a)　午前9時3分
  (b)　午後3時9分

一見，数が奇妙に見えるが，次が上の日本語に対応するがスワヒリ語の言い方である。tatu〈3〉, tisa〈9〉。
  (a)　**saa tatu　na dakika tatu　asubuhi**
  (b)　**saa tisa　na dakika tisa　mchana**

＊余談[3CA]　saa ngapi？
次の会話を見てみよう。
  A: Saa ngapi？
   何時？
  B: Saa moja na … ukanda wake.
   時計1個と…そのバンド。
この食い違いは，BがAの質問 saa ngapi を〈時計何個〉とし，はぐらかしたためである。このような saa には〈時計，時(じ)，時間〉の意味がある。

＊余談[3CB]　東アフリカ時間 saa moja ＝ 日本時間1時

> 時刻表現に6時間のずれ，加えて日本と東アフリカでは6時間の時差である。従って，例えば今日本で午後1時ならば，東アフリカでは6時間の時差から午前7時である。よって，その7時はスワヒリ語で saa moja である。
>
> 　従って，日本から直行する場合，時計の針は触らずにすむ，のである。とはいえ，おかしなことに，東アフリカの多くの人が西洋式に針をあわせているので，そのまま日本語の表現にあう向きになっていない。
>
> 　小生は，過日タンザニア・ザンジバルのある食堂でスワヒリ語の言い方と一致した時刻を指している時計を見た。この時，当たり前のことながらささやかな感激をした。それなら，そのまま日本語で読めば，すなわち日本時間となる。しばし，望郷の念に浸った。

3. 日付・曜日・月・四期

3.1 日付 (tarehe)

　日付は，以下のように tarehe 後に序数詞を置く。tatu〈3〉以降は基数詞と同形である。

  tarehe mosi　　〈ついたち〉
  tarehe pili　　〈ふつか〉
  tarehe tatu　　〈みっか〉

  Leo（ni）tarehe ngapi/gani ?　〈今日は何日（です）か．〉
  -Leo（ni）tarehe tano.　　〈今日は五日（です）．〉

3.2 曜日 (siku za wiki)

  Jumamosi　　〈土曜日〉
  Jumapili　　〈日曜日〉
  Jumatatu　　〈月曜日〉
  Jumanne　　〈火曜日〉
  Jumatano　　〈水曜日〉
  Alhamisi　　〈木曜日〉

第3部　語彙

Ijumaa　〈金曜日〉

siku〈日〉 ya ～を付けて以下のように言うことがある。
　　siku ya Jumamosi/Jumapili/...

Leo（ni）siku gani？　　　〈今日は何曜日（です）か.〉
-Leo（ni）（siku ya）Alhamisi.　〈今日は木曜日（です）.〉

3.3 月 (miezi)

月名には，kwanza を除き序数詞を使ったものと英語からの借用とがある。

mwezi wa kwanza,	Januari	〈一月〉
mwezi wa pili,	Februari	〈二月〉
mwezi wa tatu,	Machi	〈三月〉
mwezi wa nne,	Aprili	〈四月〉
mwezi wa tano,	Mei	〈五月〉
mwezi wa sita,	Juni	〈六月〉
mwezi wa saba,	Julai	〈七月〉
mwezi wa nane,	Agosti	〈八月〉
mwezi wa tisa,	Septemba	〈九月〉
mwezi wa kumi,	Oktoba	〈十月〉
mwezi wa kumi na moja,	Novemba	〈十一月〉
mwezi wa kumi na mbili,	Desemba/Disemba	〈十二月〉

mwezi〈月〉 wa ～を付けて以下のように言うことがある。
　　mwezi wa Januari/Februari/...

Huu（ni）mwezi gani？　　　〈今月は何月（です）か.〉
-Huu（ni）（mwezi wa）Januari.　〈今月は一月（です）.〉

以下はイスラム暦に基づく月名である。

第3部 語彙

mfunguo mosi/pili/tatu/nne/tano/sita/saba/nane/tisa〈1～9月〉
Rajabu　　〈10月〉
Shaabani　〈11月〉
Ramadhani　〈12月〉（断食月）

> ＊注記[3CA]　イスラム暦は太陰暦
> 　イスラム暦は，太陰暦であり，その1年が太陽暦より約11日ほど短く，太陽暦の西暦と対応しない。ところで，mfunguo は mfungo としたものもある。

3.4　四期（majira manne ya mwaka）

東アフリカ沿岸地域では1年は気候によっておおむね以下のような4期に分けられる。

　　kiangazi　〈キアンガズィ，大乾期，大暑期〉（12～3月）
　　　{kaskazi, musimu ともいう}
　　masika　〈マスィカ，大雨期〉（3～5月）
　　kusi　　〈クスィ，　小乾期〉（6～10月）
　　　{kipupwe とも言う。この間は更に kipupwe〈キププェ，冷涼期〉
　　　（6～8/10月）と demani〈デマニ，小暑期〉（8～10月）に分れる}
　　vuli　　〈ヴリ，小雨期〉（11～12月）

> ＊注記[3CB]　四季
> 　日本の四季は次のような訳語があたる。
> 　　〈春〉　majira ya chipukizi/kuchipua
> 　　〈夏〉　majira ya joto
> 　　〈秋〉　majira ya pukutizi/kupukutika
> 　　〈冬〉　majira ya baridi

第3部　語彙

4. 親族名称

4.1 直系に関して

babu, bibi 〈祖父, 祖母〉
　babu mzaa baba/mama 〈父方/母方の祖父〉
　bibi　mzaa baba/mama 〈父方/母方の祖母〉
baba, mama 〈父, 母〉
　baba　mzazi 〈実父〉
　mama mzazi 〈実母〉
　baba　mlezi 〈養父〉
　mama mlezi 〈養母〉
　baba　wa kambo 〈継父〉
　mama wa kambo 〈継母〉
mtoto, mwana 〈子〉
　mtoto wa kambo 〈継子〉
mjukuu, kijukuu 〈孫〉
kitukuu 〈曾孫〉
kilembwe/kirembwe 〈玄孫〉
kilembwekeza/kirembwekeza, kinying'inya 〈玄孫の子〉

4.2 傍系に関して

ndugu 〈きょうだい(兄・弟・姉・妹)〉
kaka 〈兄(・弟)〉
dada 〈姉(・妹)〉
mdogo 〈弟・妹〉
baba (mkubwa/mdogo) 〈父方のおじ, (大/小)父〉
mama (mkubwa/mdogo) 〈母方のおば, (大/小)母〉
ami/amu 〈父方のおじ〉
mjomba 〈母方のおじ〉
shangazi 〈父方のおば〉
binami 〈従兄・弟〉(= ndugu)

第3部　語彙

　　　bintiami　〈従姉・妹〉（＝ ndugu）
　　　mpwa　　〈甥・姪〉　（＝ mtoto, mwana）

4.3 姻戚に関して

　　　bi(bi)　arusi　〈花嫁〉
　　　bwana　arusi　〈花婿〉
　　　maarusi　　　〈花嫁花婿〉
　　　mke　　〈妻〉
　　　mume　〈夫〉
　　　mkwe　〈義理の父・母，婿・嫁〉
　　　ba(ba)　mkwe　〈義理の父〉
　　　ma(ma)　mkwe　〈義理の母〉
　　　shemegi/shemeji　〈(妻の)きょうだい〉
　　　　　〃　　／　〃　　〈(夫の)兄・弟〉
　　　wifi　　　　〈(夫の)姉・妹〉

5．方位

　　　kaskazini : kusini　　〈北：南〉
　　　magharibi : mashariki　〈西：東〉
　　　mbele : nyuma　〈前：後〉
　　　chini : juu　〈下：上〉
　　　kulia : kushoto　〈右：左〉
　　　ndani : nje　〈内：外〉
　　　kati　〈中〉
　　　katikati　〈真ん中〉

6．主要地名・国名

　以下，大陸別に主要地名・国名を挙げる。しばしば使われる英語綴りそのままの地名は略す。

― 290 ―

第3部　語彙

Afrika　〈アフリカ〉
  Afrika (ya) Kusini　〈南アフリカ〉
  Bukini　〈マダガスカル〉 (= Madagaska)
  Burundi　〈ブルンディ〉
  Kenya　〈ケニア〉
  Komoro　〈コモロ〉
  Kongo　〈コンゴ〉
  Malawi　〈マラウィ〉
  Misri　〈エジプト〉
  Msumbiji　〈モザンビーク〉
  Rwanda　〈ルワンダ〉
  Somali　〈ソマリア〉
  Tanzania　〈タンザニア〉
  Uganda　〈ウガンダ〉
  Uhabeshi　〈エチオピア〉
  Zambia　〈ザンビア〉
  Zanzibar　〈ザンジバル〉
  Zimbabwe　〈ジンバブエ〉

Amerika　〈アメリカ〉
  Amerika, Marekani　〈アメリカ合州国〉
  Kanada　〈カナダ〉

Asia　〈アジア〉
  Bara Arabu, Uarabuni　〈アラビア〉
  Bara Hindi　〈インド〉
  China　〈中国〉
  Japani　〈日本〉
  Korea　〈朝鮮〉
  Manga　〈オマーン〉
  Uturuki　〈トルコ〉

Ulaya, Oropa　〈ヨーロッパ〉
　Ubelgiji　〈ベルギー〉
　Ufaransa　〈フランス〉
　Ugiriki　〈ギリシア〉{Uyunani, ギリシア(古代)}
　Uhispania　〈スペイン〉
　Uholanzi　〈オランダ〉
　Uingereza　〈イギリス〉
　Ujerumani　〈ドイツ〉
　Ureno　〈ポルトガル〉
　Urumi　〈ローマ(古代)〉
　Urusi　〈ロシア〉
　Uswisi　〈スイス〉
　Utaliana　〈イタリア〉

7. 星 (nyota)

jua　〈太陽〉
mwezi　〈月〉
sayari　〈惑星〉
　Zebaki　〈水星〉
　Ng'andu, Zuhura　〈金星〉
　dunia　〈地球〉
　Mirihi　〈火星〉
　Mshtarii, Mushtara, Sumbula　〈木星〉
　Sarateni　〈土星〉
　Zohali, Zuhali　〈天王星〉
　Kausi　〈海王星〉
　Utaridi　〈冥王星〉

第4部　応用編

1. はじめに

以下5編のスワヒリ語のテキストを読んでみよう。これらのテキストをごく簡単に紹介すると，次のようになる。

(1) Abunuwas

　この話は，遠くアラビアから伝わったもので，アッバース朝カリフ・ハルン＝ラシッドの時代に活躍したとされる人物アブヌワスの持つ「奇知・頓知・狡知」によって展開する数多くの小話のうちの1編である。ロバはどう鳴いただろうか。

(2) Sungura na Zabibu

　これは，『イソップ物語』の1編「キツネとブドウ」として日本でもよく知られている。が，すこし配役が違っている。アフリカの寓話では「キツネ」にかわって sungura がしばしば登場する。

(3) Familia ya Kiswahili

　スワヒリ人の familia は，こんな人によって構成されている。日本人の家族と比べてどうだろうか。

(4) Majira ya Afrika ya Mashariki

　ここでは，四季にあたる東アフリカの「四期」が描かれている。各期は，気温と降雨によって分かれる。いつごろが現地を旅行するのに最適だろうか。

(5) Kiswahili lugha ya taifa

　スワヒリ語は，東・中部アフリカにおいて広く共通語として使われる

一方，タンザニアでは，「国家語・公用語」として幅広く，さらに深く使用されてきている。その1例として，ここでは議会での使用に関する報告書の「はしがき」の一部を読む。

5編のテキストの後に，語彙総目録と試訳例を掲げた。

2. テキスト

(1) Abunuwas

　Siku moja Abunuwas alipata dinari zake mia. Akaenda sokoni akanunua punda mzuri, akampanda. Akaenda naye mpaka nyumbani kwake. Hata siku moja akaja mtu kuazima punda wake Abunuwas. Abunuwas akanena,
　"Punda hayuko."
Mara yule punda akalia. Yule mtu akanena,
　"Punda si huyo analia, na wewe wasema hayuko?"
Abunuwas akajibu,
　"Sasa wewe umekuja kuazima punda ama umekuja kuazima mlio? Kama umekuja kuazima mlio na mimi nitalia."
Abunuwas akalia,
　"Ho! ho! ho!"
Akamwambia,
　"Haya panda, nenda zako."
　　　　　　　　(*Hekaya za Abunuwas na Hadithi Nyingine*)

(2) Sungura na Zabibu

　Hapo kale sungura mmoja aliyekuwa na njaa aliziona zabibu zinaning'inia kwenye mti. Zabibu hizo zilikuwa mbivu sana na rangi yake ni nyeusi; akatamani sana kuzila. Kwa bahati mbaya zabibu hizi zilikuwa juu sana. Akaruka, akitaka kuzichuma, hakuzipata, pia akaruka hakuzipata, akajitahidi kuruka mara ya tatu hakuzipata. Mwisho akasema,

"Ah! Sizitaki zabibu zile ni mbichi."
Hadithi hii inatufundisha tusividharau vitu tusivyovipata.

(Zungumza Kiswahili 2)

(3) Familia ya Kiswahili

    Familia ya Kiswahili inakuwa na baba, mama na watoto. Watoto wa kaka au dada wa baba pia ni memba wa familia kama wanaishi pamoja. Watoto wa ndugu wa mama pia ni memba wa familia kama wanaishi hapo. Shangazi, mjomba, shemegi, wifi pia wanakuwa ni memba wa familia hii wakiishi hapo. Tunayoizungumzia ni familia ya Bwana Haji. Kama baba na mama wa Bwana Haji wanaishi katika nyumba ya Bwana Haji, na wao vile vile ni memba wa familia. Aidha, wazazi wa mke wa Bwana Haji watakuwa memba wa familia iwapo wanaishi hapo.

(Zungumza Kiswahili 3)

(4) Majira ya Afrika ya Mashariki

    Katika Tanzania au Afrika ya Mashariki, kuna majira manne ya hali ya hewa.

    Kutoka Disemba mpaka Machi ni wakati wa joto sana, na baadhi ya wakati, joto hufikia sentigredi digrii 36. Upepo unaotoka mashariki ya kaskazini, huleta joto katika Afrika ya Mashariki. Majira ya joto kwa Kiswahili huitwa 'kiangazi'.

    Mwisho wa Machi mpaka Mei ni wakati wa mvua kubwa sana. Mvua hunyesha kila siku, usiku na mchana. Majira ya mvua kubwa huitwa 'masika'. Mvua hufikia inchi 40 mpaka 60.

    Kutoka Juni mpaka Oktoba ni wakati wa baridi kidogo. Upepo wa magharibi ya kusini huleta baridi katika Afrika ya Mashariki. Wakati huu wa baridi huitwa 'kipupwe'. Huu ni wakati mzuri sana kuitembelea Tanzania. Hali ya hewa huwa ni safi sana. Maua huwa yamechanua, majani huwa yameota kila mahali, miche huwa imechipua na wakulima huwa wanavuna mazao yao. Pia katika mbuga za wanyama, wanyama huweza kuonekana kwa urahisi kabisa. Takriba, katika majira haya, nchi yote huwa imenawiri kwa rangi ya kijani.

　Novemba mpaka Disemba ni siku za 'vuli'. Wakati huu, hunyesha mvua ndogo ndogo, hasa saa za mchana. Baridi hupungua na joto kidogo huwa limeanza. Wakati wa majira ya vuli, baadhi ya wakulima huanza kupanda mazao yao mbali mbali.

(Tujifunze Kiswahili II)

(5)　Kiswahili lugha ya taifa

　Lugha inayoeleweka na Watanzania wengi ni Kiswahili. Kiswahili kilitangazwa kuwa lugha ya taifa Tanzania Bara mwaka 1963 na Tanzania Visiwani mwaka 1964. Mnamo mwaka 1967 Kiswahili kilitangazwa kuwa lugha rasmi ya Jamhuri ya Muungano wa Tanzania. Lugha nyingine rasmi ya Jamhuri ya Muungano wa Tanzania ni Kiingereza. Lugha ya taifa ni lugha yenye hadhi kubwa na kwa kawaida hutumiwa kwenye shughuli zote muhimu za kitaifa kama vile siasa, elimu, biashara n.k.

　Kiswahili kimekuwa kikitumika katika majadiliano ya Bunge tangu mwaka 1963, na katika Baraza la Wawakilishi tangu lilipoasisiwa mwaka 1979. Hivyo ulipobuniwa mradi huu wa utafiti wa lugha ya mawasiliano Bungeni na katika Baraza la Wawakilishi mwaka 1993, Kiswahili kilikuwa kimeshatumika Bungeni kwa miaka 30 na kwenye Baraza la Wawakilishi kwa miaka <i>14</i>.

(Matumizi ya Kiswahili Bungeni)

＊　＊　＊　＊　＊　＊

第 4 部　応用編

3．語彙総目録

　以下の語彙集は上記 5 編のテキストの語彙総目録である。
　語彙総目録は，テキストの(1)と(2)について，活用上の接辞の付いている語はそのままの形で引けるように見出しとし，それに接辞の分析を（　）内に付し，語義側に語幹・語根を示した。その語幹・語根は更に見出しとしてある。テキストの(3)から(5)については，活用接辞を外した語幹・語根のみ見出しに挙げた。名詞複数形は，(1)と(2)ではそのまま見出しとし，語義側に単数形を挙げ，その語形を引くようにした。また，(3)～(5)では単数形を見出しとし，その後（　）内に複数接頭辞を置いた。または複数形全体を綴りだしたものもある。
　語彙総目録の記述に用いた略号の解説を次に記す。
(1) 見出しについて
　　-の付いた見出しは，接辞を採る形容詞
　　=の付いた見出しは，主辞系の詞・辞
　　+の付いた見出しは，本動詞(V)・準動詞(U)
(2) 見出しの後の（　）内
　　動詞・名詞の接辞・語幹・語根の分析が以下の記号を使って表されている。次の｛　｝内はその具体形である。
　　　　-E　　名詞の場添辞 {-ni}
　　　　G　　 語 {na}
　　　　K-　　動詞不定法接辞 {ku-}
　　　　N　　 名詞語幹
　　　　-N-　 動詞の接続法・関係法否定辞 {-si-}
　　　　NS-　 動詞否定主辞 {ha-, hayu-, si-}
　　　　-O-　 動詞客辞 {-m-, -tu-, -vi-, -zi-}
　　　　-Ō-　 動詞添加音 {-ku-}
　　　　-R-　 動詞係辞 {-vyo-, -ye-}
　　　　S-　　動詞主辞 {a-, i-, ni-}
　　　　ST-　 主時辞 {wa-}
　　　　-T-　 動詞時辞 {-a-, -ka-, -ki-, -ku-, -li-, -na-, -ta-}
　　　　+U　　準動詞語根

第4部　応用編

　　　+V　　本動詞語幹
　　　-w-　　わたり音 {-w-}
　　さらに，その見出しがあった上記のテキスト番号(1)～(5)
(3) 語義側について
　　直接「語義」を記したほかに，以下のような例がある。
　　　h=/09　　指示詞近称 h= の第9部類呼応形
　　　=le/01　　指示詞遠称=le の第1部類呼応形
　　　-moja/09　　数詞 -moja の第9部類呼応形
　　つぎに，[ ] 内の説明をする。
　　[ ] 内の数字ローマ字は，人称・数または部類番号を表す。
　　　　人称・数：例えば，1u〈一人称単数〉，2w〈二人称複数〉，
　　　　　　　　3u〈三人称単数〉
　　　　部類番号：例えば，01〈第1部類〉，02〈第2部類〉，
　　　　　　　　03〈第3部類〉
　　　[関] は，動詞活用の関係法
　　　[接] は，動詞活用の接続法
　　　[直] は，動詞活用の直説法
　　　[不] は，動詞活用の不定法
　　　[命] は，動詞活用の命令法
　　　[>] は，「～を見よ」

　　　　*** aaa - AAA ***
=a (2；3；4；5)　　　　　　　　～の
Abunuwas (1)　　　　　　　　アブヌワス {人名}
Afrika (4)　　　　　　　　　　[09] アフリカ
　Afrika ya Mashariki (4)　　　東アフリカ
ah (2)　　　　　　　　　　　　ああ
aidha (3)　　　　　　　　　　さらに
a-ka+enda (S-T+V) (1)　　　　[直] +enda
a-ka+ja (S-T+V) (1)　　　　　[直] +ja
a-ka+jibu (S-T+V) (1)　　　　[直] +jibu
a-ka+jitahidi (S-T+V) (2)　　[直] +jitahidi

― 298 ―

第4部　応用編

a-ka+lia(S-T+V) (1)	[直] +lia
a-ka-m+panda(S-T-O+V) (1)	[直] +panda
a-ka-m-w+ambia(S-T-O-w+V) (1)	[直] +ambia
a-ka+nena(S-T+V) (1)	[直] +nena
a-ka+nunua(S-T+V) (1)	[直] +nunua
a-ka+ruka(S-T+V) (2)	[直] +ruka
a-ka+sema(S-T+V) (2)	[直] +sema
a-ka+tamani(S-T+V) (2)	[直] +tamani
=ake (1；2)	彼の，その
a-ki+taka(S-T+V) (2)	[直] +taka
=ako (1)	君の
a-li+pata(S-T+V) (1)	[直] +pata
a-li-ye-ku+wa(S-T-R-Ō+V) (2)	[関] +wa
a-li-zi+ona(S-T-O+V) (2)	[直] +ona
ama (1)	または
+ambia (1)	言う，話す
a-na+lia(S-T+V) (1)	[直] +lia
+anza (4)	始まる
=ao (4)	彼らの
+asisiwa (5)	創設される
au (3；4)	または
+azima (1)	借りる

      ＊＊＊ bbb - BBB ＊＊＊

baadhi ya (4)	ある～
baadhi ya wakati (4)	ある時には
baadhi ya wakulima (4)	ある農民達
baba(-) (3)	[09/10] 父
bahati(-) (2)	[09/10] (幸)運
kwa bahati mbaya (2)	運悪く
bara(ma-) (5)	[05/06] 大陸 [>] Tanzania Bara
baraza(ma-) (5)	[05/06] 評議会
Baraza la Wawakilishi (5)	代表者評議会 {ザンジバルの議会}

― 299 ―

第4部 応用編

baridi (4)　　　　　　　　[09] 冷涼, 寒冷
-baya (2)　　　　　　　　悪い
biashara(-) (5)　　　　　　[09/10] 商業, 取引, 貿易
-bichi (2)　　　　　　　　熟していない, 生の
-bivu (2)　　　　　　　　熟している
bunge(ma-) (5)　　　　　[05/06] 議会
Bwana Haji (3)　　　　　ハジ氏
　　　＊＊＊ ccc - CCC ＊＊＊
+chanua (4)　　　　　　　咲く
+chipua (4)　　　　　　　(芽が)出る
+chuma (2)　　　　　　　摘む
　　　＊＊＊ ddd - DDD ＊＊＊
dada(-) (3)　　　　　　　[09/10] 姉(・妹)
+dharau (2)　　　　　　　軽蔑する
digrii(-) (4)　　　　　　　[09/10] 度
dinari(-) (1)　　　　　　　[09/10] ディナール {貨幣単位}
Disemba (4)　　　　　　[09] 12月
-dogo (4)　　　　　　　　小さい
　　　＊＊＊ eee - EEE ＊＊＊
+eleweka (5)　　　　　　わかる
elimu(-) (5)　　　　　　　[09/10] 教育, 学問
+enda (1)　　　　　　　　行く
=enye (5)　　　　　　　　〜を持った
-eusi (2)　　　　　　　　黒い
　　　＊＊＊ fff - FFF ＊＊＊
familia(-) (3)　　　　　　[09/10] 家族
+fikia (4)　　　　　　　　〜に達する・及ぶ
+fundisha (2)　　　　　　教える
　　　＊＊＊ hhh - HHH ＊＊＊
h= (2 ; 3 ; 4 ; 5)　　　　　こ(れら)の, これ(ら)
h=o (1 ; 2)　　　　　　　　そ(れら)の, それ(ら)
hadhi(-) (5)　　　　　　　[09/10] 地位

— 300 —

第4部　応用編

hadithi (-) (2)	[09/10] 話
Haji (2)	{人名} [>] Bwana Haji
ha-ku-zi+pata (NS-T-O+V) (2)	[直] +pata
hali (-) (4)	[09/10] 状態
hali ya hewa (4)	天気，気候
hapo (3)	そこ
hapo kale (2)	その昔，昔むかし
hasa (4)	特に
hata (1)	やがて
haya (1)	それじゃ
hayu+ko (NS+U) (1)	[所在] +ko
hewa (4)	[09] 空気 [>] hali ya hewa
hii (2)	h=/09
hivyo (5)	それで
hizi (2)	h=/10
hizo (2)	h=o/10
ho! ho! ho! (1)	{ロバの鳴き声}
huyo (1)	h=o/01

*** iii - III ***

i-na-tu+fundisha (S-T-O+V) (2)	[直] +fundisha
inchi (-) (4)	[09/10] インチ
-ingi (5)	多い
-ingine (5)	他の，ある〜
+ishi (3)	生活する
+itwa (4)	呼ばれる
iwapo (3)	もし(〜ならば)

*** jjj - JJJ ***

+ja (1)	来る
jamhuri (-) (5)	[09/10] 共和国
Jamhuri ya Muungano wa Tanzania (5)	タンザニア連合共和国
jani (ma-) (4)	[05/06] 草，葉
+jibu (1)	答える

第4部　応用編

+jitahidi (2)　　　　　　　努力する
joto (4)　　　　　　　　　[05] 暑さ
Juni (4)　　　　　　　　　[09] 6月
juu (2)　　　　　　　　　 上に

＊＊＊ kkk - KKK ＊＊＊

kabisa (4)　　　　　　　　きわめて，ごく
kaka(-) (3)　　　　　　　[09/10] 兄(・弟)
kale (2)　　　　　　　　　昔
kama (3)　　　　　　　　　もし(〜ならば)
kama vile (5)　　　　　　例えば；ちょうど〜のように
kaskazini (4)　　　　　　[09,16-18] 北
katika (3；4；5)　　　　 〜(の中)に・で・から
kawaida(-) (5)　　　　　 [09/10] 普通
　kwa kawaida (5)　　　　ふつうに
kiangazi (4)　　　　　　 [07] キアンガズィ(大暑期)
kidogo (4)　　　　　　　 少し
Kiingereza (5)　　　　　 [07] イギリス語(英語)
kijani　　　　　　　　　 {< jani}
　=a kijani (4)　　　　　緑の
kila (4)　　　　　　　　　毎〜，あらゆる
　kila siku (4)　　　　　毎日，いつも
kipupwe (4)　　　　　　　[07] キププェ(冷涼期)
kisiwa(vi-) (5)　　　　　[07/8] 島 [>] Tanzania Visiwani
Kiswahili (4；5)　　　　 [07] スワヒリ語
Kiswahili (3)　　　　　　スワヒリ的
　=a Kiswahili (3)　　　 スワヒリ的な，スワヒリ人の
kitaifa　　　　　　　　　{< taifa}
　=a kitaifa (5)　　　　 国家的な
kitu(vi-) (2)　　　　　　[07/8] 物
+ko (1)　　　　　　　　　 [所在] 〜にある・いる
ku+azima(K+V) (1)　　　　[不] +azima
-kubwa (4；5)　　　　　　大きい

第4部　応用編

ku+ruka (K+V) (2)	［不］+ruka
kusini (4)	［09,16-18］南
kutoka (4)	〜から
kutoka X mpaka Y (4)	XからYまで
kuwa (5)	〜であること，〜として｛＜+wa｝
ku-zi+chuma (K-O+V) (2)	［不］+chuma
ku-zi+la (K-O+V) (2)	［不］+la
kwa (2；4；5)	〜で(もって)
kwake (1)	=ake/17
kwenye (2；5)	〜(の所)に・で

   *** lll - LLL ***

+la (2)	食べる
=le (1；2)	あの，あれ
+leta (4)	もたらす
+lia (1)	鳴く
lugha (-) (5)	［09/10］言語，ことば
lugha rasmi (5)	公用語
lugha ya taifa (5)	国家語(国語)

   *** mmm - MMM ***

Machi (4)	［09］3月
magharibi	［09,16-18］西
magharibi ya kusini (4)	南西
mahali (4)	［16-18］場所
majadiliano (5)	［06］議論，討論
majira (4)	［06］季節，「期節」
mama (-) (3)	［09/10］母
mara (-) (3)	［09/10］〜回・度
mara ya tatu (3)	3回目
mara (1)	すると
mashariki (4)	［09,16-18］東
mashariki ya kaskazini (4)	北東
masika (4)	［06］マスィカ(大雨期)

第4部　応用編

mawasiliano (5)	[06] コミュニケーション
mbali.mbali (4)	いろいろ，さまざま
mbaya (2)	-baya/09,10
mbichi (2)	-bichi/10
mbivu (2)	-bivu/10
mbuga za wanyama (4)	野生動物自然公園
mchana (4)	[03] 昼
mche(mi-) (4)	[03/04] 芽
Mei (4)	[09] 5月
memba(-) (3)	[09/10] 成員，メンバー
mia (1)	百
mimi (1)	[1u] 私
mjomba(wa-) (3)	[01/02] （母方の）おじ
mke(wa-) (3)	[01/02] 妻
mkulima(wa-) (4)	[01/02] 農民
mlio(mi-) (1)	[03/04] 鳴き声
mmoja (2)	-moja/01
mnamo (5)	〜（の中）に
mnyama(wa-) (4)	[01/02] 動物
moja (1)	-moja/09
-moja (1 ; 2)	一つの
mpaka (1 ; 4)	〜まで
mradi(mi-) (5)	[03/04] 計画，プロジェクト
Mtanzania(Wa-) (5)	[01/02] タンザニア人
mti(mi-) (2)	[03/04] 木
mtoto(wa-) (3)	[01/02] 子供
mtu(wa-) (1)	[01/02] 人
muhimu (5)	重要な
muungano(mi-) (5)	[03/04] 連合
mvua(-) (4)	[09/10] 雨
mwaka(mi-) (5)	[03/04] 年
mwakilishi(wawakilishi) (5)	[01/02] 代表者

第4部　応用編

mwisho(mi-) (4)	[03/04] おわり
mwisho (2)	しまいに，ついに
mzazi(wa-) (3)	[01/02] 親
mzuri (1)	-zuri/01

*** nnn - NNN ***

n.k. (5)	na kadhalika；〜など
na (1；2；4；5)	と，と(ともに)，〜の方は，そして；(+)na [所有・存在] もつ・ある・いる
+na (4)	[所有・存在] もつ・ある・いる
+nawiri (4)	かがやく
na-ye(G-R) (1)	それ(＝ロバ)と一緒に [>] na
nchi(-) (4)	[09/10] 国
ndugu(-) (3)	[09/10] きょうだい
+nena (1)	言う
nenda(V) (zako) (1)	[命] (君の道を)行け {<+enda}
ni (2；3；4；5)	〜である
+ning'inia (2)	ぶらさがる
ni-ta+lia(S-T+V) (1)	[直] +lia
njaa(-) (2)	[09/10] 空腹
-nne (4)	4つの
Novemba (4)	[09] 11月
+nunua (1)	買う
nyeusi (2)	-eusi/09
+nyesha (4)	(雨が)降る
nyumba(-) (1；3)	[09/10] 家，家庭
nyumba-ni(N-E) (1)	[>] nyumba

*** ooo - OOO ***

Oktoba (4)	[09] 10月
+ona (2)	見る
+onekana (4)	見られる，見れる
+ota (4)	生える
=ote (5)	全部の

第4部　応用編

*** ppp - PPP ***

pamoja (3)	一緒に，一所に
panda (V) (1)	[命] +panda
+panda (1；4)	乗る；植える，蒔く
+pata (1；2)	入手する
pia (2；3；4)	また，もまた
punda(-) (1)	[09/10] ロバ
+pungua (4)	減る

*** rrr - RRR ***

rangi(-) (2；4)	[09/10] 色
rangi ya kijani (4)	緑色
rasmi (5)	公用の，公式の
+ruka (2)	とぶ(跳・飛)

*** sss - SSS ***

saa(-) (4)	時間，〜時，時計
safi (4)	すがすがしい，きれい
sana (2；4)	非常に
sasa (1)	今，さて
+sema (1；2)	言う
sentigredi (4)	[09] 摂氏
shangazi(-) (3)	[09/10] (父方の)おば
shemegi(-) (3)	[09/10] 妻のきょうだい；夫の兄・弟[>] wifi
shughuli(-) (5)	[09/10] 業務
si (1)	〜でない
siasa(-) (5)	[09/10] 政治
siku(-) (1；4)	[09/10] 日
siku moja (1)	ある日
si-zi+taki (NS-O+V) (2)	[直] +taka
soko(ma-) (1)	[05/06] 市場
soko-ni (N-E) (1)	[>] soko
sungura(-) (2)	[09/10] ウサギ

*** ttt - TTT ***

第4部　応用編

taifa(ma-) (5)	[05/06] 国家
+taka (2)	欲しい，〜したい
takriba (4)	ほとんど
+tamani (2)	（たまらなく）欲しい
+tangazwa (5)	公布される
tangu (5)	〜以来
Tanzania (4 ; 5)	タンザニア
Tanzania Bara (5)	タンザニア大陸部｛タンガニイカ｝
Tanzania Visiwani (5)	タンザニア島しょ部｛広義のザンジバル｝
tatu (2)	3
+tembelea (4)	〜を旅する
+toka (4)	（〜から）来る
+tumika (5)	使われる，使える
+tumiwa (5)	使われる
tu-si-vi+dharau(S-N-O+V) (2)	[接] +dharau
tu-si-vyo-vi+pata(S-N-R-O+V) (2)	[関] +pata

*** uuu - UUU ***

ua(ma-) (4)	[05/06] 花
u-me-ku+ja(S-T-Ō+V) (1)	[直] +ja
upepo(pepo) (4)	[11/10] 風
urahisi (4)	[11] 容易
kwa urahisi (4)	簡単に
usiku (4)	[11] 夜
utafiti (5)	[11] 調査，研究

*** vvv - VVV ***

vile (5)	あのように [>] kama vile
vile vile	同様に
vitu (2)	[>] kitu(vi-)
vuli (4)	[09] ヴリ（小雨期）
+vuna (4)	収穫する

*** www - WWW ***

+wa (2 ; 4 ; 5)	〜である

第4部　応用編

```
+wa na (3)                      ～を持っている
wakati(nyakati) (4)             [11/10] 時（とき）
wake (1)                        =ake/01
wa+sema(ST+V) (1)               [直] +sema
wao (3)                         [3w] 彼ら
wewe (1)                        [2u] あなた，きみ
+weza (4)                       できる
wifi(-) (3)                     [09/10] 夫の姉・妹 [>] shemegi
         * * * yyy - YYY * * *
ya (2)                          =a/09
yake (2)                        =ake/09
yule (1)                        =le/01
         * * * zzz - ZZZ * * *
zabibu(-) (2)                   [09/10] ぶどう
zake (1)                        =ake/10
zako (1)                        =ako/10
zao(ma-) (4)                    [05/06] 産物
zile (2)                        =le/10
zi-li-ku+wa(S-T-Ō+V) (2)        [直] +wa
zi-na+ning'inia(S-T+V) (2)      [直] +ning'inia
+zungumzia (3)                  ～について述べる・話す
-zuri (1；4)                    よい
```

＊　＊　＊　＊　＊　＊　＊

いかがでしたか？　やさしかったですか，むずかしかったですか？　次に試訳例を挙げておきます。

4．試訳例

(1) アブヌワス

　ある日，アブヌワスは百ディナールを受け取った。市場に行って，よい口

バを買って，乗った。ロバに乗って，家に帰った。やがてある日，アブヌワスのロバを借りに人がやって来た。アブヌワスは言った。
　「ロバはいないよ。」
すると，そのロバが鳴いた。借りに来た人が言った。
　「当のロバが鳴いているじゃないか，なのにいないなんて。」
アブヌワスは答えた。
　「さて，お前さんはロバを借りに来たのか，それとも鳴き声を借りに来たのか。もし，鳴き声を借りに来たなら，私が鳴こう。」
そこでアブヌワスは鳴いた。
　「ホッ，ホッ，ホッ。」
そして，言った。
　「さあ，乗った，帰れ。」

(2)　ウサギとブドウ
　むかしむかし，腹を空かしたウサギは，ブドウが木にぶら下がっているのを見つけた。そのブドウはよく熟れていて，色も黒々していた。もう食べたくてならなかった。運の悪いことに，これらのブドウはとても高いところにあった。取りたくて，跳び上がったが，取れなかった。また跳び上がったが，取れなかった。3度目力を込めて跳んだが，取れなかった。しまいに，こう言った。
　「えっ。あんなブドウはいらん，まだあおい。」
　この話は，手に入らない物を馬鹿にしてはならないということを私達に教えている。

(3)　スワヒリ人の家族
　スワヒリ人の家族は父，母と子供からなる。父のきょうだいの子供も，同居していれば，家族のメンバーである。母のきょうだいの子供もまた，同居ならば，家族のメンバーである。父方のおば，母方のおじ，義理のきょうだいも，同居ならば，家族のメンバーである。今話題にしているのは，ハジ氏の家族である。もし，ハジ氏の父母がハジ氏の家に住んでいるならば，彼らも同様に家族のメンバーである。さらに，ハジ氏夫人の両親も，同居ならば，家族のメンバーになる。

(4) 東アフリカの「期節」

タンザニア，または東アフリカには，四期がある。

12月から3月までは，非常に暑い時期であり，時にはその暑さが摂氏36度にもなる。北東の風が，東アフリカに暑さを運んでくる。暑い期節は，スワヒリ語で「キアンガズィ」と呼ばれる。

3月末から5月までは，大雨の時期である。雨は，毎日昼夜，降る。大雨の期節は，「マスィカ」と呼ばれる。雨量は40から60インチに達する。

6月から10月までは，少し冷涼な時期である。南西の風が東アフリカに冷涼さを運んでくる。この冷涼な時期は，「キププェ」と呼ばれる。この時期がタンザニアを旅するに好適である。天気が快適である。花が咲いて，草・葉がいたるところに生えでていて，芽生えている。そして，農民は収穫の最中である。また，野生動物自然公園では，動物達がいとも簡単に見られる。この期節には，国中ほとんどが緑色に輝いている。

11月から12月までは，「ヴリ」の日々である。この時期，小雨が特に昼に降る。冷涼さはやわらぎ，暑さが少し強まりだす。ヴリの時期には，さまざまな作物の種蒔きや植え付けを始める農民達がいる。

(5) 国家語スワヒリ語

タンザニア人の多くがわかる言葉は，スワヒリ語である。スワヒリ語は，1963年タンザニア大陸部（タンガニイカ）で，そして1964年タンザニア島しょ部（ザンジバル）で，国家語であると公布された。1967年には，スワヒリ語はタンザニア連合共和国の公用語であると公布された。タンザニア連合共和国のもう一つの公用語はイギリス語（英語）である。国家語は，高い地位を持つ言語であり，ふつう国家レベルの重要な業務すべてに，例えば政治，教育，ビジネスなどに使われる。

スワヒリ語は，1963年以来議会で，1979年の創設以来代表者評議会で，論議に使われてきた。従って，議会と代表者評議会におけるコミュニケーション言語調査研究のこのプロジェクトが発足した1993年には，スワヒリ語は議会において30年，代表者評議会において14年使われてきたことになる。｛テキストでは miaka 12〈12年〉とあったが，単純なミスと考えて，miaka 14〈14年〉とした｝

第 5 部 付録

1. 練習問題の解答
2. 辞典・参考書の紹介
3. 目次細目
4. 略号一覧

第5部　付録

1. 練習問題の解答

♯00 練習問題（34ページ）
(1) 知恵は財産である。
(2) 鍬を選ぶ者は農民ではない。
(3) 旅人は異教徒である。｛＝Msafiri（ni）kafiri.｝
(4) 嘘つきの道は短い。｛＝Njia ya mwongo（ni）fupi.｝
(5) 意志のあるところに道がある。
(6) 僕(しもべ)は自由がない。
(7) 旗は風にたなびく。

♯11A 練習問題（40ページ）
問題1
(1) 複数形：Wamarekani
(2) 単数形：mwimbaji
(3) 　〃　：mwanasayansi

問題2
(1) 先生達は良い。
(2) 誰の生徒達？
(3) 動物は役立つ。

問題3
(1) Mke ni mzuri.　（複数：Wake ni wazuri.）
(2) Mume ni mbaya.　（複数：Waume ni wabaya.）
(3) Mke anamfaa mume wake?　｛wake〈彼女の〉｝
　　（複数：Wake wanawafaa waume zao?　｛zao〈彼女らの〉｝

♯11B 練習問題（44ページ）
問題1
(1) 複数形：miaka
(2) 　〃　：miezi
(3) 単数形：mwenge

第5部　付録

問題 2
- (1) モスクはよい。
- (2) 誰のクローブの木？
- (3) マンゴーの木は役立つ。

問題 3
- (1) Mkono ni mzuri.　（複数：Mikono ni mizuri.）
- (2) Mguu ni mbaya.　（複数：Miguu ni mibaya.）
- (3) Moto unafaa.

♯11C 練習問題（47ページ）

問題 1
- (1) 複数形：mafya
- (2) 単数形：jembe
- (3) 複数形：masanduku

問題 2
- (1) オレンジはよい。
- (2) 誰のバス？
- (3) 油は役立つ。

問題 3
- (1) Masikio ni mazuri.　（単数：Sikio ni zuri.）
- (2) Macho ni mabaya.　（単数：Jicho ni baya.）
- (3) Magari yanafaa.　（単数：Gari linafaa.）

♯11D 練習問題（50ページ）

問題 1
- (1) 複数形：vilima
- (2) 単数形：kiazi
- (3) 複数形：vyumba

問題 2
- (1) 椅子はよい。
- (2) 誰の靴？
- (3) 鉄は役立つ。

問題 3
- (1) Chungu ni kizuri. （複数：Vyungu ni vizuri.）
- (2) Chakula ni kibaya. （複数：Vyakula ni vibaya.）
- (3) Vitabu vinafaa. （単数：Kitabu kinafaa.）

♯11E 練習問題（54ページ）

問題 1
- (1) わからない。
- (2) 連合辞 ya から単数
- (3) 連合辞 ya から単数

問題 2
- (1) 連合辞 za から複数
- (2) 連合辞 za から複数
- (3) 主辞 zi- から複数

問題 3
- (1) Chai ni nzuri.
- (2) Kahawa ni mbaya. ｛mbaya ＜ n-baya｝
- (3) Saa inafaa. （複数：Saa zinafaa.）

♯11F 練習問題（58ページ）

問題 1
- (1) 複数形：nyuma
- (2) 〃：pinde
- (3) 単数形：waraka

問題 2
- (1) 歌はよい。
- (2) 虹（＜雨の弓）
- (3) 板は役立つ。

問題 3
- (1) Udongo ni mzuri.
- (2) Upepo ni mbaya. （複数：Pepo ni mbaya.）

第5部　付録

(3)　Wavu unafaa.　　　（複数：Nyavu zinafaa.）

♯11G 練習問題（61ページ）
問題1
　(1)　人々と話すことはよい。
　(2)　大統領の到着
　(3)　書くことは役立つ。
問題2
　(1)　Kupewa ni kuzuri.
　(2)　Kuiba ni kubaya.
　(3)　Kusoma kunafaa.

♯11H 練習問題（64ページ）
問題1
　(1)　場所はよい。
　(2)　危険な場所
　(3)　人は多くの場所を旅する。
問題2
　(1)　Pahali/Mahali ni pazuri.
　(2)　Kwahali/Mahali ni kubaya.
　(3)　Mwahali/Mahali unafaa.

♯16 練習問題（83ページ）
問題1
　(1)　あなたは彼(女)が好きだ。
　(2)　彼(女)は私達が好きだ。
　(3)　私達はあなた方が好きだ。
問題2
　(1)　(nyinyi) Mnawapenda (wao).
　(2)　(wao) Wanakupenda (wewe).
　(3)　(wewe) Unawapenda (wao).

— 315 —

第5部 付録

#20 練習問題（100ページ）
問題1
  (1) 濃い血
  (2) 厚手の服
  (3) ひどい眠気
  (4) 深い眠り
  (5) 脳の疲れを取るよく効く薬

問題2
  (1) (mtu) mkubwa wa umri
  (2) (mtu) tajiri wa moyo
  (3) (mtu) maskini wa pesa
  (4) (mtu) mwingi wa elimu
  (5) (mtu) mzuri wa sura
  (6) (mtu) mfupi wa hasira

問題3
  (1) elfu moja mia tano na hamsini na tano
  (2) kituo cha pili
  (3) Leo (ni) (siku) ya ngapi?

#30 練習問題（118ページ）
問題1
  (1) Mti wowote unatosha.　　Miti yoyote haifai.
  (2) Jiwe lolote linatosha.　　Mawe yoyote hayafai.
  (3) Kitu chochote kinatosha.　　Vitu vyovyote havifai.
  (4) Nguo yoyote inatosha.　　Nguo zozote hazifai.
  (5) Uzi wowote unatosha.　　Nyuzi zozote hazifai.
  (6) Mahali popote panatosha.　　Mahali momote hamfai.

問題2
  (1) mti huu hapa, mti huo hapo, mti ule pale
  (2) jiwe hili hapa, jiwe hilo hapo, jiwe lile pale
  (3) kitu hiki hapa, kitu hicho hapo, kitu kile pale

(4) nguo hii hapa, nguo hiyo hapo, nguo ile pale
(5) uzi huu hapa, uzi huo hapo, uzi ule pale

♯40 練習問題（133ページ）
問題1
(1) 永く生きることは沢山のことを見ることである。
(2) 妻は着物のようだ。
(3) 道に迷うことが道を知ることだ。
(4) 継父は父ではない。
(5) 悪い仕事でも良い遊びよりましだ。

問題2
(1) Ana kichwa kikubwa.
(2) Ana mkono (mrefu).
(3) Ana macho ya nje.
(4) Hana mbele wala nyuma./Hana mbele hana nyuma.
(5) Kuogelea hakuna ruhusa.

問題3
(1) 子供の粥はうまい。　　　（答　usingizi〈睡眠〉）
(2) それはあるが，見えない。（答　kisogo〈後頭部〉）

問題4
(1) 余りの賢さは先が暗い。
(2) 装飾箱の美しさは(外だけ)，(一皮剝けば)その中はただの木片だ。
(3) 口は言葉の宮殿である。
(4) (親の)祝福は金に優る。
(5) 雨の兆しは雲である。
(6) バッタの戦いはカラスの喜びである。
(7) 子供の笑顔は家のひかりである。
(8) 神を信じる者は事欠かない。
(9) 君を喰う者は君の服の中にいる。
(a) 静かに行くライオンこそ獲物を喰う者である。
(b) ゆっくりこそ(確実な)歩みである。

第5部 付録

   (c) 躓きは挫折ではなく，かえって前進である。

問題5
- (1) 腹を空かした者はタブーがない。
- (2) 急げ急げには恵みがない。
- (3) 人の多いところは事件が多い。
- (4) 舌には骨がない。
- (5) 戦争には目がない。
- (6) 目にはカーテンがない。
- (7) 蚊のいない雨期はない。
- (8) 二人だけの秘密はない。
- (9) 知恵は髪であり，各人がそれなりに持っている。
- (a) 意志のある所に道がある。
- (b) 昔のことはない。
- (c) 目に(映ら)ない者，それは心にも(浮かば)ない。

♯61 練習問題（170ページ）

問題1
- (1) 舌で躓くより指で躓く方がよい。
- (2) お金を借りることは結婚式，返すことは葬式。
- (3) 食べることは楽しい，耕すことは体が痛い。
- (4) キングフィッシュを食べることは大変ではない，大変なのはそれを洗うこと。

問題2
- (1) 夜黒い猫と出会うことは不吉である。
- (2) 六本指を持って生まれることはお恵みである。
- (3) 濡れた着物を着ることは貧乏の表れである。
- (4) 歯で爪を嚙み切ることは貧困の表れである。
- (5) 夜掃き掃除をすることは恵みを逃がす。
- (6) 水のついてない着物を洗うことは貧困をもたらす。

♯62&63 練習問題（180ページ）

- (1) 敵を愛せ。

第 5 部　付録

(2)　強者は通せ。
(3)　皮は乾かないうちに熨(の)せ。
(4)　遅れて着け。
(5)　蜜蜂の後を追い蜜を食べろ。
(6)　一時のきれいな祈りござのために古ござを捨てるな。
(7)　仲間の星を頼りに旅するな。
(8)　出産がまだあるのに産婆を罵るな。
(9)　差し出すのは心で，決して裕福ではない。
(a)　粉を搗いて食えなければ，杵は出せない。
(b)　目の見えない人と食べてもその人の手に触るな。

♯64 練習問題 (190ページ)

問題1
(1)　潮は流れに沿う。
(2)　少し少しもやがてキババを満たす。
(3)　立派な名前は暗闇に光る。
(4)　子供が泣くのを恐れる者は自身が泣きを見る。
(5)　井戸掘りは自身が入る。
(6)　溺れる者は水をつかむ。
(7)　待つ者が熟したものを食べる。
(8)　すべてを欲する者はすべてを逃がす。
(9)　良い日は朝から明らかだ。
(a)　舌は歯より傷つける。

問題2
(1)　商いは喧嘩しない。
(2)　空のブリキ缶は必ず音がする。
(3)　一本指ではシラミを潰せない。
(4)　犬の歯は互いに嚙みつかない。
(5)　蜜蜂を追う者にはきっと蜜が手に入る。
(6)　医者は自分を治せない。
(7)　裁縫師は(縫う)服を選ばない。
(8)　死んだ耳には薬が効かない。

第5部　付録

(9) 親切は傷まない。
(a) 君を知る化け物は君を喰い尽くすことはない。

問題3
(1) 這いながら産卵する。　（答　mboga〈カボチャ〉）
(2) つかまらずつかめない。（答　moshi〈煙〉）
(3) 立てないし立たない。　（答　mkufu〈鎖〉）
(4) ぶら下がりながら死んでいる。（答　buibui〈蜘蛛〉）
(5) 父のカンズは穴だらけ。（答　dema〈うけ（漁具）〉）
(6) わが子は森で泣く。　（答　shoka〈斧〉）
(7) アラブ人がターバンを巻いている。（答　bisi〈ポップコーン〉）
(8) 白いアラブ人が一本足で立っている。（答　uyoga〈きのこ〉）
(9) 私の魚が仰向けに浮いている。（答　merikebu〈船〉）
(a) 私のランプは全世界を照らす。（答　mwezi〈月〉）

♯65　練習問題（198ページ）

問題1
(1) 好きになれば，片目を斜視と呼ぶ。
(2) 琥珀があれば，龍涎香がその後にある。
(3) 猫が去れば，ネズミがはびこる。
(4) 魚は一匹傷めば，全部傷む。
(5) 水はこぼれれば，集まらない。
(6) 蛇と言えば，手に棒を持て。
(7) 子供が剃刀を泣いて求めたら，くれてやれ。
(8) もし死を知らないならば，墓を見よ。
(9) 貧乏人は拾えない，拾えば盗んだと言われる。
(a) 事件を見て，何も言わなければ，事件に巻き込まれない。

問題2
(1) 蜜蜂の食べる物を知ったなら，蜜は味わえないだろう。
(2) 千（シリング）を欲しがったら，くれたろう。
(3) 住んでいる所を見たなら，驚いたろう。
(4) やるべきことがわかっていたなら，あなたに何か聞いたと思う？
(5) もしあなたに対する愛情がなかったならば，びんたを喰わしたろう。

第5部　付録

#66 練習問題（208ページ）
問題1
  (1) 沈み込んだ者はそれがわからない。
  (2) 唸るものは長続きしない。
  (3) 生じたのは病気ではない，今あるのやこれからのを治そう。
  (4) 光るものすべてが金であると思うな。
  (5) 母親にしつけられなかった子は世間にしつけられる。
  (6) あなたを知らない者はあなたを評価しない。
  (7) 上の者の言うことを聞かない者は足を折る。
  (8) 問わない者には学ぶものがない。
問題2
  (1) 意志があれば，道が開ける。
  (2) わが子を叩くと，人々が踊る。　　　（答　ngoma〈太鼓〉）
  (3) 私が行くところはどこでもついてくる。（答　kivuli〈影〉）
  (4) 象たちが争うと，草が傷む。
  (5) 酒は仕上げたさまを飲むことになる。
  (6) 子供は育てようこそ育ちよう。

第5部 付録

2. 辞典・参考書の紹介
2.1 辞典
ここでは，スワヒリ語，日本語，英語を使ったスワヒリ語辞典・語彙集で市販のものを紹介する。

2.11 スワヒリ語－日本語辞典
(1) 守野庸雄・中島久．1979．『スワヒリ語基礎1500語』．大学書林．
(2) 和崎洋一．1980．『スワヒリ語－日本語辞典』．養徳社．
日本最初の本格的な辞典である。後述のF・Johnsonの辞書を下敷きにしている。編者の挿し絵がたのしい。
(3) 守野庸雄・中島久．1992．『スワヒリ語常用6000語』．大学書林．

2.12 スワヒリ語－英語辞典
本格的にスワヒリ語を学習する場合には，特に(1)が欲しい。
(1) Johnson, F. 1939. *A Standard Swahili-English Dictionary*. Oxford Univ. Press.
(2) Rechenbach, Charles W. 1967. *Swahili-English Dictionary*. The Catholic Univ. of America.

* Taasisi ya Uchunguzi wa Kiswahili（スワヒリ語研究所，タンザニア・ダルエスサラーム大学）から *Kamusi ya Kiswahili-Kiingereza* が近く刊行されると聞いている。これは，下記の *Kamusi ya Kiingereza-Kiswahili* の姉妹版である。見出し・内容とも期待でき，その早期出版が待たれる。（1998年12月記）

2.13 英語－スワヒリ語辞典
「ス－英」辞典と同様に本格的に勉強する者には，少なくとも最新の(4)を手元に置くのが望ましい。(3)は「ス－英」「英－ス」の語彙集である。
(1) Johnson, F. 1939. *A Standard English-Swahili Dictionary*. Oxford Univ. Press.
(2) Snoxall, R. A. 1961(rev.) *A Concise English-Swahili Diction-*

ary. Oxford Univ. Press.
- (3) Perrott, D. V. 1965. *The E.U.P. Concise Swahili and English Dictionary.* The English Universities Press.
(現在 *Swahili Dictionary* として Hodder & Stoughton 社の刊行)
- (4) Taasisi ya Uchunguzi wa Kiswahili. 1996. *TUKI English-Swahili Dictionary, Kamusi ya Kiingereza-Kiswahili.* Institute of Kiswahili Research, University of Dar es Salaam.

2.14 スワヒリ語ースワヒリ語辞典

中・上級をめざす者は，(2)を座右に置きたい。できれば，見出し語こそそれほど多くないが例文を備えた(3)も揃えたい。

- (1) Johnson, F. 1935. *Kamusi ya Kiswahili yaani Kitabu cha Maneno ya Kiswahili.* Oxford Univ. Press.
- (2) Taasisi ya Uchunguzi wa Kiswahili. 1981. *Kamusi ya Kiswahili Sanifu.* Oxford Univ. Press.
- (3) Bakhressa, Salim K. 1992. *Kamusi ya Maana na Matumizi.* Oxford Univ. Press.

2.15 そのほか

(1)は，スワヒリ語のことわざ2053収録したもので，スワヒリ語自体や，スワヒリ文化を理解するために必携である。(2)は見出し語1万4千余に及ぶvisawe〈同意語〉を集めたもので，特にスワヒリ語の深い理解には欠かせない辞書である。

- (1) Scheven, Albert. 1981. *Swahili Proverbs.* Univ. Press of America.
- (2) Mohamed, Mohamed A. & Said A. Mohamed. 1998. *Kamusi ya Visawe.* East African Publishers.

2.2 文法書・参考書・学習書など

2.21 日本語で書かれたもの

(1)はおそらく単行本として出された日本最初のスワヒリ語文法・学習書で

ある。(2)は対訳書で巻末に語彙が付けられてあり文法を一通り終えた人の自習テキストになる。(3)と(4)は会話書である。(4)には音声テープが付いている。
- (1)　五島忠久．1965．『スワヒリ語入門』．大学書林．
- (2)　エブラヒム＝N.＝フセイン（和崎・ムワンギ・宮本訳注）．1977．『Wakati Ukuta（時の壁）』．昭和堂．
- (3)　守野庸雄．1980．『スワヒリ語会話練習帳』．大学書林．
- (4)　アブディ・F・レハニ．1995．『エクスプレス・スワヒリ語』．白水社．

2.22 英語で書かれたもの

(1)は文法書として定評のある書で，スワヒリ語の構造を解説した(3)とともにスワヒリ語学研究の必携書である。(2)(6)は同一シリーズの新旧のスワヒリ語学習書であるが，(2)は主に文法をコンパクトにまとめてあり，(6)は会話を軸に文法や現地事情・文化を同時に学べるように配慮してある。(4)(5)は「会話から文法へ」の形式を採っているが，解説・練習・読み物が豊富にある。着実にこなせば，確実に力がつく。(7)も同様の形式に初級学習書として必要な平明・簡潔な工夫がこらされている。

- (1)　Ashton, E. O. 1947(2nd ed.) *Swahili Grammar*. Longman.
- (2)　Perrott, D. V. 1957. *Teach Yourself Swahili*. Teach Yourself Books.（現在 Hodder & Stoughton 社の刊行）
- (3)　Polomé, E. C. 1967. *Swahili Language Handbook*. Center for Applied Linguistics.
- (4)　Maw, Joan. 1985. *Twende! A Practical Swahili Course*. Oxford Univ. Press.
- (5)　Zawawi, Sharifa. 1988 (repr. ed.). *Kiswahili kwa Kitendo vol. 1: Learn Our Kiswahili*. Africa World Press.
- (6)　Russell, Joan. 1996. *Swahili* (Teach Yourself Books). Hodder & Stoughton.
- (7)　Hinnebusch, Thomas J. & Sarah Mirza. 1998 (2nd ed.) *Kiswahili msingi wa kusema, kusoma na kuandika*. Univ. Press of America.

2.23 音声テープ付きの学習書

　上記(4)(7)などには音声テープが別売でついている。そのほかに次のような音声教材がある。(1)は今や「古典的」ともいえる音声資料で30分に簡単にまとまっている。(2)は何巻にも及ぶテープからなり、こなすのに集中した長い時間が必要になろう。(3)は発音練習から単語それに簡単な文を収録したテープ2巻である。

(1) Linguaphone. 1950. *Swahili*.
(2) Stevick, E. W. ほか. 1963. *Swahili Basic Course*. Foreign Service Institute.
(3) Salim, Ahmed Ali. 1971. *The Living Language Course in Swahili*. Crown Publishers.

2.24 そのほか

　以下の書は、(1)(3)を除き、スワヒリ語に直接かかわるものではないが、スワヒリ語を含むアフリカの言語についての知識・理解を得るのに役立つ。

　(1)はスワヒリ語でかかれた英語の学習書である。(2)はアフリカ諸言語の分類こそ古くはなっているがその諸言語に関したさまざまな事項を解説している。スワヒリ語にも多くのページを割いている。(3)はスワヒリ語の一方言を記述したものである。(4)は現在までの研究成果をもとに二百余ページにわたってアフリカ諸言語について詳細に解説し、アフリカ諸言語に関心を持つものは必読すべきものである。

(1) Perrott, D. V. 1958. *Jifunze Kiingereza Teach Yourself English for Swahili-Speaking People*. The English Universities Press.
(2) 五島忠久. 1963. 『アフリカ語の話』. 大学書林.
(3) 永島明子. 1981. 『ザイール・シャバ州のスワヒリ語』. 泰流社.
(4) 清水紀佳. 1988. 「アフリカの諸言語」『言語学大辞典第1巻世界言語編（上）』. 三省堂

第5部 付録

3. 目次細目

以下に，本書の「第1部発音」と「第2部文法」についてその具体的構成を示すために，また索引のかわりに，それらの目次細目を掲げた。

第1部　発音·· 1
1. 母音 ·· 1
1.1 同母音連続·· 1
　　　　＊注記[1A]　異母音連続は「6.21(2)異母音連続」を参照
　　　　＊補説[1A]　母音調和
2. 子音 ·· 3
2.1 閉鎖音·· 3
　(1) 両唇音 p[p], b[b] ··· 3
　(2) 歯茎音 t[t], d[d] ··· 3
　(3) 硬口蓋音：j[ɟ] ·· 3
　(4) 軟口蓋音 k[k], g[g] ··· 4
　　　　＊補説[2A]　内破音 b, d, j, g
2.2 摩擦音·· 5
　(1) 唇歯音 f[f], v[v] ··· 5
　(2) 歯音　th[θ], dh[ð] ··· 5
　(3) 歯茎音 s[s], z[z] ··· 5
　(4) 後歯茎音 sh[ʃ] ··· 5
　(5) 軟口蓋音 (kh[x]), gh[ɣ] ·· 5
　　　　＊補説[2B]　kh
　(6) 声門音 h[h] ·· 6
2.3 破擦音·· 6
　(1) 後歯茎音 ch[tʃ] ·· 6
　　　　＊補説[2C]　nj[ndʒ]
2.4 流音 ·· 6
　(1) 側音 l[l] ·· 6
　(2) ふるえ音 r[r] ··· 7
2.5 鼻音 ·· 7

— 326 —

第5部　付録

　　(1)　両唇鼻音　　m[m] ……………………………………………… 7
　　(2)　歯茎鼻音　　n[n] …………………………………………………7
　　(3)　硬口蓋鼻音　ny[ɲ] …………………………………………………7
　　(4)　軟口蓋鼻音　ng'[ŋ] …………………………………………………7
　　　　＊補説[2D] ng'g ＞ ng
2.6　半母音　w[w], y[j] ……………………………………………………8
3．音節 …………………………………………………………………………8
　　　　＊注記[3A] 鼻音 m, n
4．アクセント ………………………………………………………………9
　　　　＊補説[4A] アクセントの位置
5．イントネーション ……………………………………………………10
6．その他の発音解説 ……………………………………………………11
6.1　帯気 ……………………………………………………………………11
　　　　＊補説[6A] [n] ＞ [ʰ] ＞ [ ]
6.2　音連続 …………………………………………………………………11
6.21　母音連続 ……………………………………………………………11
　　(1)　同母音連続 ………………………………………………………11
　　(2)　異母音連続 ………………………………………………………11
6.22　子音連続 ……………………………………………………………12
　　(1)　同子音連続 ………………………………………………………12
　　(2)　異子音連続 ………………………………………………………12
6.3　音変化 …………………………………………………………………12
6.31　母音 …………………………………………………………………12
　　　　＊注記[6A] 部類番号
6.32　子音 …………………………………………………………………13
7．発音練習 …………………………………………………………………13
7.1　子音 ……………………………………………………………………13
　　(1)　f：h ………………………………………………………………13
　　(2)　b：v ………………………………………………………………14
　　(3)　h：kh ……………………………………………………………14
　　(4)　g：gh ……………………………………………………………14
　　(5)　g：ng：ng' ………………………………………………………14

第5部　付録

  (6) n : ny ··15
  (7) th : s : dh : z ··15
  (8) l : r ···16
    ＊注記[7A]　l ＝ r
  (9) j : nj ···16
7.2 m, n ···17
  (1) 音節形成の m, n ··17
  (2) 音節不形成の m, n ··17
7.3 si : shi : ji : zi ···18
  (1) si : shi ···18
  (2) ji : zi ···18
7.4 音のつながり ··18
  (1) -a : -wa : -ua ··18
  (2) -ba : -bwa ···18
  (3) ng', nw, nyw ··19
  (4) mwenye, -ji, -zi ··19
7.5 文 ··19
  (1) 単語の切れ目 ··19
  (2) 連辞 ni ··19
7.6 e : a ···19
8. 挨拶表現 ··20
8.1 イスラム教由来の挨拶 ···20
8.2 年長者 ··20
8.3 -jambo？ ···20
8.4 habari？ ···21
8.5 salama？ ··21
8.6 hali gani？ ···21
8.7 asante ··22
8.8 samahani ···22
8.9 kwa heri ···22

第5部　付録

第2部 文法 ……………………………………………………………23
00．文………………………………………………………………………23
　(1)　名詞文……………………………………………………………23
　(2)　動詞文……………………………………………………………23
00.1 名詞文………………………………………………………………23
　　　＊補説[00A] 連辞の種類
00.2 動詞文 ……………………………………………………………24
00.3 名詞文と準動詞文の本動詞文化 ………………………………24
　　　＊補説[00B] 実質語は多音節語
01．その他の文…………………………………………………………24
01.1 省略文，間投詞文 ………………………………………………24
　(1)　省略文……………………………………………………………24
　(2)　間投詞文…………………………………………………………25
01.2 主題主語文 ………………………………………………………25
　(1)　名詞文……………………………………………………………25
　(2)　動詞文……………………………………………………………25
　　　＊注記[01A] 全体部分構造
02．動詞の活用形………………………………………………………26
　　　＊注記[02A] 動詞記号+
02.1 準動詞の活用構造 ………………………………………………26
02.2 本動詞の活用構造 ………………………………………………27
　　　＊余談[02A] しまうま！
　　　＊余談[02B] よい旅は気をつけて
　　　＊余談[02C] 助詞と接辞
03．文の要素……………………………………………………………29
　　　＊補説[03A] 主題叙述文
04．語順…………………………………………………………………30
05．品詞…………………………………………………………………31
06．呼応…………………………………………………………………32
06.1 名詞接頭辞系呼応 ………………………………………………32
06.2 代名詞接辞系呼応 ………………………………………………33
06.3 混合呼応 …………………………………………………………33

第5部 付録

```
        *注記[06A] -ingine に付く接頭辞のユレ
   ♯00 練習問題 ································································34

10．名詞，代名詞 ··································································35
        *余談[10A] 前接頭辞
        *補説[10A] 部類番号
11．名詞部類 ······································································36
11.1 第1・第2部類（01；02）··················································37
        *注記[11A] 主辞(S)と客辞(O)の形式
        *余談[11A] 無理は われわれ あゆ人は
        *注記[11B] 複数形略記
        *余談[11B] 人間の皮？
   ♯11A 練習問題 ······························································40
11.2 第3・第4部類（03；04）··················································40
        *余談[11C] 無味なり わやな ウイス木一
        *余談[11D] 植物と実
        *余談[11E] muongo, mwongo
        *補説[11A] 03/04, 03/10
        *補説[11B] 種類複数
   ♯11B 練習問題 ······························································44
11.3 第5・第6部類（05；06）··················································45
        *余談[11F] 自慢の 倉や 力石屋
        *余談[11G] 連合辞 =a (1)
   ♯11C 練習問題 ······························································47
11.4 第7・第8部類（07；08）··················································48
        *余談[11H] キヴィに 茶ヴァかり キヴィの物
   ♯11D 練習問題 ······························································50
11.5 第9・第10部類（09；10）·················································50
        *余談[11I] あんな やくざが 異人服
        *余談[11J] 外来語の所属部類
        *補説[11C] 05 対 09；10
        *補説[11D] 複数明示の第6部類接頭辞 ma-
```

第5部　付録

　　♯11E　練習問題……………………………………………………54
11.6　第11・第10(・第6)部類 (11；10(；06))………………………55
　　＊余談[11K]　無論　手技の　宇治の糸
　　＊注記[11C]　第11部類形容詞接頭辞 m-
　　＊余談[11L]　連合辞 =a (2)
　　＊補説[11E]　Ufaransa, Uganda, Uingereza, Ulaya; utingo
　　♯11F　練習問題……………………………………………………58
11.7　第15部類 (15)…………………………………………………59
　　＊補説[11F]　客辞付き動名詞・不定詞
　　＊余談[11M]　九九は苦を見る
　　♯11G　練習問題……………………………………………………61
11.8　場所名詞 (16；17；18)…………………………………………61
　　＊補説[11G]　第18部類の性質
11.81　第16部類 (16)…………………………………………………62
　　＊余談[11N]　パパはパ所
11.82　第17部類 (17)…………………………………………………63
　　＊余談[11O]　九九は苦所
11.83　第18部類 (18)…………………………………………………63
　　＊余談[11P]　無無は無所
　　＊余談[11Q]　連合辞 =a (3)
　　♯11H　練習問題……………………………………………………64
12．部類と部類名………………………………………………………65
　(1)　単数・複数の対を一つの部類とするもの……………………65
　(2)　動詞に付く主格接頭辞(主辞)によって部類分けしたもの…65
12.1　単複の対応と部類………………………………………………66
　　＊余談[12A]　部類12, 13, 14
12.2　複数の種類………………………………………………………67
　　＊余談[12B]　日・英・スの数3態
12.21　同種複数…………………………………………………………67
　　＊余談[12C]　同種・同類の wakina, akina, kina
12.22　合計複数…………………………………………………………68
12.23　明示複数…………………………………………………………69

第5部 付録

12.24 種類複数 …………………………………………………………………69
12.25 計量複数 …………………………………………………………………69
12.26 代表複数 …………………………………………………………………70
　　＊余談[12D] 代表単数ほか
12.27 分化複数 …………………………………………………………………70
13．名詞の派生 …………………………………………………………………71
13.1 派生名詞 …………………………………………………………………71
　(1) 名詞から ………………………………………………………………71
　(2) 形容詞から ……………………………………………………………71
　　＊補説[13A] 形容名詞
　(3) 副詞から ………………………………………………………………71
　(4) 動詞から ………………………………………………………………72
13.2 アラビア語からの借用語 ………………………………………………72
　(1) 語根 KTB ………………………………………………………………73
　(2) 語根 SFR ………………………………………………………………73
　　＊注記[13A] アラビア語由来の名詞・動詞の関係は「52.2」を参照
13.3 部類の相互関係：指大・指小詞 ………………………………………73
　(1) 指大詞：ji-/ma-(05/06)，m-/mi-(03/04) ………………………73
　(2) 指小詞：ki-/vi-(07/08)，u-(11) …………………………………73
　　＊余談[13A] 多重の指大・指小詞
　　＊余談[13B] 指大辞 b-
13.4 ki 副名詞 …………………………………………………………………74
14．場名詞 ………………………………………………………………………75
14.1 裸の場名詞 ………………………………………………………………76
　(1) 地名 ……………………………………………………………………76
　(2) 方位 ……………………………………………………………………76
　(3) 外来語 …………………………………………………………………76
　(4) 複合語 …………………………………………………………………76
　(5) 添辞を採った場名詞と裸の場名詞の意味の分化 ……………………77
15．「人間・動物」名詞の呼応 …………………………………………………77
　　＊注記[15A] ヒト化
　　＊補説[15A] ndege〈鳥，飛行機〉

第5部　付録

　　　＊補説[15B] 擬人化
　　　＊余談[15A] 固有名詞のうち人名など
16．人称代名詞 …………………………………………………… 79
　　　＊注記[16A] 主辞 a-, yu- の使い分けは注記[11A]参照
　　　＊補説[16A] 他の人称代名詞形
　　　＊余談[16A] ニウ鮎積むは，憎む机には
17．不定代名詞 …………………………………………………… 81
18．疑問代名詞 …………………………………………………… 81
　(1)　nani 〈誰，何〉｛人・動物に対して｝ ………………… 81
　　　＊余談[18A] 僕が鶏だ
　(2)　nini 〈何〉｛物・事に対して｝ ………………………… 82
　　　＊注記[18A] 指示代名詞
　　　＊補説[18A] 名詞 ＋ gani ＝ 疑問代名詞
　　　＊注記[18B] 疑問詞全体は「85.疑問詞」を参照
　　＃16 練習問題 ………………………………………………… 83

20．形容詞 ………………………………………………………… 84
20.1 種類 ………………………………………………………… 84
　(1)　無接頭辞の形容詞 ………………………………………… 84
　(2)　名形容詞 …………………………………………………… 84
　(3)　有接頭辞の形容詞 ………………………………………… 84
　　　＊補説[20A] 形容詞的表現
20.2 形容詞の位置 ……………………………………………… 85
　(1)　後置の形容詞 ……………………………………………… 85
　(2)　前置の形容詞 ……………………………………………… 85
　　　＊余談[20A] 分数
21．形容詞の活用形 ……………………………………………… 86
21.1 無接頭辞の形容詞 ………………………………………… 86
21.2 名形容詞 …………………………………………………… 87
　　　＊補説[21A] 母の言葉 ＝ 母語？
21.3 有接頭辞の形容詞 ………………………………………… 88
21.31 主辞系の形容詞 …………………………………………… 88

第5部　付録

　　　　　＊注記[21A]　主辞系形容詞の接辞
21.32　名詞接頭辞系の形容詞……………………………………………89
　(1)　形容詞の例………………………………………………………89
　(2)　基本接頭辞………………………………………………………89
　　　　　＊注記[21B]　名詞接頭辞 ≠ 形容詞接頭辞(K)
　　　　　＊余談[21A]　色の形容詞
22.　名詞接頭辞系形容詞の接頭辞…………………………………………90
　　　　　＊注記[22A]　-angavu〈明るい，澄んだ〉，-ovu〈邪悪な〉
　　　　　＊余談[22A]　形容詞 -ingine の部類05，09，10の接頭辞
23.　比較………………………………………………………………………93
　23.1　比較級……………………………………………………………93
　23.2　最上級……………………………………………………………94
　23.3　同等………………………………………………………………94
24.　数詞………………………………………………………………………94
　24.1　基数詞……………………………………………………………95
　　　　　＊注記[24A]　23,000 = 20,003？
　　　　　＊補説[24A]　アラビア語由来の数詞・分数詞
　　　　　＊余談[24A]　22は「二十とふたつ」
　24.2　序数詞……………………………………………………………97
　　　　　＊余談[24B]　順番はどこから
　24.3　数形容詞…………………………………………………………98
　　(1)　単数………………………………………………………………98
　　(2)　複数………………………………………………………………98
　　　　　＊注記[24B]　数詞の類義・同義
　　　　　＊注記[24C]　二桁以上の数形容詞
　　　　　＊補説[24B]　分数形容詞
　　　　　＊補説[24C]　一人ずつ，二三日
　　♯20　練習問題……………………………………………………………100

30.　主辞系の詞辞……………………………………………………………102
30.1　原則的に主辞を付して形成される語形………………………………102

— 334 —

第5部　付録

 (1) 選定詞　=pi〈どれ，どの〉 …………………………………102
 (2) 指示詞　=le〈あれ，あの〉；h=〈これ，この〉；h=o〈それ，その〉…102
30.2 原則的に主辞の子音(化)部分を付して形成される語形…………102
 (3) 連合辞　=a〈の〉 ………………………………………………102
 (4) 所有詞　=angu〈私の〉，=ako〈あなたの〉，=ake〈彼(女)の〉
     =etu〈私達の〉，=enu〈あなた方の〉，=ao〈彼(女)らの〉…103
 (5) 所持詞　=enye〈を持った〉 ……………………………………103
 (6) 再帰詞　=enyewe〈自身〉 ………………………………………103
 (7) 係辞　　=o(-){様々な機能を持つ} …………………………103
 (8) 全称詞　=ote〈全部の〉 …………………………………………103
 (9) 汎称詞　=o=ote〈どんな～でも〉 ……………………………103
  ＊補説[30A]　人称代名詞の全称詞　=ote
31.　選定詞，指示詞 ………………………………………………………104
31.1　選定詞「どれ，どの」，指示詞遠称「あれ，あの」 ……………105
31.2　指示詞近称「これ，この」，指示詞中称「それ，その」 ………106
  ＊補説[31A]　照応の分裂
  ＊余談[31A]　wが消えて，yが現れる。
31.3　同示詞 ………………………………………………………………107
  ＊余談[31B]　名詞部類の代名詞
31.4　指示詞の前置 ………………………………………………………109
32.　連合辞の子音部分(C) ………………………………………………110
33.　連合辞「の」，所有詞「私の」など………………………………110
33.1　連合辞　=a …………………………………………………………110
 (1) BがAを所有；AがBに所属 ……………………………………110
 (2) Bに関するA ………………………………………………………110
 (3) BでできたA ………………………………………………………111
 (4) Bにいる・あるA …………………………………………………111
 (5) Bを持つA …………………………………………………………111
 (6) Bが・に使うA ……………………………………………………111
 (7) Bを使うA …………………………………………………………111
 (8) Bという(名の)A …………………………………………………111
  ＊注記[33A]　Bに動詞不定詞を使った例は…

第5部　付録

33.2 所有詞 ··· 111
　　＊余談[33A]　私の ≠ =a mimi
34.　所持辞, 再帰詞 ··· 113
　　＊注記[34A]　再帰詞=enyewe と再帰辞 -ji-
　　＊余談[34A]　mwenye を使った合成語
35.　係辞, 全称詞, 汎称詞 ··· 114
　　＊余談[35A]　w が消えて, y が現れる。
36.　係辞を採る語(動詞以外) ··· 115
36.1 関係詞 amba=o ··· 116
36.2 共詞 na=o ·· 116
36.3 連辞：即是詞 ndi=o, si=o ··· 117
36.4 　雑称詞 -ingine=o ·· 118
　　＊余談[36A]　具詞 kwa=o
　＃30 練習問題 ·· 118

40.　連辞, 準動詞 ··· 120
41.　連辞 ··· 120
42.　連辞：是辞の ni, si ·· 121
42.1 比定 ··· 122
42.2 連辞：ゼロ ··· 122
　　＊余談[42A]　私はウナギ
42.21 形容詞文 ·· 123
　　＊余談[42B]　Chako changu changu chako.
42.22 主題主語文 ·· 124
43.　連辞：主辞 ··· 124
44.　連辞：即是詞 ndi=o, si=o ··· 125
　　＊補説[44A]　是辞と即是詞
45.　準動詞 ··· 125
45.1 準動詞の主辞 ·· 127
　(1) a-, ha- を使う準動詞 ·· 127
　(2) yu-, hayu- を使う準動詞 ··· 127
　(3) a- と yu- のどちらでも使える準動詞 ··· 127

第5部　付録

46．所有・存在 …………………………………………………128
47．所在 …………………………………………………………129
　　＊注記[47A]　sipo〈私はいない〉
　　＊補説[47A]　状態の+ko；最中の+mo
　　＊補説[47B]　存在と所在
　　＊余談[47A]　(1) 何人きょうだい？　(2) きょうだい何人？
　　＊余談[47B]　Penye nia ipo njia.〈やる気が在れば道はある．〉
48．存続 …………………………………………………………131
49．無事 …………………………………………………………132
　　＊余談[49A]　jambo そして mambo
　＃40　練習問題 ………………………………………………133

50．動詞語幹 ……………………………………………………136
　　＊注記[50A]　語基の確定
50.1　語幹の構造 ………………………………………………136
　　＊余談[50A]　日本語・スワヒリ語動詞の派生
51．動詞語尾 ……………………………………………………138
　　＊補説[51A]　a動詞と非a動詞
　　＊注記[51A]　語尾欠如語幹
　　＊注記[51B]　スワヒリ語本来の非a動詞
　　＊注記[51C]　動詞語尾による動詞種類の定義
51.1　語尾変化 …………………………………………………139
51.2　a＞e変化 …………………………………………………139
　　＊注記[51D]　添辞 -ni
　　＊注記[51E]　不定詞接頭辞(K) ＞ 添加音(Ō)
51.3　a＞i変化 …………………………………………………140
52．動詞の派生 …………………………………………………141
52.1　他品詞からの派生動詞 …………………………………141
　(1)　名詞から …………………………………………………141
　(2)　形容詞から ………………………………………………141
　(3)　副詞から …………………………………………………141
52.2　アラビア語由来の動詞の派生 …………………………141

第5部　付録

(1)　a a a　　　　　＞＜　a i i ……………………142
(2)　a a a　　　　　＞＜　u u u ……………………142
(3)　a a i　　　　　＞＜　a i i ……………………142
(4)　a a i　　　　　＞＜　u i i ……………………142
(5)　a a u　　　　　＞＜　a i u ……………………142
(6)　aii/aiu/iii/uua ＞＜　u u u ……………………142
(7)　- - a　　　　　＞＜　- - i ……………………142
(8)　- - a　　　　　＞＜　- - u ……………………143
(9)　- - -　　　　　＞＜　- - -　（同形）………143
(10)　a a　　　　　　＞＜　i i ……………………143
(11)　- a　　　　　　＞＜　- i ……………………143
(12)　- a　　　　　　＞＜　- u ……………………143
(13)　他 ……………………………………………………143
53．動詞の派生辞 …………………………………………144
　　　＊注記[53A]　+elewa〈わかる〉
53.1 派生辞の分類 ………………………………………145
53.11 母音調和する形態 ………………………………145
　(1)　語根最終母音がa, i, uの場合, ……………145
　(2)　語根最終母音がa, i, u, eの場合, …………145
53.12 母音調和しない形態 ……………………………146
　(1)　母音を含む形態 ……………………………………146
　(2)　子音からなる形態 …………………………………146
　　　＊注記[53B]　(p/w):y- ＞ (f/v):y-
53.13 置換の形態 …………………………………………146
54．派生動詞 ………………………………………………146
　(1)　適用形 ………………………………………………147
　(2)　自発形 ………………………………………………147
　(3)　被動形 ………………………………………………147
　(4)　使役形 ………………………………………………147
　(5)　倒意形 ………………………………………………148
　(6)　相互形 ………………………………………………148
　(7)　受動形 ………………………………………………148

第5部　付録

54.1 適用形 ·· 148
　　　＊余談[54A] 形成辞 'l'
　(1) 「～のために・のかわりに」 ····························· 150
　　　＊注記[54A] 略号
　(2) 「～へ・に」（方向） ·· 151
　(3) 「～で」（所格・具格） ····································· 151
　(4) 意味の特殊化 ·· 152
　　　＊余談[54B] 適用形
54.2 自発形 ·· 152
　　　＊注記[54B] 書りる，切れる
54.3 被動形 ·· 154
54.4 使役形 ·· 155
　　　＊余談[54C] 使役形「形容詞」
54.5 倒意形 ·· 156
54.6 相互形 ·· 157
　　　＊余談[54D] 聞き合う ＝ 話し合う
54.7 受動形 ·· 159
　　　＊余談[54E] 結婚
　　　＊補説[54A]「自動詞」に客辞，受動形
54.8 その他 ·· 161
　(1) 静止形] 派生辞　.am- ······································ 161
　(2) 固持形] 派生辞　:at- ······································· 161
55. 複合派生形 ··· 161
56. 反復形 ··· 162
57. 再帰動詞 ·· 162
　　　＊余談[57A] テレビに出る
　　　＊余談[57B] 同じ同じ？

60. 述語動詞の活用法 ·· 164
　　　＊注記[60A] 法
60.1 述語動詞の接辞要素 ··· 164
　　　＊補説[60A] 接辞の分類

第5部　付録

　　　　＊注記[60B]　否定主辞　＝　否定辞-主辞
　　　　＊注記[60C]　わたり音 w
　　　　＊注記[60D]　D枠の添加音 ō
60.2　活用語幹……………………………………………………166
　　　　＊余談[60A]　完了/過去語幹
60.3　活用上の必須接辞と必要接辞………………………………167
61．不定法　＝　K(N)(O)V(E)……………………………………167
　　　　＊注記[61A]　略号説明
　　　　＊補説[61A]　裸の不定詞
61.1　不定詞の用法………………………………………………168
　（1）　動名詞として………………………………………………168
　（2）　形容詞句として……………………………………………169
　（3）　副詞的に……………………………………………………169
　（4）　分詞として…………………………………………………169
　（5）　繰り返しを避ける…………………………………………169
　　　♯61　練習問題………………………………………………170
62．接続法　＝　S(N/T)(O)V(E)……………………………………171
62.1　接続法行程……………………………………………………172
62.2　接続法の用法…………………………………………………172
　（1）　自分の意向を表す…………………………………………172
　（2）　疑問の形で相手の意向を聞く……………………………172
　　　　＊補説[62A]　tu+V'e　＝　〜しよう
　（3）　第3者への命令・要請などを表す………………………173
　（4）　他の表現への接続を表す…………………………………173
　（5）　結果を表す…………………………………………………173
62.3　lazima 類……………………………………………………174
　（1）　lazima, sharti/shuruti……………………………………174
　（2）　afadhali, bora, heri………………………………………174
　（3）　nusura………………………………………………………174
　　　　＊余談[62A]　マイナス動詞
　　　　＊余談[62B]　スカラ動詞
63．命令法　＝　(T)(O)V(E)………………………………………176

第 5 部　付録

　　(1)　動詞語幹に接辞が付かない場合 ……………………176
　　(2)　動詞語幹に接辞が付く場合 …………………………176
63.01　命令は 2 人称に ………………………………………176
　　(1)　2 人称単数(2u)に対して ……………………………176
　　(2)　2 人称複数(2w)に対して ……………………………176
　　　＊注記[63A] 命令法と接続法
　　(3)　不規則命令形 ………………………………………177
63.02　否定命令 ………………………………………………177
　　(1)　2 人称単数(2u)に対して ……………………………177
　　(2)　2 人称複数(2w)に対して ……………………………177
　　　＊注記[63B] 単音節動詞の命令法
　　　＊余談[63A] 命令法否定
63.1　命令法行程 ………………………………………………178
　　　＊余談[63B] 行程辞を持った接続法と命令法
63.2　命令法の用例 ……………………………………………179
　　　＊余談[63C] 命令形の使用範囲
　♯62&63　練習問題 …………………………………………180
64.　直説法 ＝ ST(O)V(E) …………………………………181
　　　＊補説[64A] 完了 -me-, 現在 -na-
　　　＊補説[64B] TT{＝-mesha-, -liki-} ＞ T
　　　＊余談[64A] 各種時辞の使用頻度
　　　＊余談[64B] そば屋の完了：バス郵便の -me-
　　　＊余談[64C] 二重目的語 ≠ 二重客語
64.1　直説法否定 ＝ NST(O)V(E) …………………………185
　　(1)　主辞のみ交替する：未来否定(-ta-) ………………186
　　(2)　主辞と時辞が交替する：過去否定, 未来否定(-to-), 完了否定 …186
　　(3)　主辞が交替, 時辞がゼロに, a 動詞語幹は語尾 a が i に変化 ……186
64.2　主時辞(ST) ………………………………………………186
　　(1)　主辞(S)＋時辞(T, -a-)の縮合形 …………………186
　　(2)　主辞と時辞の一体の主時辞 …………………………187
　　　＊注記[64A] ka-
　　　＊余談[64D] その他の主時辞(ST)

第5部 付録

- (1) -a- ... 188
- (2) hu-, ka- ... 188

64.3 継起 -ka- ... 188
- (1) 先行する動作を受け継ぐ。... 188
- (2) 先行動詞と継起動詞を統合し一つのまとまって単位... 188
- (3) 先行動詞と継起動詞は同一文中にも、また別々の文中にも... 189
- (4) 文脈から明かな表現や慣用的な表現では先行動詞がなく、... 189

64.4 直説法の用例 ... 190
  ♯64 練習問題 ... 190

65. 条件法 = ST(O)V(E) ... 192

65.1 条件法 I = ST(O)V(E) ... 193
  ＊補説[65A] NR{=-sipo-}, TT{=-kisha-, -kito-} > T

65.2 条件法II肯定 = ST(O)V(E) ... 194
- (1) -nge- -nge- ... 194
- (2) -nge- -ngeli- ... 195
- (3) -ngali- -nge- ... 195
- (4) -ngeli- ... 195
  ＊余談[65A] 英語の影響

65.3 条件法II否定 = SNT(O)V(E) ... 196
- (1) -ngali- -singali- ... 197
- (2) -singali- -nge- ... 197

65.4 条件法II否定 = NST(O)V(E) ... 197

65.5 譲歩表現 = ST(O)V(E) ... 197
  ＊注記[65A] 接続詞化
  ♯65 練習問題 ... 198

66. 関係法 ... 199

66.1 関係法 I = STR(O)V(E) ... 200
  ＊注記[66A] -ta(ka)-R- > -ta-R-, -taka-R-
  ＊注記[66B] -me-R- > -li-R-
  ＊注記[66C] (+wa)-po/-ko/-mo
  ＊補説[66A] 係辞の包括形・除外形

66.2 関係法 I 否定 = SNR(O)V(E) ... 203

第5部　付録

　　　＊注記[66D]　時制中和 -si=o-
66.3　関係法II ＝ S(O)VR ……………………………………204
66.4　関係詞 amba=o ………………………………………204
　　　＊余談[66A]　所謂
66.5　共詞 na の関係法 ………………………………………205
66.6　連用形 ……………………………………………………206
　(1)　-vyo- …………………………………………………206
　(2)　-po(-) …………………………………………………206
66.7　動詞連続の関係法 ………………………………………207
　(1)　=o-V₁ -ka+V₂ 〈V₁ して V₂ するところの〉 …………207
　(2)　=o-V₁ -si+V₂ 〈V₁ して V₂ しないところの〉 ………207
66.8　場呼応化・還元化の関係法 ……………………………207
　　　♯66　練習問題 …………………………………………208
67．　単音節動詞 ………………………………………………209
67.1　添加音 ku/kw(ō) ………………………………………210
　　　＊余談[67A]　高鳴りすぃ
　　　＊余談[67B]　彼は人喰い？
67.2　語幹の一部となった k(w) ……………………………212
68．　非人称構文 ………………………………………………213
　(1)　+pasa〈～に義務・当然である〉 ……………………213
　(2)　+bidi〈課す〉 …………………………………………213
　(3)　+faa〈～するのがいい〉 ……………………………213
　(4)　+wezekana〈可能だ〉 ………………………………213
　　　＊注記[68A]　非人称の i- から超部類の i-
68.1　汎人称の u- ……………………………………………214
　　　＊余談[68A]　ni- か u- か？
69．「場所主語倒置」 …………………………………………216
　　　＊注記[69A]「場所主語倒置」から「全体部分構造」へ

70．　複合時制とその関係法 …………………………………217
　　　＊補説[70A]　現在までの継続
70.1　複合時制：助動詞＋主動詞（＝本動詞）………………217

— 343 —

第5部 付録

70.2 複合時制：助動詞＋連辞・準動詞 ……………………………219
  (1) 連辞 ……………………………………………………………219
  (2) 準動詞：所有・存在 …………………………………………219
  (3) 準動詞：所在 …………………………………………………220
71. 本動詞 ……………………………………………………………221
71.1 現在 ………………………………………………………………221
    ＊注記[71A] 読んでいる
71.2 過去 ………………………………………………………………221
71.3 未来 ………………………………………………………………222
72. 連辞 ………………………………………………………………222
72.1 現在 ………………………………………………………………223
72.2 過去 ………………………………………………………………223
72.3 未来 ………………………………………………………………223
    ＊注記[72A] 連辞表現の本動詞文化
73. 準動詞：所有・存在 ……………………………………………223
73.1 現在 ………………………………………………………………224
73.2 過去 ………………………………………………………………224
73.3 未来 ………………………………………………………………224
    ＊注記[73A] 準動詞所有・存在の本動詞文化
74. 準動詞：所在 ……………………………………………………224
74.1 現在 ………………………………………………………………225
74.2 過去 ………………………………………………………………225
74.3 未来 ………………………………………………………………225
    ＊注記[74A] 準動詞所在の本動詞文化
75. 複合時制の関係法 ………………………………………………226
  (1) 本動詞複合時制 ………………………………………………226
  (2) 準動詞の過去 …………………………………………………226
  (3) 準動詞の現在 …………………………………………………226
75.1 関係動詞 …………………………………………………………227
75.11 連辞 ………………………………………………………………227
75.12 準動詞所有・存在 ………………………………………………227
75.13 準動詞所在 ………………………………………………………227

第5部 付録

　　＊注記[75A] 関係動詞否定から本動詞関係法否定へ
75.2 関係法にかかる記号……………………………………………228
　(1) 原文の直説法での文法関係 …………………………………228
　(2) 関係法での文法関係 …………………………………………228
　(3) 接辞関係 ………………………………………………………228
76．本動詞複合時制の関係法 ………………………………………229
　(1) 過去 ……………………………………………………………229
　(2) 未来 ……………………………………………………………229
76.1 複合時制関係法：過去…………………………………………229
76.11 複合時制関係法：過去進行 …………………………………229
76.12 複合時制関係法：過去完了 …………………………………230
76.2 複合時制関係法：未来…………………………………………230
76.21 複合時制関係法：未来進行 …………………………………230
76.22 複合時制関係法：未来完了 …………………………………230
77．連辞関係法 ………………………………………………………231
　(1) 肯定 ……………………………………………………………231
　(2) 否定 ……………………………………………………………231
77.1 連辞関係法：肯定………………………………………………231
77.11 現在 ……………………………………………………………231
77.12 過去 ……………………………………………………………232
77.13 未来 ……………………………………………………………232
77.2 連辞関係法：否定………………………………………………232
77.21 現在 ……………………………………………………………232
　　＊注記[77A] この関係動詞否定との関連で，…
77.22 過去 ……………………………………………………………232
77.23 未来 ……………………………………………………………233
77.24 時制中和 ………………………………………………………233
78．準動詞所有・存在の関係法 ……………………………………233
　(1) 肯定 ……………………………………………………………233
　(2) 否定 ……………………………………………………………233
78.1 準動詞所有・存在：肯定………………………………………234
78.11 現在 ……………………………………………………………234

第5部 付録

78.12 過去 …………………………………………234
78.13 未来 …………………………………………234
78.2 準動詞所有・存在：否定 …………………235
78.21 現在 …………………………………………235
　　　＊補説[78A] na なし
　　　＊注記[78A] この関係動詞否定との関連で, …
78.22 過去 …………………………………………236
78.23 未来 …………………………………………236
78.24 時制中和 ……………………………………236
78.25 関係詞 amba=o/amba-R ……………………237
79. 準動詞所在の関係法 …………………………237
　(1) 肯定 …………………………………………238
　(2) 否定 …………………………………………238
79.1 準動詞所在：肯定 …………………………238
79.11 現在 …………………………………………238
　　　＊余談[79A] yaliyomo〈目次〉
　　　＊余談[79B] 係辞の中和
79.12 過去 …………………………………………239
79.13 未来 …………………………………………239
79.2 準動詞所在：否定 …………………………240
79.21 現在 …………………………………………240
　　　＊注記[79A] この関係動詞否定との関連で, …
79.22 過去 …………………………………………240
79.23 未来 …………………………………………241
79.24 時制中和 ……………………………………241
79.25 関係詞 amba=o/amba-R ……………………241

80. その他の品詞 …………………………………243
81. 副詞 ……………………………………………243
　　　＊注記[81A] rafiki yangu sana〈私の親友〉
81.1 派生副詞 ……………………………………243
81.11 名副詞 ………………………………………243

第5部 付録

81.12 ki 名副詞 …………………………………………244
81.13 形容詞由来の副詞 …………………………………244
81.14 vi 副詞 ……………………………………………244
81.15 場副詞 ………………………………………………244
81.16 kwa 副詞句 …………………………………………244
82. 前置詞 ………………………………………………245
　　＊余談[82A] 前置詞不在？
82.1 名詞由来 ……………………………………………245
82.2 名詞・副詞由来 ……………………………………245
82.3 動詞由来 ……………………………………………245
　　＊注記[82A] 動詞由来の前置詞は動詞？
82.4 関係動詞・準動詞由来 ………………………………246
82.5 主辞系の詞辞 ………………………………………246
82.6 前置詞句 ……………………………………………246
　(1) kwa …………………………………………………247
　(2) mwa …………………………………………………247
　(3) na ……………………………………………………247
　(4) ya ……………………………………………………247
　(5) za ……………………………………………………247
　(6) 名詞・動詞サンドイッチ ……………………………247
　　＊注記[82B] =a の後は名詞；代名詞は？
83. 接続詞 ………………………………………………248
　(1) 単独形 ………………………………………………248
　(2) 複合形 ………………………………………………248
84. 間投詞 ………………………………………………248
85. 疑問詞 ………………………………………………248
85.1 疑問代名詞 …………………………………………249
85.2 疑問形容詞 …………………………………………249
85.21 連合辞=a を伴った疑問形容詞句 …………………249
85.3 疑問副詞 ……………………………………………249
85.31 疑問副詞句 …………………………………………249
85.4 疑問添辞 ……………………………………………249

第5部　付録

90. 呼応，構文・構造 …………………………………………………251
91. 呼応型 ………………………………………………………………251
  91.1　一致普通 ………………………………………………………251
  91.2　一致特殊 ………………………………………………………251
  91.3　不一致普通 ……………………………………………………252
  91.4　不一致特殊 ……………………………………………………252
  91.5　ねじれ …………………………………………………………252
      ＊余談[91A]　不婚名詞？
92. 呼応型の変更 ………………………………………………………253
  92.1　ヒト化 …………………………………………………………253
      ＊注記[92A]　ある・いる
      ＊余談[92A]　夏将軍の水浴
  92.2　モト化 …………………………………………………………256
  92.3　フト化 …………………………………………………………256
      ＊注記[92B]　クラスは？
      ＊余談[92B]　めし・ごはん
  92.4　ソト化 …………………………………………………………257
  92.5　ねじれ …………………………………………………………258
  92.51　ヒト化 ………………………………………………………258
  92.52　ソト化 ………………………………………………………258
  92.6　まとめに ………………………………………………………258
   (1)　モノ …………………………………………………………258
   (2)　ヒト化 ………………………………………………………259
   (3)　モト化 ………………………………………………………259
   (4)　ソト化 ………………………………………………………259
      ＊余談[92C]　太(ふ)てぇやつ
      ＊補説[92A]　背景呼応
93. 複主語（複客語）……………………………………………………260
   (1)　複数個の名詞がともに同種部類に属す場合，…………………260
   (2)　複数個の名詞が異種部類に属す場合も同様で，………………261
      ＊注記[93A]　複主語を解説する情報源
  93.1　同種部類 ………………………………………………………261

第5部　付録

93.2　異種部類 …………………………………………………………262
93.3　一方に「人間・動物」………………………………………………263
93.31　一方に「人間」……………………………………………………263
　(1)　「人間」が単数形であるときには，主辞はどちらかが使われる。…263
　　　＊注記[93B]　＊印
　　　＊余談[93A]　複主語のヒト化
　(2)　「人間」が複数形であるときには，以下の主辞が使われる。………265
　　　＊補説[93A]　名詞部類間の深い溝
93.32　一方に「動物」……………………………………………………265
94．超部類主辞 i- ………………………………………………………266
　　　＊注記[94A]　非人称構文
94.1　定着化………………………………………………………………266
　　　＊余談[94A]　語形反応の複数形
94.2　脱類化………………………………………………………………267
94.3　表象化………………………………………………………………268
94.31　超語統合……………………………………………………………268
94.32　状況…………………………………………………………………269
94.33　非人称………………………………………………………………270
94.4　接続詞化……………………………………………………………270
95．全体部分構造…………………………………………………………271
　　　＊注記[95A]　「全体」と「部分」の位置
　　　＊余談[95A]　〜は〜が〜
　(1)　人とその身体部分・所属物…………………………………………272
　(2)　物とその所属物………………………………………………………272
　(3)　場とそこの存在物……………………………………………………272
96．主語の全体部分構造…………………………………………………273
96.1　人を全体とする構造…………………………………………………273
96.11　[全体＝人：部分＝身体部分]の構造 ……………………………273
96.12　[全体＝人：部分＝所属物]の構造 ………………………………273
96.2　[全体＝物：部分＝所属物]の構造…………………………………274
96.3　[全体＝場：部分＝存在物]の構造…………………………………275
　　　＊注記[96A]　場名詞・前置詞句の「全体」化

第5部　付録

　　　＊注記[96B]　「場所主語倒置」
　　　＊補説[96A]　時間を全体とする構造
　　　＊補説[96B]　名詞部類の3大再編部類
　　　＊補説[96C]　主語交替による変化
97．客語の全体部分構造 …………………………………………278
97.11　[全体＝人：部分＝身体部分]の構造 ……………………278
　　　＊注記[97A]　場名詞と「部分」
97.12　[全体＝人：部分＝所属物]の構造 ………………………279
98．全体と部分 ……………………………………………………280
　　　＊余談[98A]　恐い話

第5部　付録

4．略号一覧

ここに文法の記述に使用した略号を一括した。発音の解説にかかる略号(C, N, V)も加えてある。

01~11, 15~18：部類番号 {12~14は欠番}
1u~ 3u：1~3人称単数 {〈umoja＜単数〉}
　　1u：1人称単数
　　2u：2人称単数
　　3u：3人称単数
1w~3w：1~3人称複数 {〈wingi＜複数〉}
　　1w：1人称複数
　　2w：2人称複数
　　3w：3人称複数

A-B-C-D+V-E：本動詞活用構造
　　　　V：本動詞語幹
A：本動詞活用構造の第1接辞の入る枠
　B：本動詞活用構造の第2接辞の入る枠
　　C：本動詞活用構造の第3接辞の入る枠
　　　D．本動詞活用構造の第4接辞の入る枠
　　　　E：本動詞活用構造の第5接辞の入る枠

以下，略号の後の[ ]内は上記の本動詞活用構造の接辞枠を示す。更に，[X>Y]とあるものは「X枠に入る二重接辞が全体としてYの機能を果たす」と見なすことを示す。また，以下の略号解説末尾の( )内は記憶再生用の略号由来である。英語由来はそのまま英語として使えないものもある。

C　　：子音，S = (C)V, (Consonant)
D　　：派生辞，V = V":D-F, (Derivative)
E　　：場名詞添辞{-ni}, (Enclitic)
E[E]　：動詞添辞{-je, -ni, -pi; -po, -ko, -mo}, (E.)
F　　：本動詞語尾{a語尾と非a語尾とがある}, V = V'-F = V":D-F

— 351 —

第5部　付録

(Final)

- G〜　　　：〜語・詞，(Go，語)
- GA　　　：補足語{目的語/客語，補語}，(G. Adjunct)
- GAR　　 ：補足先行詞{原文で補足語(GA)の先行詞}，(G. A. Relative)
- GO　　　：客語{動詞活用形中に呼応する客辞(O)を有する目的語}，(G. Object)
- GOR　　 ：客格先行詞{原文で客語(GO)の先行詞}，(G. O. Relative)
- GR　　　：先行詞{動詞活用形中に呼応する係辞(R)を有する語；GAR, GOR, GSR} (G. Relative)
- GS　　　：主語{動詞活用形中に呼応する主辞(S)を有する語}，(G. Subject)
- GSR　　 ：主格先行詞{原文で主語(GS)の先行詞}，(G. S. Relative)
- GU　　　：準動詞活用語形。U〈準動詞語根〉参照，(G. UはVのとなり)
- GV　　　：本動詞活用語形。V〈本動詞語幹〉参照，(G. Verb)
- GW　　　：連辞活用語形。W〈連辞語根・語幹〉参照，(G. WはVのとなり)
- K　　　 ：形容詞接頭辞{m-, wa-, ...}，(Keiyooshi, Kashira)
- K[A]　　：動名詞・不定詞の接頭辞{ku-, kw-}，(Kashira, ku-/kw-)
- N　　　 ：音節形成鼻音{m, n}，(Nasal)
- N　　　 ：名詞(語幹)，(Noun)
- N　　　 ：否定辞{ha-；否定主辞(NS)の一部となる}，(Negative)
- N[B]　　：否定辞{-si-, -to(ku)-}，(N.)
- NR[BC>T]：条件法Ⅰ否定条件辞{-sipo-}，(N. Relative)
- NS[A>S]　：否定主辞{si-, hu-, ha-; hatu-, ...}，(N. Subject)
- NT[B>T]　：条件法Ⅱ否定条件辞{-singali-, -singe-, -singeli-}，(N. Tense)
- O[D]　　：客辞(再帰辞 -ji- を含む){-ni-, -ku-, -m-; ...}，(Object)
- Ō[D]　　：添加音{-ku-, -kw-}，(Oの'補数)
- R[C]　　：係辞{-ye-, -o-, ...}，(Relative)
- S[A]　　：主辞{ni-, u-, a-, ...}，(Subject)
- ST[AB>ST]：主時辞{na-, wa-, ...; hu-, ka-}，(S. Tense)
- T[B]　　：時辞{相の接辞を含む：-a-, -ka-, -ki-, -li-, -na-, ...}，(Tense)
- T[B]　　：条件法Ⅰ条件辞{-ki-}，(T.)
- T[B]　　：条件法Ⅱ条件辞{-ngali-, -nge-, -ngeli-}，(T.)

第5部　付録

TN[B>T]：条件法 I 否定条件辞{-kito-}，(T. Negative)
TT[B>T]：過去進行辞{-liki-}，重完了辞{-mesha-}；完了条件辞 I {-kisha-}
　　　　(T. T.)
U　　　：準動詞語根{+na, +po/+ko/+mo, +ngali, +jambo}，(UはVのとなり)
V　　　：母音，S ＝ (C)V，(Vowel)
V[V]　：本動詞語幹，V ＝ V'-F ＝ V":D-F，(Verb)
　　　　{例 somesha(V) ＝ somesh-a(V'-F) ＝ som:esh-a(V":D-F)}
V'　　　：本動詞語根，V ＝ V'-F　{例 somesh(V')}，(V.)
V'e[V]：本動詞語尾 a＞e 変化語幹 {例 someshe(V'e)}，(V.)
V'i[V]：本動詞語尾 a＞i 変化語幹 {例 someshi(V'i)}，(V.)
V"　　：本動詞語基 {例 som(V")}，(V.)
W　　　：連辞語根・語幹{ndi=o, si=o; ni, si; ...}，(WはVのとなり)

著者紹介

中島　久［なかじま・ひさし］大阪外国語大学教授（スワヒリ語・スワヒリ文化）

目録進呈　落丁本・乱丁本はお取替えいたします。

平成12年8月20日　　Ⓒ第1版発行

スワヒリ語文法	著　者　中　島　　　久
	発行者　佐　藤　政　人
	発　行　所
	株式会社　大　学　書　林
	東京都文京区小石川4丁目7番4号
	振替口座　00120-8-43740
	電　話　(03)3812-6281〜3
	郵便番号 112-0002

ISBN4-475-01845-5　　TMプランニング・横山印刷・牧製本

大学書林
語学四週間双書

松本　環　著 半田一郎	英　語　四　週　間	B 6 判	384 頁
森　儁郎　著	ドイツ語四週間	B 6 判	384 頁
徳尾俊彦　著 畠中敏郎	フランス語四週間	B 6 判	376 頁
和久利誓一著	ロシヤ語四週間	B 6 判	384 頁
金丸邦三著	中　国　語　四　週　間	B 6 判	408 頁
中嶋幹起著	広　東　語　四　週　間	B 6 判	344 頁
笠井鎮夫著	スペイン語四週間	B 6 判	420 頁
野上素一著	イタリア語四週間	B 6 判	420 頁
星　　誠著	ポルトガル語四週間	B 6 判	424 頁
朝倉純孝著	オランダ語四週間	B 6 判	384 頁
尾崎　義著	スウェーデン語四週間	B 6 判	440 頁
今岡十一郎著	ハンガリー語四週間	B 6 判	352 頁
尾崎　義著	フィンランド語四週間	B 6 判	408 頁
村松正俊著	ラテン語四週間	B 6 判	432 頁
古川晴風著	ギリシヤ語四週間	B 6 判	480 頁
大島義夫著	エスペラント四週間	B 6 判	388 頁
朝倉純孝著	マライ語四週間	B 6 判	296 頁
朝倉純孝著	インドネシア語四週間	B 6 判	312 頁
小沢重男著	モンゴル語四週間	B 6 判	336 頁
石原六三　著 青山秀夫	朝　鮮　語　四　週　間	B 6 判	352 頁
小川芳男　著 佐藤純一	日　本　語　四　週　間	B 6 判	320 頁
黒柳恒男著	ペルシア語四週間	B 6 判	616 頁
ガルホール　著 三橋敦子	ゲール語四週間	B 6 判	424 頁
大野　徹著	ビルマ語四週間	B 6 判	280 頁
竹内和夫著	現代ウイグル語四週間	B 6 判	464 頁
下宮忠雄著	ノルウェー語四週間	B 6 判	656 頁

——目録進呈——

大学書林
基礎双書

塩谷　栄／安藤昭一 著	基礎英語	B6判	312頁
髙橋健二 著	基礎ドイツ語	B6判	202頁
鷲尾　猛 著	基礎フランス語	B6判	168頁
八杉貞利 著	基礎ロシヤ語	B6判	176頁
笠井鎮夫 著	基礎スペイン語	B6判	248頁
下位英一／德尾俊彦 著	基礎イタリア語	B6判	192頁
佐野泰彦 著	基礎ポルトガル語	B6判	256頁
土屋申一 著	基礎中国語	B6判	264頁
青山秀夫 著	基礎朝鮮語	B6判	176頁
川崎直一 著	基礎エスペラント	B6判	184頁
森村　蕃 著	基礎インドネシア語	B6判	196頁
原田正春 著	基礎ビルマ語	B6判	308頁
河部利夫 著	基礎タイ語	B6判	280頁
竹内与之助／日隈真澄 著	基礎ベトナム語	B6判	144頁
鈴木　斌 著	基礎ウルドゥー語	B6判	272頁
岡﨑正孝 著	基礎ペルシア語	B6判	224頁
内記良一 著	基礎アラビヤ語	B6判	352頁
石井　溥 著	基礎ネパール語	B6判	280頁
古賀勝郎 著	基礎ヒンディー語	B6判	512頁
萩田　博 著	基礎パンジャービー語	B6判	176頁
小野沢純 著	基礎マレーシア語	B6判	344頁

五島忠久 著	スワヒリ語文法入門	B6判	126頁
守野庸雄／中島久 編	スワヒリ語基礎1500語	新書判	160頁
守野庸雄／中島久 編	スワヒリ語常用6000語	B小型	392頁
守野庸雄 編	スワヒリ語会話練習帳	新書判	216頁

——目録進呈——

大学書林
語学辞典

著者	書名	判型	頁数
土井久弥 著	ヒンディー語小辞典	A5判	470頁
山田 晟 著	ドイツ法律用語辞典	A5判	910頁
直野 敦 著	ルーマニア語辞典	A5判	544頁
黒柳恒男 著	現代ペルシア語辞典	A5判	848頁
黒柳恒男 著	日本語ペルシア語辞典	A5判	626頁
坂本恭章 著	カンボジア語辞典	A5判	558頁
古川晴風 著	ギリシャ語辞典	A5判	1330頁
尾崎義・他 著	スウェーデン語辞典	A5判	640頁
末永 晃 著	インドネシア語辞典	A5判	802頁
青山秀夫 著	朝鮮語象徴語辞典	A5判	998頁
青山秀夫・熊木 勉 編著	朝鮮語漢字語辞典	A5判	1512頁
野口忠司 著	シンハラ語辞典	A5判	800頁
野口忠司 著	日本語シンハラ語辞典	A5判	814頁
古城健志・松下正三 編著	デンマーク語辞典	A5判	1014頁
中嶋幹起 著	現代廣東語辞典	A5判	832頁
松山 納 著	タイ語辞典	A5判	1306頁
松山 納 著	日タイ辞典	A5判	976頁
小沢重男 著	現代モンゴル語辞典	A5判	974頁
松永緑彌 著	ブルガリア語辞典	A5判	746頁
大野 徹 著	日本語ビルマ語辞典	A5判	638頁
竹内和夫 著	トルコ語辞典	A5判	832頁
竹内和夫 著	日本語トルコ語辞典	A5判	864頁
千種眞一 著	ゴート語辞典	A5判	780頁
荻島 崇 著	フィンランド語辞典	A5判	932頁
三枝礼子 著	ネパール語辞典	A5判	1024頁
古城健志・松下正三 編著	ノルウェー語辞典	A5判	846頁
内記良一 著	日本語アラビヤ語辞典	A5判	636頁

——目録進呈——